FACULTÉ DE DROIT DE POITIERS.

DE LA

PUISSANCE PATERNELLE

EN DROIT ROMAIN

DANS L'ANCIEN DROIT ET DANS NOTRE DROIT MODERNE.

Filii obedite parentibus per omnia.
(Saint Paul *aux Col.* iii, 20.)

THÈSE
POUR LE DOCTORAT

PRÉSENTÉE ET SOUTENUE LE 29 FÉVRIER 1868

PAR

Edmond DUFOUR D'ASTAFORT

AVOCAT A LA COUR IMPÉRIALE.

POITIERS

HENRI OUDIN, IMPRIMEUR-LIBRAIRE,

RUE DE L'ÉPERON, 4.

1868

COMMISSION :

Président, M. RAGON.

Suffragants :
- M. O. BOURBEAU ✻, Doyen.
- M. Abel PERVINQUIÈRE ✻, Professeurs.
- M. LEPETIT ✻,
- M. THÉZARD, Agrégé.

C.

A MON GRAND-PÈRE.

A MON PÈRE, A MA MÈRE

TRIBUT D'INVIOLABLE RESPECT

ET D'INALTÉRABLE AFFECTION.

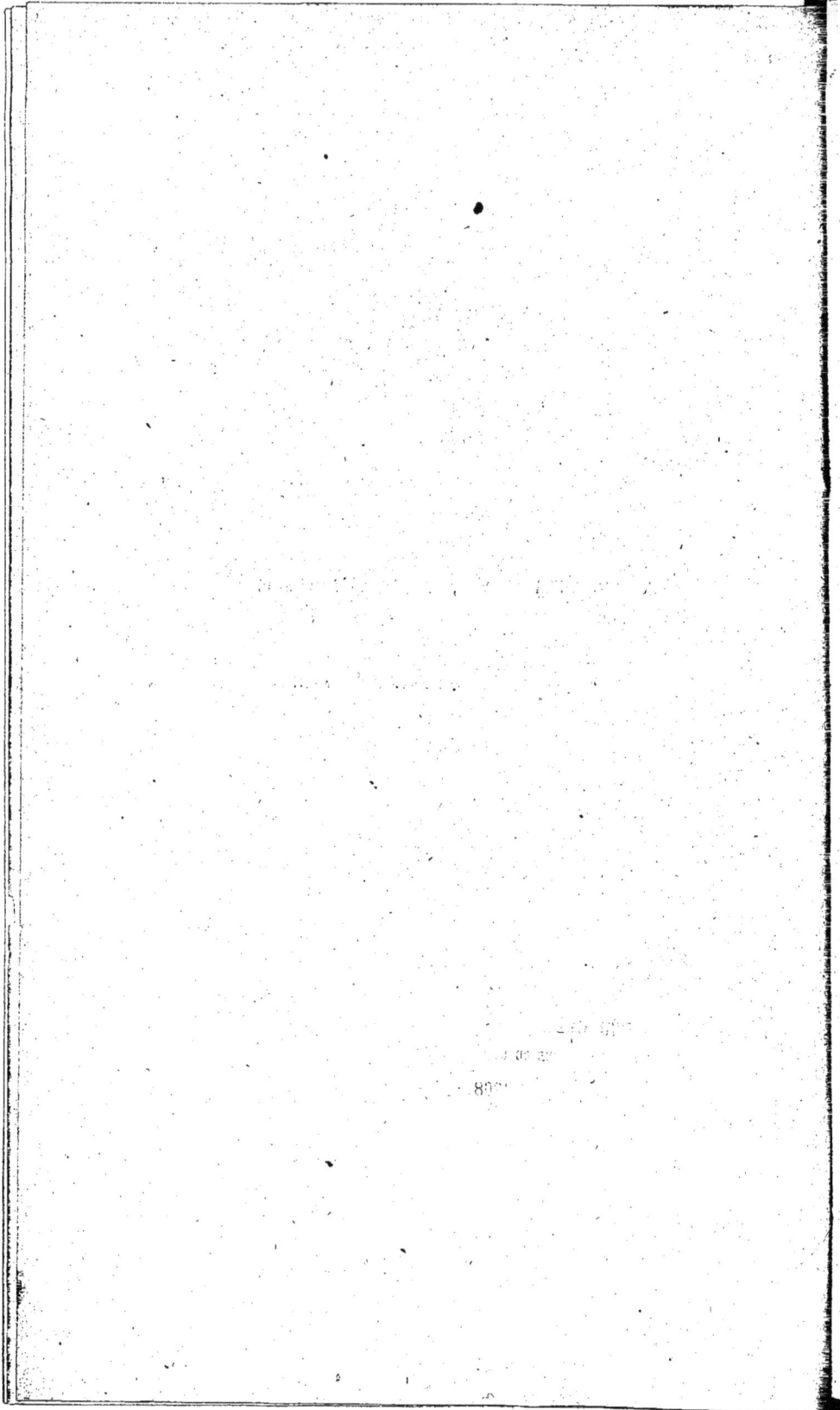

DE LA

PUISSANCE PATERNELLE.

CHAPITRE PREMIER.

ORIGINE, FONDEMENT ET NATURE DE LA PUISSANCE PATERNELLE, D'APRÈS LE DROIT NATUREL.

> Honora patrem tuum et matrem tuam.
> (DEUTÉRONOME, ch. v, vers. 6.)

La puissance paternelle est antérieure à toute loi humaine. Le premier homme en a été investi par Dieu.

Elle est, dans ses attributs, la plus étendue des puissances terrestres. Elle est, par son objet, la plus nécessaire et la plus digne d'admiration.

Ses droits sont inviolables et imprescriptibles. On a, dit un auteur, discuté ses limites; jamais sa légitimité.

Aucune société ne saurait exister sans elle. L'homme s'associant à l'homme doit être initié par l'éducation à

1

la connaissance exacte de ses droits et de ses devoirs au sein du corps social. Or, l'éducation est l'œuvre du père : œuvre longue et pénible, qu'il ne pourrait accomplir avec fruit sans le secours d'un droit d'autorité indiscutable commandant l'obéissance et le respect.

La société a donc un intérêt de premier ordre à la conservation de ce pouvoir qui est la condition de son existence. Aussi, les attaques dirigées contre lui n'ont-elles toujours été que de vaines et stériles tentatives. La puissance paternelle s'affirme par des titres contre lesquels les rêves de certains philosophes sont restés et resteront sans force. Marquée du sceau divin, loi inviolable, nécessité primordiale, elle verra crouler autour d'elle tous les pouvoirs humains et subsistera jusqu'à la fin, majestueuse et indestructible.

Tandis que le droit naturel la fait ainsi grande et forte, les lois positives ont dû lui faire subir des restrictions dont l'étendue a souvent varié. Mais dans tous les pays et à tous les âges de la civilisation, ces restrictions ne sont dérivées que de trois causes : le respect de la liberté individuelle, les mœurs, les principes politiques dominant la législation.

Nous devons rechercher le fondement et déterminer la nature du pouvoir paternel d'après le droit naturel.

Grotius l'a considéré comme un droit de propriété sur la personne de l'enfant résultant du fait de la génération. Il y a là le germe d'une doctrine dangereuse qui tend à donner au père et à la mère un droit par trop absolu, à élever, suivant l'expression d'un jurisconsulte, une barrière fatale à la liberté humaine, et à faire régner dans la famille la violence et la rébellion. En principe l'idée exacte de l'autorité du père se trouve dans la conciliation de cette autorité avec l'intérêt de l'individu et l'intérêt social sagement combinés. Accepter l'opinion de Grotius serait sacrifier sans réserve les droits de l'enfant.

Puffendorf réfutant la théorie de Grotius est tombé dans une autre erreur. L'autorité paternelle dériverait suivant lui d'une convention tacite en vertu de laquelle les enfants seraient soumis au pouvoir du père. Cette théorie pèche en deux points essentiels. Il n'est pas nécessaire de supposer une convention tacite entre le père et l'enfant. Le père est désigné par la loi naturelle pour être le gardien et le protecteur de celui-ci, il faut donc que nécessairement et avant toute convention l'enfant lui soit soumis. A cette seule condition la tutelle du père peut s'exercer et sauvegarder l'enfant de la misère et de la mort.

En second lieu, l'enfant aura le droit de détruire une convention basée sur une présomption d'acquiescement, et de manifester, quand il aura atteint l'âge de discernement, une volonté contraire. Il est donc maître, suivant cette opinion, de se soustraire à l'autorité paternelle; et lui donner ce droit c'est vouloir le renversement de l'ordre social.

La plupart des jurisconsultes reconnaissent dans le pouvoir paternel un simple droit d'autorité, d'origine divine, indispensable pour l'accomplissement efficace du devoir d'éducation, et qui est en même temps une satisfaction légitime donnée aux aspirations, aux sollicitudes, aux luttes de l'amour paternel.

Cette doctrine, la plus répandue, est, sans contredit,

la meilleure , à notre estime au moins. Elle découvre au point de vue naturel un double fondement au droit de puissance du père. L'un est l'obligation morale de celui-ci d'élever ses enfants , obligation qui pour être remplie demande le respect et l'obéissance de l'enfant aux volontés de son père, et accorde à celles-ci une sanction qui en réprime l'oubli. L'autre est l'amour paternel qui se donnant sans réserve veut l'exclusive possession , la garde et la protection de l'être aimé.

Telles sont les deux sources vives et fécondes dans lesquelles l'autorité paternelle puise sa raison d'être.

Rousseau a écrit [1] : « Un père , quand il engendre « et nourrit ses enfants, ne fait en cela que le tiers de « sa tâche : il doit des hommes à son espèce ; il doit à « la société des hommes sociables ; il doit des citoyens « à l'État. Tout homme qui peut payer cette triple « dette et ne le fait pas est coupable, et plus coupable « peut-être quand il la paie à demi. Celui qui ne peut « remplir les devoirs de père n'a point droit de le de-« venir. Il n'y a ni pauvreté, ni travaux, ni respect hu-« main qui le dispensent de nourrir ses enfants et de « les élever lui-même. Lecteur, vous pouvez me croire, « je prédis à quiconque a des entrailles et néglige « de si saints devoirs, qu'il versera longtemps sur sa « faute des larmes amères et n'en sera jamais con-« solé. »

La nature d'ailleurs semble par une série de phéno-mènes admirables inviter le père à l'accomplissement du devoir d'éducation. A peine sorti du sein de la mère,

1. *Émile*, p. 32.

l'enfant n'a pas à souffrir du manque de nourriture : sa provision d'aliments est assurée pendant la première année et au delà. Le développement de ses facultés physiques s'opère sans effort, sans secousse et comme par enchantement. Il y a là un exemple, une leçon manifeste donnée au père par la Providence : méconnaître cette sollicitation divine serait un acte de coupable aveuglement. Tandis que l'enfant grandit, à mesure que ses forces physiques s'accroissent, son intelligence cherche à s'épanouir : c'est une fleur précieuse et délicate qui n'attend pour ouvrir ses pétales qu'un rayon de soleil chaud et bienfaisant. Sous l'influence salutaire de l'éducation, la lumière se fait peu à peu dans l'esprit de l'enfant ; il perçoit, comprend et raisonne ; sa première pensée jaillit avec son premier sourire.

Mais l'œuvre n'est pas parfaite : l'enfant devient, par le fait de la naissance, membre de la grande association humaine à laquelle chacun doit fournir une part plus ou moins considérable d'utilité. La société, qui le reçoit, a le droit de lui demander compte dans une certaine mesure de son droit d'être, de vivre, de se mouvoir dans son sein : et au père encore échoit cette seconde tâche, suite et complément de la première, de faire de l'enfant l'homme sociable, et de lui préparer la voie qu'il doit parcourir ici-bas.

Telle est l'obligation morale du père ; mais alors la puissance paternelle apparaît comme conséquence nécessaire du devoir paternel. L'œuvre serait virtuellement impossible si les moyens de l'accomplir n'existaient pas. Seule, l'autorité paternelle peut en offrir d'efficaces. Sans elle, le travail long et pénible de l'éducation ne serait qu'une lutte infructueuse contre une nature presque toujours rebelle aux premiers efforts qui sont faits pour la maîtriser. En donnant au père le droit de possession absolue de l'enfant, la puissance paternelle lui donne aussi certains droits de coercition dont il usera avec mesure et sagesse afin de mieux dominer, de mieux dompter une nature qu'il doit diriger suivant un certain sens, vers un but fixe et nécessaire : c'est ainsi que le ferme exercice de ces droits souverains et indiscutables sera un bienfait pour l'enfant en même temps qu'une garantie salutaire pour la société.

Mais à côté du devoir d'éducation l'amour paternel apparaît comme un autre fondement du droit d'autorité du père.

De même que la puissance du père sur ses enfants est un reflet de la puissance de Dieu sur les hommes, de même l'amour paternel est le reflet le plus pur de l'amour divin. Nulle affection ne peut égaler celle-là en intensité, en étendue, en durée. L'amour paternel se conçoit, mais ne se définit pas. A peine venu à la vie, l'enfant est une proie qu'il faut disputer de mille manières à la mort ; à peine ouvre-t-il les yeux, qu'il lui faut un guide dévoué, prévoyant, perspicace, un ami de toutes les heures, de toutes les minutes pour diriger vers un but déterminé chacune des manifestations de son être moral. « Pour suffire aux soins multipliés et « incessants qu'exige sa conservation d'abord et en- « suite son éducation première », dit M. Buisson [1], « il

_____

1. Ces quelques lignes, si belles, sont empruntées à M. Paul Bernard, qui

« fallait une chose, mais il la fallait absolument : il
« fallait une affection vraie, profonde, inépuisable,
« qui fût à la fois vive comme la passion, pure comme
« la conscience, persévérante comme le courage, pré-
« voyante comme la sagesse, désintéressée comme le
« sentiment du devoir : une affection continue, de tous
« les jours et de tous les moments, sans interruptions
« ni lacunes, et toujours égale à elle-même. »

Dieu fit ce miracle : il mit au cœur du père une par-
celle de son amour immense ; et ce germe divin, vivifié
par la nature, produisit la tendresse paternelle avec
ses dévouements, ses abnégations, ses héroïsmes.

Le père aime son enfant d'un amour surhumain, il
l'aime jusqu'au dernier souffle de sa vie ; mais, par
suite, il a besoin, il a soif de s'approprier d'une façon
complète et exclusive l'existence de cet être qu'il a fait
sien par l'amour. Il lui semble que son droit est de
créer, de mouler à son caprice une âme qu'il enveloppe
de son âme ; et lorsque, pour tous, la possession est la
fin suprême de l'amour, elle n'est pour lui qu'une satisfaction naturelle donnée à des aspirations indicibles.

Qui ne comprend la souveraine légitimité de ce droit ?
L'homme qui a engendré, la femme qui a mis au
monde dans les angoisses et la souffrance, ces deux
époux qui couvrent de caresses cet être faible et presque inerte qui est leur incarnation, sont-ils trop ambi-
tieux de demander le soin exclusif de sa vie et de son
éducation ? Qui pourrait mieux accomplir cette tâche ?

les a citées dans l'introduction de son *Histoire de l'autorité paternelle en
France.* Nous n'avons cru pouvoir mieux faire que de les reproduire ici.

Quel homme oserait revendiquer les priviléges d'un amour qu'il ne ressent pas à la face de ceux qui le prodiguent d'une façon si vraie, si profonde, si complète?

Oui, l'amour paternel appelle invinciblement la puissance paternelle.

Que si nous scrutons davantage leurs rapports intimes, nous y trouvons cette mesure exacte dans laquelle doit s'exercer l'autorité paternelle avec ses droits et ses devoirs. C'est dans son amour surtout que le père peut puiser une idée saine de sa noble mission près de l'enfant. Son cœur devient son guide, sa loi. A lui seul qui sait discerner dans les premiers bégayements de son fils le germe de ses penchants bons ou mauvais, à lui seul il appartient d'élever ou d'abaisser les obstacles devant le développement de son être moral ; il saisira mieux que personne l'opportunité de la récompense ou du châtiment, de l'encouragement ou du blâme : il élèvera mieux l'enfant, parce qu'il saura mieux le comprendre ; il saura mieux le comprendre parce qu'il sait mieux l'aimer.

Sans doute, le père peut être faible dans l'affection ou excessif dans la sévérité. Il peut se tromper ; il peut faillir ; mais, en revanche, où l'enfant pourrait-il trouver une garantie assurée de bonheur si ce n'était dans les abîmes de la tendresse paternelle? A quel ami demander une affection plus dévouée, à quel guide une sollicitude plus constante, à quel juge une équité plus stricte, une indulgence plus large?

Le titre de père est pour l'homme le premier et le plus beau des titres de noblesse. Il l'élève aux yeux de

Dieu, il l'honore aux yeux de ses semblables. Le père a droit au respect et à l'admiration de tous quand il accomplit noblement et religieusement sa tâche. Chef souverain de la famille, il y règne sans contrôle, il y juge sans appel. Sa puissance est vaste, parce que son amour est grand et son devoir sacré.

Seule avec lui, la mère partage dans une mesure plus restreinte l'exercice de ses droits. Nous ne savons pas au monde de création plus belle que celle de la mère : c'est, dans l'ordre des choses humaines, le chef-d'œuvre de Dieu. Son amour pour ses enfants, tendre, délicat, sensible, aussi profond, peut-être plus, s'il est possible, que celui du père, a je ne sais quoi d'indicible qui pénètre, ravit, enchante. Elle aime comme eux, pense comme eux, souffre comme eux, son être s'est incarné dans leur être : elle s'y meut, elle y respire, elle y vit, disons mieux, elle s'y purifie, elle s'y divinise. Aussi les lois durent redouter de confier à la mère l'exercice d'un pouvoir qui met trop souvent le devoir en conflit avec l'amour. Doué de plus d'énergie morale, l'homme parut mieux armé contre les abattements que devait amener dans l'âme cette lutte inégale, et le sceptre lui fut remis. Mais, dans la pensée divine, la mère n'a pu être séparée du père quant à l'investiture du droit en lui-même ; et c'est méconnaître l'étendue de sa mission dans la société que de lui interdire sans réserve toute participation à la puissance paternelle.

Tel est le rôle des époux dans la famille : vaste et majestueux pour le père ; plus humble pour la mère, mais non moins efficace. Tels sont leurs droits, tels

sont leurs titres légitimes à l'autorité sur leurs enfants : le devoir ! l'amour !

Et, pour prix de tant de bienfaits, que demande à
l'enfant la loi naturelle ? Une seule chose ; mais cette
chose est grande et sacrée : elle est grande, car elle
résume tout : l'homme, la famille, la société ; elle est
sacrée, car Dieu l'a gravée lui-même en lettres indélé-
biles aux Tables de sa loi :

Honora patrem tuum et matrem tuam !

CHAPITRE DEUXIÈME.

DE LA PUISSANCE PATERNELLE, D'APRÈS LE DROIT POSITIF.

RAPPORT DE LA FAMILLE ET DE L'ÉTAT.

IDÉE DU POUVOIR PATERNEL CHEZ LES DIFFÉRENTS PEUPLES

DE L'ANTIQUITÉ.

La famille est le berceau, le premier asile de l'homme : c'est là qu'il grandit, se développe, s'élève. Aussi de tous les liens que la société nous impose, celui qui nous rattache à la famille est-il à la fois le plus intime, le plus cher et le plus durable.

La constitution naturelle de la famille en faisait une sorte de société particulière au sein de la grande société humaine ; l'homme, chef de la famille, était investi d'un pouvoir immense.

Or, les rapports de la famille et de l'État sont perpétuels. L'autorité du chef de l'État n'eût été qu'un vain mot si elle eût dû se voir subordonnée à l'autorité du chef de famille.

Les lois positives, au nom de cette relation nécessaire et indestructible, devaient réglementer la constitution de la famille et déterminer la part de puissance que l'intérêt bien entendu de l'ordre social permettait de laisser à son chef.

De là est née cette législation civile de la famille dont la trace se retrouve chez les peuples les plus anciens, soit dans leurs lois écrites, soit dans leurs usages ou leurs traditions. Mais il est remarquable que les principes qui dominent la constitution du pouvoir domestique ont varié singulièrement suivant les diverses formes de gouvernement.

Dès le début de l'histoire on saisit l'État imprimant à la famille ses influences, ses règles et ses lois, de telle façon que la famille, dans la sphère qui lui est propre, représente la constitution politique de la société au sein de laquelle elle est renfermée.

Dans un pays où domine l'élément aristocratique, le pouvoir domestique sera nécessairement très-grand et tendra plutôt à s'étendre qu'à s'amoindrir. Un ensemble de traditions se tenant les unes aux autres sur la splendeur de la race et la nécessité de lui subordonner l'intérêt des individus, prendra naturellement possession des esprits. L'esprit de famille deviendra une loi qui, en resserrant les liens des divers membres de la famille, leur imposera des règles absolues quant à leur manière d'exister, et de se mouvoir au sein de la société. Cet ensemble d'usages et de traditions, se transmettant de génération en génération, laissera aux mains du chef de la famille une puissance d'autant plus grande qu'elle aura été comprise, acceptée d'avance par tous ceux qui devront y être soumis.

L'élément démocratique tient-il au contraire une place plus large dans l'État : on verra presque inévitablement se reproduire, au sein de la famille, cette absence de sujétion et de dépendance dont chaque citoyen se glorifie dans l'ordre politique. Le propre d'un semblable gouvernement étant d'isoler l'individu, de lui apprendre à ne compter en quelque sorte que sur lui seul, celui-ci n'appartiendra à personne ; l'esprit de famille disparaîtra et, avec lui, cette convention tacite qui met aux mains d'un seul le gouvernement de tous les individus rattachés par un même lien.

Ces principes trouvèrent leur application d'une façon bien frappante chez les différentes nations de l'antiquité. Les premières peuplades de la Judée, de l'Inde, de la Chine, nous donnent l'exemple d'une aristocratie fortement constituée. La répartition du sol et de ses richesses entre les diverses tribus d'une contrée, l'habitude de l'esclavage créaient, au bénéfice de chacune d'elles, une opulence extrême. Il leur était ainsi permis de vivre complétement en dehors des tribus voisines, de se constituer, par leurs propres forces, une individualité particulière, une vitalité qui ne demandait le secours d'aucun élément hétérogène, et, par suite, un pouvoir domestique qu'aucune puissance supérieure ne pouvait réduire ni maîtriser. Chaque tribu avait donc ses usages, ses traditions qu'elle se transmettait d'âge en âge. Aussi, chez ces différents peuples, la puissance paternelle fut-elle absolue, illimitée même ; le choc des intérêts contraires n'en avait pu diminuer la rigueur. Le père régnait en maître sur cette famille dont il concentrait entre ses mains le grand élément de puissance, la richesse. Chaque membre, rattaché à son chef par le double lien de la naissance et de la fortune, n'avait rien à attendre en dehors de lui et n'essayait pas de se dégager des étreintes de l'autorité paternelle, parce que, seule, cette autorité assurait sur sa tête le prestige de la race et de la fortune.

Tel était, chez les Hébreux, le caractère de la puissance paternelle, que, du temps même des patriarches, le père avait sur ses enfants le droit de vie et de mort. Le sacrifice d'Abraham n'était que l'exercice normal d'un pouvoir incontesté. Toutefois, de pareilles rigueurs, au sein de la législation domestique, étaient inconciliables avec les mœurs toutes religieuses du peuple de Dieu. Un adoucissement devint nécessaire : ce fut l'œuvre de Moïse ; il retira au père le droit de vie et de mort, tout en établissant un âge de majorité à partir duquel le pouvoir paternel cesserait de s'exercer.

Mais ces tempéraments apportés à la législation primitive de la famille furent le privilége des Hébreux seuls. Les nations idolâtres voisines conservèrent leurs barbares usages.

A Athènes, la constitution profondément démocratique du gouvernement n'empêchait pas l'existence au sein de la république d'un élément social singulièrement aristocratique. Plusieurs causes expliquent ce résultat : l'esclavage, notamment, qui faisait la plaie de la Grèce, était une source puissante de richesse, et la richesse devint promptement le niveau auquel se mesurèrent l'importance des familles et la considération du citoyen. Aussi la démocratie s'arrêtait-elle au seuil de la famille. A l'intérieur, puissance absolue du maître sur les esclaves, et par contre, puissance non moins absolue du père sur ses enfants. Il avait le pouvoir de les vendre pour subvenir au payement de ses dettes : les créanciers avaient, de leur côté, un gage tacite sur la famille de leur débiteur, et il leur était permis en cas de non-payement de réduire en esclavage le père et les fils [1]. Sans aucun doute le droit du père de vendre ses enfants devait entraîner en sa faveur le droit de vie et de mort, l'antiquité ayant toujours mis sur la même ligne la mort naturelle et la mort civile résultant de l'esclavage.

Néanmoins, l'influence d'un gouvernement démocratique devait à la longue se faire sentir à l'intérieur même de la famille : c'est en effet une observation qui n'avait pas échappé à la pénétration d'Aristote, que l'autorité domestique exercée par le père se modèle toujours sur celle départie aux corps politiques qui gouvernent l'État [2]. Les idées d'indépendance qui formaient la base de la constitution athénienne arrivèrent sans peine à se faire jour au sein de la législation intime de la famille.

Solon contribua puissamment à cette transformation ; son œuvre législative, facile, capricieuse et riante, destinée à naître et à se développer entre les poëtes, les philosophes, les sophistes et les rhéteurs, fait descendre définitivement la démocratie de l'État à la famille. Les restrictions qu'il apporta à la puissance paternelle sont considérables. Mentionnons seulement l'abolition du droit de vie et de mort et de la faculté de disposer de la liberté des enfants.

A Sparte, le pouvoir domestique ne demandait de réforme que dans un sens contraire ; à l'origine, il était nul. Les enfants appartenaient à l'État. Il fallait avant tout, suivant les principes de Lycurgue, donner des défenseurs à la patrie : de là ces lois odieuses et bar-

1. Plutarque, *Vie de Solon*, § 16.
2. Aristote, *Politique*, liv. VI, ch. IV.

bares qui arrachaient à la tendresse paternelle les
enfants nés difformes ou même faibles pour les vouer à
la mort ou les soumettre à l'exposition publique. Quant
aux enfants bien constitués, le père les élevait jusqu'à
l'âge de sept ans; passé cet âge, l'État se chargeait exclusivement de leur éducation. C'est qu'à Sparte l'idée
démocratique avait dès l'abord envahi la famille aussi
bien que le gouvernement. On ne reconnaissait aucune
autre aristocratie que l'aristocratie de la gloire : principe attrayant, mais dangereux et qui frise peut-être
de bien près l'utopie. La naissance n'était qu'un mot;
la fortune, un moyen. Le Spartiate devait tout à l'État;
il était, lui, ses enfants et ses biens, la chose de la patrie. C'était l'excès poussé aux suprêmes limites : aussi
devint-il promptement, à Sparte comme ailleurs, l'ennemi du bien.

CHAPITRE TROISIÈME.

DE LA PUISSANCE PATERNELLE A ROME.

Arrêtons nos regards sur le trône le plus imposant que la puissance paternelle ait jamais eu dans l'univers.

Quelque rigoureux, quelqu'absolu que fût le pouvoir paternel chez la plupart des peuples anciens, il n'est qu'une faible image de ce qu'il devint à Rome.

Jus potestatis, dit Gaïus, *quod in liberos habemus proprium est civium Romanorum. Nulli enim alii sunt homines qui talem in liberos habeant potestatem qualem nos habemus* [1].

En harmonie avec la constitution première de la cité, constitution profondément aristocratique, la famille romaine présenta, dès l'origine, ces caractères de force et d'unité qui n'ont été retrouvés à aucune époque ni sous aucune législation.

Le père de famille, à Rome, est un souverain domestique. Propriétaire de ses enfants comme de ses esclaves, il a des droits sans limites sur leurs personnes et sur leurs biens : ainsi, sur leurs personnes, droit de les mettre à mort, de les exposer, de les vendre et de les abandonner noxalement ; sur leurs biens, droits absolus de propriété ou de jouissance. Les lois de Romulus qui établirent, dit-on, les premières règles positives de la puissance paternelle [2], notamment cette

---

1. *Comm.* I, § 55. Gaïus affirme ailleurs que chez les Galates la puissance paternelle était aussi étendue que chez les Romains.

2. *Collatio legum mosaicarum et romanarum*, tit. IV, § 8 (Ortolan).

loi dont Papinien parle en ces termes : *Quum patri lex regia dederit in filium vitœ necisque potestatem*, consacraient les droits dont nous venons de parler. Cela n'a rien d'étonnant. Les premiers Romains, habitués à la puissance absolue par l'appropriation de la chose et de ses fruits, ne s'étaient pas départis de cette idée à l'égard de leurs enfants ; ils les considéraient comme une chose, un produit qui leur appartenait exclusivement en vertu du fait de la génération : c'était la servitude dans la famille; nous avons déjà trouvé la trace de cette idée dans les mœurs des peuples plus anciens. A Rome comme à Athènes, les esclaves étaient un butin, les femmes étaient un butin, et les enfants qui en étaient issus étaient considérés une provenance de cette chose appartenant au maître de la chose elle-même [1].

L'enfant ne vivait que dans sa famille et pour sa famille, c'est-à-dire pour le *paterfamilias* ; il rapportait tout à lui, droits, actions, devoirs ; cette tradition de la puissance souveraine du père de famille n'avait pas eu de peine à s'établir sous l'influence de la législation grecque primitive, qui inspira certainement les premières lois de Romulus aussi bien que les fameuses lois des XII Tables. L'enfant, habitué par esprit de famille traditionnel à cette dépendance qui seule, du reste, maintenait sur sa tête la splendeur du nom et l'espoir de l'hérédité, ne cherchait pas à s'y soustraire. Telles furent les causes de cette organisation si forte de la famille romaine, l'instinct de la domination chez le chef, l'habitude de la dépendance chez les enfants.

---

1. Ortolan, *Inst. de Just.*, t. 1 Général, no. 37.

Le père avait donc sur son fils une puissance égale à celle qu'il avait sur son esclave. Gardons-nous néanmoins d'assimiler ces deux pouvoirs l'un à l'autre. La puissance dominicale est du droit des gens, la puissance paternelle, du droit civil. L'esclave est, à proprement parler, la propriété du maître. On ne pourrait jamais dire pareille chose du fils sans méconnaître les principes fondamentaux du droit naturel. Si les Romains s'attribuèrent un pouvoir pareil sur leurs enfants, ce fut par une exagération du sentiment d'appropriation. La puissance paternelle ne se conçoit que comme autorité; magistrature domestique : l'idée en était bien exprimée dans le mot *potestas* appliqué à ce pouvoir par les jurisconsultes romains. La puissance dominicale, désignée aussi par le même mot, était en outre qualifiée par une expression spéciale, le mot *dominium*, qui ne convenait qu'à elle. Les Romains n'avaient pu, malgré la confusion faite entre ces deux puissances, s'empêcher de distinguer dans leur définition même cette différence de leur nature.

Nous diviserons cette étude en trois titres : dans le premier, nous déterminons comment naissait à Rome la puissance paternelle ; dans le second, quels en étaient les attributs ; dans le troisième, comment elle prenait fin.

TITRE PREMIER.

COMMENT NAISSAIT LA PUISSANCE PATERNELLE.

La puissance paternelle dérivait à Rome de trois sources différentes : les justes noces, la légitimation, l'adoption.

SECTION PREMIÈRE.

DES JUSTES NOCES.

In potestate nostra sunt liberi nostri quos ex justis nuptiis procreavimus [1]. Il faut bien préciser le sens de ces mots : *ex justis nuptiis,* quoiqu'il n'entre pas dans le cadre de notre travail de donner sur cette question d'amples développements. Les Romains n'avaient reconnu dans leur droit civil que le mariage contracté entre citoyens romains, suivant certaines conditions. Les mariages entre Latins et pérégrins, ou les unions illicites admises à Rome, n'étaient pas néanmoins protégées par le *jus civile* et ne bénéficiaient pas des droits qu'il attachait au mariage civil. Trois conditions étaient indispensables pour ce mariage : la puberté, le consentement, le *connubium*. Étaient-elles toutes les trois réunies, le mariage existait, et c'est à celui-là seulement que s'appliquaient les expressions de *justæ nuptiæ et matrimonium*.

Le *matrimonium* donnait donc seul la puissance pa-

[1] Just. *Inst.* L. 1, *De patr. potest.*

ternelle. Il en était la cause déterminante ; mais, en fait,
cette puissance n'existait pas toujours immédiatement.

. La puissance paternelle demeurait l'apanage exclusif
du chef de famille, du *paterfamilias*. Il avait *in potestate*,
non-seulement ses propres enfants, mais tous ceux de
ses fils et de leurs descendants *per virilem sexum*. Le
mariage des fils de famille ne les libérait pas de la puissance de leur père : *Qui igitur ex te et uxore tua nascitur,
in tua potestate est, item qui ex filio tuo et uxore ejus nascitur, id est nepos tuus et neptis œque in tua sunt potestate et
pronepos et proneptis et deinceps cœteri.*

. Ainsi, les enfants issus d'un mariage n'étaient en la
puissance de leur père qu'à la condition que celui-ci
ne fût pas lui-même en la puissance du sien ; dans le
cas contraire, leur aïeul prenait sur eux le pouvoir
paternel jusqu'à sa mort. Mais à partir de ce moment,
les fils du défunt, devenant *sui juris*, acquéraient à
leur tour la *patria potestas* sur tous leurs enfants et descendants faisant actuellement partie de la famille :
*Nepotes ex filio, mortuo avo, recedere solent in filii potes-
tatem, hoc est patris sui, simili modo et pronepotes et deinceps, vel in filii potestatem, si vivit et in familia mansit, vel
in ejus parentis qui ante eos in potestate est* [1].

. Il en était de même, si la puissance du *paterfamilias*
avait pris fin par un autre événement que la mort, par
une *deminutio capitis*, par exemple. *Si qua pœna pater
fuerit affectus ut vel civitatem amittat vel servus pœna affi-
ciatur, sine dubio nepos filii loco succedit* [2].

1. D. loi 5, *De his qui sui vel alienis.*
2. D. loi 7, *De his qui sui vel alienis.*

Remarquons toutefois que pour que cet effet se produisît, il fallait que la puissance eût cessé en même
temps et par la même cause sur le fils et sur les petits-
fils ou autres descendants.

Supposons que le fils eût été émancipé seul, sans ses
enfants : tous les liens qui existaient entre eux et lui
étaient rompus. Il n'aurait pu reprendre la puissance
sur eux, alors même qu'avant la mort de l'aïeul il serait
revenu dans la famille par une adrogation : *si pater
filium ex quo nepos illi est in potestate emancipaverit, et
postea eum adoptaverit mortuo eo nepos in patris non revertitur potestatem. Nec is nepos in patris revertitur potestatem* [1], *quem avus retinuerit filio dato in adoptionem quem
denuo redoptavit?*

Mais si le mariage des fils donnait au *paterfamilias* la
puissance paternelle sur ses petits-enfants, il n'en était
pas de même du mariage des filles. *Qui autem,* disent les
Instituts au § 3 de notre titre, *ex filia tua nascitur in tua
potestate non est ; sed in patris ejus.*

A l'époque du droit classique, les filles en se mariant
ne sortaient pas toujours de leur famille paternelle.
Certaines conditions devaient exister pour qu'elles entrassent au pouvoir de leur mari. Ces conditions sont
rapportées par Gaïus [2]. C'était, d'abord, l'usage où
la possession de la femme par son mari pendant un an.
Le seul moyen pour elle d'échapper à la puissance maritale était de passer chaque année trois nuits hors du
domicile conjugal (*usurpatum ire trinoctio*) ; l'usucapion

1. D. loi 41, *De adoptionibus.*
2. Gaïus, *Com.* I, 108 et suiv.

était alors interrompue et la femme restait dans sa famille paternelle.

La cérémonie de la *confarreatio* produisait la puissance maritale à l'instant même du mariage.

Enfin la *coemptio* ou vente solennelle de la femme au mari qui se portait acheteur avait le même effet.

En dehors de ces cas, la puissance maritale n'existant pas, la femme ne sortait pas de sa famille.

Ces détails ne sont pas reproduits par les Instituts. Depuis longtemps ces usages étaient tombés en désuétude ; il n'était plus question de puissance maritale. Aussi, faut-il en conclure qu'au temps de Justinien les filles qui se marient restent dans leur famille paternelle, n'y perdent aucun de leurs droits d'agnation ; n'entrent pas dans la famille du mari ; elles n'y deviennent que des alliées.

Quant aux enfants issus de leur mariage, de tous temps, à toutes les époques de la législation romaine, ils sont tombés sous la puissance du mari ou du chef de sa famille, sans jamais entrer dans la famille de leur aïeul maternel. C'est ce qui a fait dire que les descendants par les femmes n'étaient point agnats, mais simplement cognats.

La femme *sui juris* elle-même n'avait jamais de puissance sur ses enfants. C'était un privilége réservé aux hommes : aussi Ulpien dit-il que la famille dont la femme *sui juris* s'était trouvée le chef (*materfamilias*) commence et finit en elle. *Mulier autem familiæ suæ et caput et finis est*[1]. On voit comment la famille romaine s'augmentait de toutes les naissances survenues de

1. D. 50, 16, 195, § 5.

mâle en mâle. Le lien qui en unissait ainsi tous les membres s'appelait agnation et attirait à lui de nombreux priviléges. Mais à côté des avantages que présente cette forte organisation de la famille, nous découvrirons bien des abus, bien des dangers, tristes conséquences de l'extension exagérée de la puissance paternelle.

Le concubinat, nous l'avons dit, assez fréquent à Rome, ne produisait néanmoins aucun lien civil ; ajoutons à la louange des mœurs romaines, que s'il était permis il n'était point honoré ; les enfants qui en étaient issus n'étaient point *justi liberi*. On les nommait *liberi naturales*, et ils étaient présumés avoir pour père l'homme vivant en concubinat avec leur mère. Le père n'avait pas sur eux la *patria potestas* ; c'était une qualité de droit civil, et le droit civil n'avait pas reconnu le concubinat susceptible de la produire. Ces enfants n'avaient du reste aucun droit de succession sur les biens paternels, et n'entraient pas dans la famille de leur père. Mais tous ces droits pouvaient leur être acquis par la légitimation.

Le *stuprum* ne produisait pas non plus la puissance paternelle. Bien plus, il ne permettait pas au père de prouver sa paternité. Les enfants nés de cette alliance illicite étaient appelés *spurii*, *vulgo concepti*, de même que ceux issus d'un adultère ou d'un inceste.

Les *justæ nuptiæ* étaient donc le seul événement qui, précédant la naissance, produisît la puissance paternelle. Mais il était possible de faire naître ce droit postérieurement à la naissance de l'enfant, soit par la légitimation, soit par l'adoption.

SECTION II.

DE LA LÉGITIMATION.

La légitimation est un moyen d'attribuer à un enfant non issu de *justes noces* les droits et priviléges attachés à la filiation légitime. Sous la république romaine, il n'était pas possible de légitimer les enfants : les principes sévères de la législation repoussaient cette extension des règles du droit civil ; néanmoins, lorsqu'on accordait à un étranger et à ses enfants les droits de cité, une sorte de légitimation s'en suivait en faveur des enfants ; le père acquérait sur eux la puissance paternelle, mais ce n'était à vrai dire que la conséquence de l'attribution du *jus civitatis*. Sous Auguste, les lois *Ælia Sentia et Junia Norbana* introduisirent quelques moyens de faire entrer en la puissance de leur père les enfants qui n'y étaient pas. Mais au fond ce n'étaient encore que des modes de naturalisation avec effet rétroactif quant à la puissance paternelle. Ces modes, qui se rattachaient aux droits de cité et à la législation sur les affranchis latins, devaient donc tomber avec cette législation ; il est néanmoins intéressant de les connaître.

Nous trouvons dans Gaïus [1] l'indication de ces moyens indirects de légitimation.

1° *Causæ probatio.* — Elle avait lieu pour l'affranchi latin qui avait pris une femme en déclarant devant témoins qu'il la prenait dans le but d'avoir des enfants

---

1. Gaïus, *Com.*, I, 29, 30.

(*liberorum quærendorum causa*). Lorsqu'il en avait eu
un fils ou une fille, il pouvait, dès que cet enfant était
âgé d'un an, se présenter devant le préteur ou le président de la province; prouver le motif pour lequel il
s'était uni à la mère (*causam probare*), et dès lors, de
Latin qu'il était, il devenait citoyen romain, et acquérait sur son enfant, désormais légitime, la puissance
paternelle.

2° *Erroris causæ probatio.* — Lorsqu'un citoyen romain avait épousé par erreur une étrangère ou une
affranchie latine, ou réciproquement, il pouvait, lorsqu'il était né des enfants de cette union, prouver la
cause de l'erreur; l'union devenait *justes noces*, et le
père acquérait la puissance paternelle.

Le rescrit impérial de naturalisation pouvait encore
légitimer des enfants, pourvu que l'empereur expli-
quât formellement sa volonté de faire acquérir à l'é-
tranger la puissance paternelle.

Après la suppression des pérégrins par Caracalla et
des Latins Juniens par Justinien, ces trois modes de
légitimation disparurent. Du reste, nous l'avons dit,
ce n'étaient que des moyens indirects de légitimer, une
de ces voies détournées si fréquemment employées à
Rome, pour arriver à un effet non prévu par le droit
civil sans violer les règles de ce droit.

Sous Constantin, apparaît enfin un mode direct de
légitimation (par mariage subséquent); cette législation
se développa sous les empereurs qui lui succédèrent,
et nous allons voir quels furent les nouveaux modes
introduits. Remarquons néanmoins que l'on ne pouvait
légitimer que les enfants issus d'un concubinat, et non

les *spurii* qui n'avaient pas de père aux yeux de la loi.

Les Instituts mentionnent deux modes de légitimation.

§ Ier. — *Par mariage subséquent.*

Constantin fut l'auteur de cette innovation. La légitimation par mariage subséquent avait lieu lorsqu'un homme, ayant des enfants d'une concubine, épousait cette dernière et transformait le concubinat en *justes noces*. Zénon avait réglementé cette légitimation dans une constitution citée au Code [1]. Elle ne pouvait s'appliquer qu'aux enfants naturels déjà existants lors de la publication de la loi et nés d'une concubine ingénue. Justinien [2] la rétablit en principe général.

Trois conditions étaient nécessaires pour la validité de cette légitimation :

1° Il fallait que le mariage des père et mère n'eût été défendu par aucune loi au moment de la conception des enfants, et non pas seulement au moment de leur légitimation : cela résulte clairement d'un texte de la paraphrase de Théophile sur cette matière ;

2° Qu'on rédigeât les *instrumenta dotalia* constatant la constitution d'une dot, ou les *instrumenta nuptialia* servant à constater le mariage : en matière ordinaire de mariage, cet acte n'était pas nécessaire ; mais lorsqu'il s'agissait d'une légitimation, il devenait indispensable pour déterminer l'instant où le concubinat se changeant en *justes noces*, la légitimation avait lieu ;

1. C. loi 5 , *De natural. lib.*
2. C. loi 10 *Eod. tit.*

3° Que les enfants ratifiassent la légitimation : on ne pouvait pas, en effet, les faire entrer malgré eux sous le pouvoir paternel ; mais rien n'empêchait que les uns y consentissent et que les autres refusassent. Ces principes sont reconnus dans la Novelle 80, c. 11.

Ajoutons que dans une autre Novelle de Justinien [1], nous trouvons une dérogation formelle à ces principes qu'on ne peut légitimer que. les enfants dont on aurait pu épouser la mère au moment de la conception. Un maître sans enfants légitimes, mais ayant eu des enfants de son esclave, pouvait affranchir la mère, l'épouser, et par cela seul, les enfants devenaient libres et légitimes.

§ II. — *Légitimation par oblation à la curie.*

La curie formait le premier ordre de la ville ; mais le rang de curial assujettissait à des obligations tellement onéreuses, que, malgré les priviléges attachés à ce titre, chacun cherchait à s'y soustraire. En compensation de toutes les charges qui pesaient sur les curiaux, les empereurs avaient été forcés de leur accorder de nouvelles prérogatives. Ainsi, faculté introduite par Théodose et Valentinien de donner ou léguer la totalité de ses biens à ceux de ses enfants naturels que l'on avait offerts à la curie ; de même, capacité de recevoir, par les mêmes moyens introduits, pour la fille naturelle qui épouserait un curial. Ce fut le premier pas fait en faveur de la légitimation des enfants par oblation à la curie ; du droit de les instituer héritiers, on en vint au droit

---

1. Nov. 78, ch. IV.

de puissance paternelle sur eux, et Justinien consacra formellement cette législation en y introduisant la faculté pour le père de légitimer, par ce moyen, ses enfants naturels, quand même il aurait déjà d'autres enfants légitimes.

Une chose particulière à ce mode de légitimation, c'est que l'enfant, quoiqu'il passât sous la puissance du père, n'acquérait de droits que par rapport à ce dernier, sans en obtenir sur ses agnats et cognats, à tel point qu'on peut dire véritablement qu'il n'entrait pas dans la famille paternelle; sous l'ancien droit ceci eût été impossible.

Il fallait, dans ce cas de légitimation comme dans le précédent, le consentement des enfants.

§ III.

Outre ces deux modes de légitimation, Justinien en introduisit deux autres :

1º *La légitimation par rescrit*[1].

On devait obtenir de l'empereur un rescrit permettant la légitimation ; mais il fallait aussi que le mariage fût devenu impossible : par exemple, à cause de la mort de la mère ; de plus, le père ne devait pas avoir d'enfants légitimes.

2º *Légitimation par testament.*

Si un homme meurt laissant des enfants naturels, et que, dans son testament, il manifeste le désir que tous ou quelques-uns d'entre eux soient légitimés, on pourra obtenir de l'empereur un rescrit permettant la légiti-

1. Nov. 74.

mation : l'enfant deviendra par là-même héritier de son père.

L'adoption avait été, d'après une constitution d'Anastase, un moyen de légitimer les enfants naturels. Mais Justin abrogea cette constitution et Justinien confirma cette abrogation [1].

SECTION III.

DE L'ADOPTION.

L'adoption est une des plus anciennes institutions du droit romain.

Elle avait pour but, dès son origine, d'introduire une personne dans la famille de l'adoptant, et de faire acquérir à ce dernier la puissance paternelle sur l'adopté.

L'usage des adoptions fut très-fréquent à Rome. Beaucoup de familles patriciennes, sur le point de s'éteindre, jalouses de maintenir un nom illustre, se ravivèrent par des adoptions ; mais ajoutons que la paternité fictive, résultant des adoptions, était bien moins honorée que celle qui prenait sa source dans les *justes noces.*

Nous ne pouvons entrer ici dans l'examen des questions auxquelles peuvent donner lieu les conditions et les formes de l'adoption.

Disons seulement que l'on distinguait deux sortes d'adoption :

1º *L'adrogation ou adoption* des personnes *sui juris,* qui se faisait primitivement en vertu d'une loi rendue

---

1. C. lois 6 et 7 *De natural. lib.*

par les comices assemblés par curies, et, sous l'empire, par un rescrit du prince.

2º *L'adoption proprement dite* ou adoption des personnes *alieni juris*. A l'origine, bien des formalités
étaient nécessaires pour opérer cette adoption : il fallait, d'un côté, faire sortir l'adopté de sa famille naturelle, et éteindre par conséquent la *patria potestas* qu'a-
vait sur lui le *paterfamilias* ; d'un autre côté, le faire
entrer sons la puissance de l'adoptant, et établir efficacement le pouvoir de celui-ci sur lui. Tout ceci, étant
donnés les principes rigoureux du droit et les formes
symboliques qui environnaient toute opération juridique, ne pouvait se faire sans difficulté.

Voici néanmoins comment on y était arrivé : le père
faisait de son fils trois mancipations ou ventes solen-
nelles [1], afin d'éteindre sa puissance paternelle. Ces
ventes étaient suivies d'une rémancipation du fils au
père et d'une *in jure cessio*, procès dans lequel le père
jouait le rôle de défendeur muet. Immédiatement, le
juge déclarait que l'adopté passait en qualité de fils à
l'adoptant qui acquérait sur lui la puissance paternelle.
L'adopté entrait ainsi dans une famille nouvelle où il
tenait la place et les droits d'un fils légitime. Ces formes constitutives de l'adoption furent maintenues
jusqu'à Justinien. Mais cet empereur y apporta des
changements considérables, en modifiant l'adoption
dans sa forme et dans ses effets.

1o *Dans sa forme*, en supprimant la mancipation et
la *cessio in jure*, et en décidant qu'il suffirait, pour éta-

---

1. Pour une fille, une seule vente suffisait.

blir l'adoption, de faire dresser devant le magistrat un
acte constatant cette adoption, avec les consentements
réunis de celui qui donnait, de celui qui prenait et
de celui qui était donné en adoption. En ce qui concerne ce dernier, on se contentait d'une non-opposi-
tion, d'où il suit qu'on pouvait donner en adoption
des enfants ne parlant pas encore.

2° *Dans ses effets* : l'enfant donné en adoption quittait
sa famille naturelle pour entrer dans une famille à
laquelle il ne tenait que par des liens civils et dont il
était souvent détaché plus tard par suite de la faculté
qu'avait son père adoptif de l'émanciper ; il pouvait
donc arriver qu'ayant perdu les droits qu'il avait dans
sa famille naturelle, il perdît ceux qu'il avait dans sa
famille adoptive et se trouvât ainsi dépouillé des deux
côtés de l'hérédité. Justinien voulut remédier à cet inconvénient : à cet effet, il décida que l'adoption n'en-
traînerait l'attribution de la puissance paternelle au
profit de l'adoptant que dans le cas où celui-ci serait
un ascendant de l'adopté. Alors l'adopté sortait comme
autrefois de sa famille naturelle, entrait dans celle de
l'adoptant, et les anciens effets de l'adoption étaient
conservés. Que si au contraire l'adoption était faite en
faveur d'un étranger (*extraneo*), elle ne produirait plus
la puissance paternelle, elle créerait seulement au profit
de l'enfant des droits de succession *ab intestat* vis-à-vis
de son père adoptif et le laisserait dans sa famille naturelle quant à tous les autres droits attachés à sa personne. La condition de l'adopté se trouvait ainsi singulièrement améliorée, puisque s'il ne recevait rien en
succession de son père adoptif, il conservait toujours

intacts ses droits d'hérédité dans sa famille naturelle.
De plus, dans le cas où, donné en adoption à un ascendant, il sortait de sa famille pour entrer dans celle de
l'adoptant, il n'avait guère à redouter d'être complète-
ment dépouillé de l'hérédité ; les liens du sang qui l'u-
nissaient déjà à son père adoptif, raffermis par l'adoption, n'étaient-ils pas pour lui une garantie suffisante
contre toute spoliation ?

Tels étaient à Rome les modes d'acquisition de la
puissance paternelle. Il nous reste maintenant à déterminer à quelles conditions on pouvait être *paterfamilias*.
Ces conditions sont au nombre de quatre.

En premier lieu il fallait être libre. Un esclave n'aurait pas pu avoir la puissance paternelle ; ses enfants
appartenaient à son maître, et celui-ci avait sur eux
non pas la *patria potestas*, mais le *dominium*. La qualité
d'ingénu toutefois n'était pas nécessaire ; il suffisait
qu'on eût acquis la liberté, et que l'événement produi-
sant la puissance paternelle fût postérieur à l'affranchissement.

De plus il fallait être citoyen. Ainsi les Latins Juniens
n'avaient pas la *patria potestas* : ceci se conçoit, si l'on
se rappelle qu'en principe ils n'avaient pas le *connubium*.
Incapables de contracter de *justiœ nuptiœ*, ils ne pouvaient bénéficier d'un droit qui en était la conséquence.
On sait néanmoins, nous l'avons dit plus haut, qu'il
leur était possible de l'acquérir par la *causœ probatio*.

Les déditices et les affranchis qui y étaient assimilés
étaient dans une position bien plus défavorable encore.
A la différence des Latins Juniens, ils ne pouvaient
jamais obtenir le titre de citoyen romain ; et partant ;

ils n'acquéraient jamais la *patria potestas*. Le pérégrin, celui qui n'avait reçu aucun des avantages du droit civil, était à cet égard dans la même situation : réciproquement la puissance paternelle ne pouvait pas exister sur les personnes que nous venons de mentionner. Si donc, nous supposons qu'un citoyen romain eût épousé une Latine Junienne, une déditice, une pérégrine, comme il n'y avait pas là de *justæ nuptiæ* puisque le *connubium* n'existait pas entre les époux, l'enfant né de cette union suivait la condition de la mère en vertu de la règle *non interveniente connubio matris conditioni liberi accedunt*; il ne pouvait être soumis à la *patria potestas* qu'en acquérant plus tard le titre de citoyen romain. A mesure que la concession de ce titre devint plus fréquente, la *patria potestas* fut attribuée à un plus grand nombre de personnes. Ainsi lorsque Caracalla eut accordé la qualité de *civis romanus* à tous les sujets de l'Empire, lorsque Justinien eut aboli les diverses classes d'affranchis, le nombre des *paterfamilias* et des personnes soumises à ce pouvoir fut considérablement augmenté.

Le sexe était la troisième condition nécessaire pour obtenir la puissance paternelle. Les femmes en droit romain ne participaient jamais à l'exercice de ce pouvoir; soumises, dans le principe, à une sorte de tutelle perpétuelle, on comprend qu'elles ne pussent avoir sur leurs enfants des droits qu'elles n'acquéraient pas en quelque sorte pour elles-mêmes. A la vérité, on se relâchera peu à peu de cette rigueur touchant la condition civile des femmes. Les femmes *sui juris* finiront à la longue par devenir, de fait au moins, entièrement

maîtresses d'elles-mêmes. Mais cette émancipation ne
sera pas assez complète pour leur permettre d'arriver
à exercer sur leurs enfants cette *patria potestas* exclusivement réservée à l'homme. Les Romains méconnurent
profondément les droits naturels de la mère sur ses
enfants. Ils oublièrent qu'à défaut d'autre puissance,
elle a sur leur personne une sorte de pouvoir moral,
né de l'affection immense qu'elle ressent pour eux et
qui, commandant le respect et l'amour, peut commander
aussi l'obéissance et la soumission. Enfin ils ne com-
prirent pas la mission de la femme dans la société. En
l'abaissant au rang d'une chose, ils l'avilirent ; en
l'avilissant, ils ne tardèrent pas à la corrompre.

Il était réservé au christianisme de la relever de cet
état, en lui faisant connaître la grandeur de son devoir
et la hauteur de sa destinée. Mais l'influence des idées
chrétiennes ne put s'étendre en quelque sorte au delà
de l'ordre moral. La femme resta longtemps encore
privée des droits juridiques qui semblaient, à tant de
titres, devoir lui revenir, et ce fut la gloire de notre
droit d'avoir restitué à la femme sa légitime et véritable
place au sein de la société, en l'initiant dans une certaine mesure à l'exercice du pouvoir paternel.

Il fallait enfin pour quatrième condition être *sui juris*.
Les explications sont inutiles à ce sujet.

TITRE II.

DES ATTRIBUTS DE LA PUISSANCE PATERNELLE.

Nous connaissons dans leur ensemble et leur développement les règles qui présidaient à Rome à la constitution du pouvoir paternel. Étudions maintenant les attributs de ce pouvoir. Cette tâche est vaste et ardue. Nous distinguerons à cet égard la personne de l'enfant et ses biens, en suivant dans cette double étude les modifications successives de la législation romaine, nécessitées par les progrès de la civilisation et l'adoucissement des mœurs.

SECTION PREMIÈRE.

POUVOIR DU PÈRE SUR LA PERSONNE DE L'ENFANT.

Déjà dans le cours de cette étude, lorsque nous avons jeté un coup d'œil général sur l'étendue immense de la puissance paternelle à Rome, nous avons dit qu'à l'égard de la personne de l'enfant, le pouvoir du père comprenait à l'origine trois droits exorbitants : droit de vie et de mort, droit de vente et droit d'abandon noxal. Il importe maintenant d'étudier chacune de ces questions en détail.

Nous traiterons ensuite d'autres droits relatifs à la personne de l'enfant : droit de revendication, droit de consentement à son mariage, droit de nommer un tuteur par testament, droit de faire une substitution pupillaire.

§ Ier. — *Droit de vie et de mort.*

Ce droit, consacré par les lois de Romulus, inscrit
plus tard dans la loi des Douze Tables, s'était perpétué
au delà des premiers temps de la République romaine,
alors que la gloire de Rome était dans tout son éclat.
Pendant ces siècles de triomphes à l'extérieur, de progrès intellectuel et moral à l'intérieur : siècles que les
Romains revendiquaient avec raison comme les plus
grands de leur histoire, disons même pendant toute la
République, ce droit subsista. De nombreux textes nous
l'affirment ; et à ceux que nous avons déjà cités, nous
pouvons ajouter encore la loi *Julia de adulteriis*, qui
permettait au père de tuer sa fille surprise en adultère
et son complice avec elle ; la loi II, *D. de liberis et posthu-
mis*, dans laquelle nous trouvons cette phrase : *Nec
obstat quod licet eos exheredare, quod et occidere licebat.*
Enfin la loi 10 au Code *de patr. potest. : Patribus quibus jus
vitæ in liberos necisque potestas olim erat permissa...*

Du reste, l'histoire elle-même vient attester avec
quelle impunité le père exerçait à Rome un droit que
les lois de l'humanité réprouvent et condamnent. Qui
n'a lu le récit de la mort cruelle des fils de Brutus ? qui
ne se rappelle le triste sort du fils de Manlius Tor-
quatus ? Et en ne citant ici que ces deux exemples trop
célèbres d'une sévérité brutale, nous ne mentionnons
pas les nombreux cas de condamnation à mort prononcée par les pères sur leurs enfants au sein même
de la famille, et qui nous sont rapportés par les histo-
riens romains, par Tite-Live surtout.

Nous ne voulons pas non plus étudier ici la question
de savoir pourquoi les lois romaines avaient, dès l'origine, permis ou toléré l'exercice de pareils pouvoirs.
Dans une partie précédente de ce travail, nous en
avons donné les raisons. Il faut en somme rapporter
toutes les institutions romaines à un motif purement
politique, et si nous voyons les coutumes barbares
subsister même au sein de la nation civilisée, c'est que
le besoin politique existait encore, justifiant ainsi ces
lois d'une autre époque. Or, le pouvoir paternel, avec
son étendue sans limites, avait été d'un puissant effet
quant à l'accroissement de la nation. L'harmonie dans
la famille, la soumission aux volontés du chef, l'obéissance passive, fortifiée par la crainte des colères paternelles, avaient créé cette force de volonté, cette communauté de sentiments, cette unité d'action qui dis-
tingueront à jamais les membres de la cité romaine. On
ne vit pas à Rome éclater ces dissensions intestines qui,
séparant les éléments divers d'une famille, finissent par
jeter le désordre dans la ville tout entière. Le jeune
Romain, élevé dans cette idée qu'il était une chose dont
son père avait la nue-propriété et sa patrie la jouissance, se donnait en entier et sans murmures à ceux qui
avaient des droits sur lui. De là cette extension de la
puissance extérieure de Rome par la force même de son
organisation intérieure. Cela paraît plus évident encore
si l'on considère que, dès l'origine, Romulus avait imposé un frein au droit de vie et de mort, dans le but,
tout politique, de ne pas dépeupler la ville. D'après ses
lois, rapportées par Denys d'Halycarnasse [1], il obli-

1. *Archæologia*, 2, 15.

geait les pères à élever tous leurs enfants mâles et les
aînées des filles, et défendit de tuer aucun enfant au-
dessous de trois ans, si ce n'était en cas de difformité,
constatée par cinq témoins ; en pareil cas, on devait
l'exposer aussitôt après la naissance. L'humanité n'était
entrée pour rien dans cette législation.

Ainsi, durant plus de six siècles, le droit de vie et de
mort fut, à Rome, un des attributs de la puissance
paternelle.

Cette coutume barbare finit cependant par disparaître quand les mœurs se furent adoucies. On ne sait
pas au juste quelle loi abolit le droit de vie et de mort.
Mais, sous les empereurs, un grand nombre d'édits vin-
rent diminuer la rigueur du pouvoir paternel et le restreindre à de plus justes limites. Un fragment du Digeste
nous apprend que Trajan obligea un père à émanciper
son fils, parce qu'il l'avait traité brutalement [1] (*contra
pietatem*). Ce fut la gloire de cet empereur, d'avoir compris le premier que la puissance du père ne saurait
empiéter sur le terrain des droits de l'humanité. Plus
tard, Adrien condamna à la déportation un père qui
avait tué son fils, quoiqu'il l'eût surpris en adultère
avec sa belle-mère : car, ajoute Marcien, qui raconte le
fait, *patria potestas in pietate debet non in atrocitate con-
sistere* [2]. Ulpien dit, qu'à son avis, un père ne peut tuer
son fils sans jugement, et qu'il doit le traduire devant le
président de la province [3].

Plus tard Alexandre-Sévère écrivait à un père ces

1. D. 37, 12.
2. D. 48, 9, 5.
3. 48, 8, 2.

lignes reproduites dans une constitution insérée au Code : *Filium, si pietatem patri debitam non agnoscit castigare jure patriæ potestatis, non prohiberi ; acriore remedio usurus, si in pari contumacia perseveraverit cumque præsidi provinciæ oblaturus, dicturo sententiam, quam tu quoque dici volueris*[1]. Enfin Constantin, dans une autre constitution, édicte la peine du parricide contre le père qui aurait tué son enfant.

Ainsi, voici donc en principe le droit de vie et de mort aboli. Constantin lui a porté le dernier coup. Néanmoins il subsiste encore dans un cas qui mérite d'être examiné : il s'agit du droit pour le père de tuer sa fille adultère et le complice de celle-ci : sur cette matière nous avons un texte très-complet de Paul tiré de la *collatio legum romanarum ac mosaicarum*[2]. *Secundo vero capite (lex Julia adulteriis) permittit patri, si in filia sua, quam in potestate habet, ut in ea quæ eo auctore, cum in potestate esset viro in manum convenerit adulterum domi suæ generive sui deprehenderit, isque in eam rem socerum adhibuerit, ut is pater cum adulterum sive fraude occidat, ita ut filiam in continenti occidat.*

Il ressort de ce texte que trois conditions étaient nécessaires pour que le droit du père fût légitime : 1º la fille devait être en sa puissance, ou si elle était *in manu*, il fallait qu'elle fût passée directement de sa puissance sous celle du mari ; 2º il fallait que l'adultère eût été commis dans la maison même du père ou du gendre ; 3º il fallait enfin que le père donnât la

1. C. 8, 47, 3.
2. Paulus libro singulari et titulo de adulteriis.

mort au moment même du délit (*in continenti*) aux deux coupables [1]. Papinien nous rapporte que cette dernière règle avait été introduite dans un sentiment d'humanité envers le complice, afin d'arrêter le bras du père par l'affection qu'il aura pour sa fille, ou bien afin de montrer qu'il n'a agi que par un sentiment de justice : *ut videatur majore æquitate ductus cum nec filiæ pepercerit* [2].

Au père seul, on le voit, avait été donné ce droit de frapper sa fille adultère. Au premier abord, il paraît singulier que le mari en fût privé : sans doute on avait craint de sa part l'emportement, la surexcitation en face de l'outrage. Mais ne faut-il pas voir aussi dans cette attribution du droit de punir exclusivement réservée au père un indice nouveau de l'intensité de la *patria potestas*, subsistant même après le mariage de la fille, contre le gré du mari souvent, sans appel ni sans contrôle ? Cette magistrature domestique, *omnipotente* et arbitraire fut maintenue toutefois malgré l'abus évident qui en était fait dans ce cas. Car personne n'admettra que l'homme outragé par l'adultère de son épouse n'ait pas autant de droits que le père de celle-ci de frapper les coupables ; c'était même encourager en quelque sorte les égarements de la femme, car se sachant à l'abri des vengeances de son époux, elle pouvait en outre compter que l'indulgence, la tendresse de son père arrêteraient son bras à l'heure du châtiment.

Le droit d'exposition des enfants, dont nous avons

1. Loi 23. D. *Ad legem Juliam de adulteriis.*
2. Papinien *ex collat. leg. Rom. et Mos.* tit. IV, chap. VIII.

parlé plus haut, avait été, sous la république, même au commencement de l'Empire , d'un si fréquent usage, qu'il était devenu, on peut le dire , la plaie de Rome. Aucune loi répressive d'un pareil crime ne fut promulguée avant Constantin. C'est encore à cet empereur que revient la gloire d'avoir le premier apporté remède à cet odieux usage. Déjà, il faut le dire , Tertullien et Lactance avaient élevé leurs voix éloquentes contre cette barbare coutume : « Dieu , avait dit ce dernier, « fait naître les âmes pour la vie et non pour la mort... « Que ceux que leur indigence empêche de nourrir leurs « enfants s'abstiennent de leurs épouses : cela vaut « mieux que de porter des mains impies sur l'œuvre de « Dieu [1]. »

Constantin n'hésita pas. En 315 d'abord, puis en 322, il ordonna à ses officiers de puiser dans le trésor de quoi assurer des secours aux parents pauvres qui ne pourraient pas élever leurs enfants. De plus, dans le but de favoriser ceux qui recueilleraient l'enfant, il leur permit de l'élever comme un enfant ou comme un esclave , suivant la déclaration qu'ils en feraient dans un acte dressé devant des témoins et signé par l'évêque du lieu.

Cet acte de Constantin était un premier pas dans la voie des réformes. Mais les successeurs de ce prince devaient aller plus loin : là où il n'y a qu'un palliatif apporté à un abus, l'abus ne cesse pas d'exister.

Il faut le détruire à sa racine même , et c'est ce que tenta Valentinien ; considérant comme homicide le père

1. *Voir* Troplong, *Influence du Christianisme sur le droit civil de Rome.*

qui donnerait la mort à son jeune enfant, il le déclara
passible de la peine capitale [1], et ajouta dans une autre
constitution, en parlant de l'exposition des enfants,
que celui qui en serait l'auteur serait puni de la
même peine [2].

Il ne faut pas croire toutefois que la terreur des châ-
timents l'emporta sur les mauvais conseils de l'indigence. Le mal continua à faire de nombreuses victimes.
Théodose le Grand essaya d'un autre moyen d'y remédier, il autorisa l'enfant réduit en esclavage par suite
de la détresse de son père à recouvrer sa liberté sans
être tenu d'indemniser l'acheteur. Mais cette loi n'était
pas efficace. Valentinien III revint plus tard au système
de Constantin, tandis que, sous Justinien, la liberté de
l'enfant prévalut.

Si maintenant nous apprécions à un point de vue plus
élevé cet élan de tous les princes législateurs vers des
réformes demandées par les lois primordiales de l'humanité, nous devons reconnaître que l'influence des
idées chrétiennes fut d'un grand poids dans ce mouvement réformateur. Nous aurons encore à faire cette remarque d'une façon saisissante lorsque nous étudierons
les autres droits des pères sur leurs enfants, dans leurs
modifications successives. Mais disons de suite, et c'est
une incontestable vérité, que le christianisme fut la
source la plus féconde des progrès de la législation romaine sur l'état des personnes, et notamment à l'égard
de la puissance paternelle : *Christiana disciplina*, dit
Godefroy, *paulatim patriæ potestatis duritiam emolliente*.

1. C. 8. *Ad legem Corneliam de dicariis.*
2. C. 2. *De infant expositis.*

Nous devons parler encore, avant de passer au droit
de vente, d'un moyen de correction paternelle connu
sous le nom d'*abdicatio* et qui, sans être sanctionné par
les lois, avait été consacré par l'usage.

On ignore l'origine de ce droit ; un seul texte en fait
mention [1] ; encore est-ce pour nous dire qu'il n'a jamais été reconnu par les lois romaines. *Abdicatio quœ
Grœco more ad alienandos liberos usurpabatur et* απoκηρυξις
dicebatur romanis legibus non comprobatur.

Cependant quelques documents historiques ne nous
permettent guère de douter que l'*abdicatio* ne fût en
vigueur à Rome : ainsi Valère Maxime [2] nous représente un père jugeant son fils accusé de préva-
rication et le condamnant en ces termes : *Republica et
domo mea indignum meum filium judico protinusque con-
spectu meo abire jubeo.*

L'*abdicatio* était une sorte d'*exheredatio*, elle faisait
du fils un *alienus*. C'est là du moins l'avis de Cujas [3]
qui dit que l'*abdicatio* emportait par elle-même privation de la succession paternelle, et qu'il faut interpréter par les mœurs et les idées communes du peuple
une institution introduite tout entière par les mœurs.
En effet à Rome le droit de succession entre le père
et ses enfants est considéré comme dérivant d'une société entre eux. L'expression *heres suus* montre combien cette idée était innée chez les Romains [4]. Aussi est-
il nécessaire de penser que la perte du droit de

1. C. loi 6. *De patria potest.*
2. Valère Maxime. Lib. v, tit. viii, § 3.
3. Cujas, *Comm. in tit.* xlvi, lib. xlvii, édit. Néap. tom. ix, c. 1307.
4. Ortolan, général. du droit rom. 6me éd. p. 127.

succession devait suivre comme conséquence nécessaire la rupture de la copropriété entre le père et le fils expulsé de la maison paternelle. Le titre ordinaire à la succession devait ne plus exister, et c'est ce qui a fait dire à Cujas : *Suitas destructa est.*

Si l'*abdicatio* avait de l'analogie avec l'*exheredatio*, l'une et l'autre étaient néanmoins séparées par d'importantes différences. L'*abdicatio* se faisait entre-vifs d'une façon quelconque, tandis que l'*exheredatio* ne pouvait se faire que dans un testament en règle. Les effets de la première étaient immédiats, instantanés. Ceux de la seconde ne pouvaient avoir lieu qu'à la mort du *de cujus*. Ils étaient en outre beaucoup moins étendus. L'*exheredatio* ne consistait que dans la simple privation de la succession du père, tandis que l'*abdicatio* détruisait tous les rapports de parenté et tous les droits attachés à la cognation par les mœurs les lois et les usages, etc.

Quintilien nous donne aussi quelques détails sur l'*abdicatio*, et son témoignage ajoute quelque poids à cette opinion qu'elle était un moyen de correction vis-à-vis de l'enfant. Il l'appelle tour à tour : *Fulmen istud patrum, ira domestica, abdicationis emendatio.* De plus, il nous apprend qu'elle pouvait être prononcée de deux manières : *Abdicationum formæ sunt duæ. Altera criminis perfecti, ut si abdicetur raptor adulter ; altera, velut pendentis et adhuc in conditione positi quales sunt in quibus abdicatur filius quia non paret patri* [1].

Tout en admettant, du reste, l'existence de ce droit

---

1. Quintilien. *Inst. orat.* lib. VII, 4, 27. Éd. Tauchnitz.

à Rome, nous n'osons, à défaut de textes bien précis, affirmer qu'il fut positivement conforme à la définition que nous en donnons. Ce qu'il y a de certain, c'est que le droit civil ne l'avait ni permis, ni réglementé; aux premiers temps de la République, alors que les principes rigoureux du *jus quiritium* faisaient loi exclusive, un droit aussi sévère, aussi dangereux, n'eût pu s'introduire facilement : l'exhérédation était fort peu en honneur dans l'esprit des jurisconsultes romains; ils l'avaient limitée et subordonnée à des règles étroites; faut-il croire que l'usage eût prévalu sur cette répugnance naturelle? Peut-être l'*abdicatio* avait-elle un autre objet, revêtait-elle des formes que nous ignorons : quoi qu'il en soit, nous nous plaçons, quant à son existence, sous la garantie des textes de Valère Maxime et de Quintilien.

SECTION II.

DROIT DE VENTE.

Denys d'Halycarnasse fait remonter à Romulus les premières lois positives sur le droit de vente; ce droit était, aussi bien que le droit de vie et de mort, entré dès l'origine dans les mœurs. C'était la conséquence de ce principe faux, duquel partaient les premiers Romains, qu'ils devaient avoir sur leurs enfants la même puissance que sur leurs esclaves; que les uns et les autres étaient *res domini* et susceptibles d'être transmis dans le domaine d'un autre.

La loi des XII Tables avait consacré cette théorie; dans deux textes distincts nous la retrouvons reproduite : *Endo liberis jus vitæ necis venumdandique potestas ei esto,* — *Si pater filium ter venumduit filius a patre liber esto.*

Gaïus nous rapporte que la vente des enfants se faisait par la mancipation ou vente solennelle, *per æs et libram.* L'enfant était placé dans une condition spéciale dite *in mancipio.* Le mancipé était assimilé à peu près à un esclave dans la famille. *Servorum loco constituitur,* dit Gaïus, et plus loin ; *Nam et is servo loco est* [1] ; mais il ne perdait pas néanmoins la qualité d'homme libre. Le *mancipium* ne préjudiciait pas à l'ingénuité. C'était en somme un état de fait qui ne suspendait que l'exercice des droits sans enlever la capacité juridique. — La cessation de ce *mancipium* réintégrait le mancipé dans la condition qu'il avait auparavant.

Le *mancipium* qui s'établissait par les mêmes modes que l'achat des esclaves, finissait en général par les mêmes causes : la vindicte, le cens, le testament. Remarquons, toutefois, que ni la loi *Ælia Sentia* relative à l'âge du *manumissor* et de l'affranchi, ni la loi *Furia Caninia,* ne s'appliquaient ici. Rappelons-nous aussi que tous les cinq ans, lors du recensement des citoyens, tous ceux qui se trouvaient ainsi *in mancipio* pouvaient se faire affranchir malgré la volonté du maître, en se faisant inscrire sur les livres du cens [2], excepté, dit Gaïus, lorsque le père avait *stipulé* que son fils lui serait rémancipé, ou bien lorsque l'enfant avait été abandonné *noxali causa.*

Le mancipé était, on le voit, dans une situation bien

1. Gaïus, *Comm.*, 1, 123 ; *Comm.* III, 114.
2. Gaïus, *Comm.*, 1. 140.

meilleure que l'esclave. Le *mancipium*, du reste, fut beaucoup adouci avant même qu'on eût mitigé les rigueurs de la puissance dominicale. Gaïus nous dit qu'il n'était pas permis d'outrager les personnes que l'on avait *in mancipio* sans s'exposer à être attaqué par l'action d'injure.

Entre le mancipé et son maître existaient des liens analogues à ceux qui unissaient le patron et l'affranchi. Le maître venait à la succession de celui qu'il avait *in mancipio* à la place des agnats, après les héritiers siens. Plus tard le préteur lui préféra d'autres parents du mancipé affranchi, en créant la *bonorum possessio unde decem personœ.*

Telle était la condition du fils de famille vendu suivant le droit qu'en avait son père. Aucune restriction ne fut apportée à cette faculté pendant bien longtemps.

Au temps de Gaïus, néanmoins, la mancipation n'avait plus le même caractère qu'à l'origine, elle n'était plus fictive, et les pères s'en servaient comme d'un moyen propre à libérer leurs fils de la *patria potestas. Plerumque solum et a parentibus et a coemptionatoribus mancipatur, cum velint parentes coemptionatoresque suo jure eas personas dimittere* [1] ». Au temps de Paul, les ventes d'enfants n'avaient lieu que dans le cas d'une extrême misère : *contemplatione extremœ necessitatis aut alimentorum gratia* [2] ». Plus tard Dioclétien et Maximien défendent au père de livrer son fils soit par vente, donation ou gage, ajoutant qu'il est hors de doute (*ma-*

1. Gaïus, *Comm.*, I, 118, *a*.
2. Paul, *Sent.*, 5, 1, § 1.

nifestissimi juris est) que ce droit n'existe pas pour eux[1].
Mais cette loi en détruisant un mal ne fit qu'en ac-
croître un autre. Lorsque la vente fut prohibée, l'exposition publique des enfants devint plus fréquente.
Constantin se vit forcé de rapporter la loi de Dioclétien, tout en introduisant sous d'autres rapports des
prohibitions plus sévères. Il permit aux parents de
vendre leurs enfants lorsqu'ils y seraient poussés par
une extrême misère, et au sortir du sein de la mère,
sanguinolentes[2]. Toutefois le père conservait toujours la
faculté de délivrer son enfant en en payant la valeur ou
en fournissant un autre *mancipium* à sa place. Le même
droit était accordé à l'enfant et à toute personne dis-
posée à en user.

Justinien accepta cette législation en faisant insérer
au Code les constitutions de Dioclétien et de Constantin. Mais de son temps la vente des enfants avait disparu des mœurs.

Le droit de vendre son fils avait dû amener pour le
père une autre faculté, celle de retirer de l'enfant par
d'autres moyens tout le profit possible. Ainsi il devait
pouvoir l'employer à des travaux de toutes sortes : les
lois romaines ne contiennent à cet égard aucun document ; mais il est probable que l'on appliquait ici le
principe : *qui peut le plus peut le moins.*

Paul nous apprend, du reste, que le père pouvait
louer les services de son fils : *operæ eorum locari pos-*

1. C. 4, 43.
2. C. 4, 4.

4

sunt [1]. Ce droit ne fut pas limité ; on s'en rapportait à cet égard à la tendresse du père.

SECTION III.

ABANDON NOXAL.

Lorsqu'un fils de famille avait commis un délit, le père responsable pouvait à son choix : ou payer une certaine somme à titre de peine, ou abandonner son fils au tiers lésé.

Cet abandon noxal se faisait de la même manière que la vente, par une *mancipation* : il fallait en effet éteindre la puissance paternelle. L'enfant donné en noxe était donc *in mancipio*, dans cette condition dont nous avons indiqué les principaux caractères au paragraphe précédent.

Il y avait, nous dit Gaïus [2], controverse sur la question de savoir combien de mancipations étaient nécessaires pour opérer l'abandon noxal. Les Proculéiens en exigeaient trois : sans cela, disaient-ils, la puissance paternelle n'a pas cessé d'exister. Les Sabiniens affirmaient qu'une seule mancipation était nécessaire, la loi des Douze Tables n'en ayant demandé trois que pour les mancipations volontaires ; cette dernière opinion avait prévalu.

L'enfant donné en noxe n'était pas dans une condition aussi favorable que l'enfant mancipé. Nous avons vu

1. Paul, *Sent.* Lib. v, *in fine.*
2. Gaïus, *Comm.* iv, 79.

qu'il ne pouvait pas, à la différence de celui-ci, se faire affranchir *censu* malgré son maître.

Au temps de Gaïus l'abandon noxal était encore fréquent. On le considérait comme un droit très-légitime du père de dégager de cette façon économique sa responsabilité engagée par le délit du fils : *Erat enim iniquum*, dit Gaïus, *nequitiam eorum ultra ipsorum corpora parentibus, dominisve damnosam esse.* Pourquoi payer une somme d'argent ? Pourquoi souffrir personnellement des suites du délit ? L'auteur du méfait n'est-il pas là pour le réparer lui-même ?

Cette doctrine immorale et si grosse de conséquences désastreuses avait cependant reçu une restriction à l'égard des filles. Pour elles l'abandon noxal était aboli du temps même de Gaïus. Mais les fils n'avaient pu bénéficier de cette loi morale et protectrice. Ils furent soumis aux rigueurs de la noxe jusqu'à l'époque où Justinien fit disparaître ce droit de la législation romaine.

Le droit de donner son fils en gage avait été toléré aux premiers temps de la république. Mais les vexations de toutes sortes auxquelles l'enfant était soumis de la part du créancier gagiste firent écarter bientôt cette faculté exorbitante. A l'époque même où la vente et l'abandon noxal étaient tolérés, la mise en gage était interdite, et le père coupable de ce fait était puni : *idem liberi nec pignori ab his aut fiduciæ dari possunt ; ex quo facto, sciens creditor deportatur* [1]. Nous retrouvons au Digeste la même décision avec modification de la peine [2],

1. *Sentent.* Paul. Lib. v, tit. 1, § 1.
2. D. L. 5, *Quæ res pignori.*

Enfin, Justinien renouvelle la prohibition dans la Novelle 134, ch. 7, en apportant une autre sanction. Le
créancier qui reçoit un enfant en gage, perd sa créance,
doit de plus rendre à l'enfant et à ses parents la même
somme, sans préjudice des peines corporelles qui lui
seront infligées par le juge du lieu.

SECTION IV.

DROIT DE REVENDICATION.

Ce droit qui est assurément l'une des prérogatives du
pouvoir paternel a varié quant à son mode d'exercice
suivant les phases diverses de la procédure romaine.

Au temps des actions de la loi, la forme de cette
revendication était celle qui est restée par la suite en
vigueur pour les adoptions. On revendiquait l'enfant
devant le préteur : *vindicabat apud prœtorem filium suum
esse,* dit Gaïus [1], à l'aide de la solennité de la vindicte.

La procédure formulaire n'admet pas la revendication
pure et simple d'un enfant. Nous demandons en effet, dit
M. Pellat [2], les choses qui sont à nous, dont nous avons
la propriété, *dominium.* Nous pouvons donc demander
ainsi un esclave.... Au contraire les personnes libres,
alors même qu'elles sont soumises au droit d'autrui,
alieni juris, sont uniquement des personnes et jamais
des choses, et par conséquent ne peuvent pas être l'objet de la *rei vindicatio* ». En effet la loi 1, § 2, *de rei*

---

1. Gaïus, *Comm.* I, 134.
2. Pellat, *De rei vindicatione*, p. 113.

vindicatione, s'exprime ainsi : *Per hanc autem actionem liberæ personæ quæ sunt juris nostri ut puta liberi qui sunt in potestate, non petuntur.* Mais la loi ajoute : ... *nisi forte adjecta causa quis vindicet.* Au moyen d'une adjonction de circonstance à la revendication, il était donc possible de la faire ; mais en quoi consistait cette adjonction de circonstance, cette modalité apportée ? Il y a sur ce point deux explications. L'une, celle de Cujas, veut que les mots *adjecta causa* se rapportent à l'expression de *ex jure quiritium* qui devait se trouver dans la formule, car la puissance paternelle n'appartenant au père qu'en vertu du droit civil, *ex jure quiritium*, celui-ci ne pouvait revendiquer le fils qu'en ajoutant ces mots. S'il s'était agi d'une revendication basée sur le droit des gens, ils eussent été inutiles, et les mots *meum esse* eussent suffi. Mais, dans notre espèce, il fallait l'expression solennelle de droit civil, et c'est à cela que se réfère l'*adjecta causa*.

Dans une autre opinion, qui est celle du jurisconsulte éminent que nous citions tout à l'heure, on croit que l'idée contenue dans les mots *adjecta causa* est celle-ci :

Pour réussir dans cette revendication, on ne doit pas se contenter de la formule ainsi conçue : *Si paret hunc hominem Auli Agerii esse ex jure quiritium*, ce qui présenterait l'individu revendiqué comme appartenant au vendeur en vertu d'un droit de propriété. Mais si l'on écrit : *Si paret hunc hominem Auli Agerii filium esse ex jure quiritium*, ce n'est plus un rapport de propriété qui est exprimé par la formule, mais un rapport de famille. Cette modalité apportée à la revendication, c'est l'*adjecta causa* du texte.

Cette explication paraît préférable, car nous avons vu que les mêmes mots *filium esse* étaient employés au temps des actions de la loi, et étaient restés consacrés en matière d'adoption.

D'ailleurs, les contestations qui s'élevaient sur l'exercice de la puissance paternelle pouvaient se vider autrement que par une revendication ; la loi précitée indique trois moyens : les *prœjudicia*, les *interdicta* et la *cognitio prœtoria*.

1° *Les prœjudicia*, actions préjudicielles, étaient des formules consistant seulement en une *intentio* sans *condemnatio*, c'est-à-dire un moyen de faire reconnaître préalablement un rapport de droit dont on devait tirer les conséquences dans un procès ultérieur. Ainsi, dans l'espèce, le *prœjudicium* pouvait servir de préliminaire à l'action en revendication dont nous venons de parler ; il pouvait aussi, en établissant un rapport de paternité à filiation, déterminer le titre du *paterfamilias* à acquérir par son fils tout ce qui lui venait *ex legato, ex donatione*, etc.

2° Les interdits, dont il est question ici, étaient les interdits *de liberis exhibendis* et *de liberis ducendis*, accordés au père de famille contre la personne qui retiendrait chez elle un fils de famille, et par lesquels le préteur ordonnait à celle-ci de représenter le fils à son père, ou de ne pas s'opposer à ce que celui-ci l'emmenât.

Ces deux interdits ne se donnaient donc pas contre le fils lui-même, mais contre la personne qui le détenaît. Si le fils de famille contestait lui-même le droit de puissance de son père, il y avait lieu à la *cognitio prœtoria*.

3° La *cognitio prœtoria* consistait dans un examen auquel le préteur se livrait en fait et en droit, et à la suite duquel il rendait lui-même sa décision.

SECTION V.

DROIT DE CONSENTEMENT AU MARIAGE.

Nous avons à étudier ici un des attributs les plus saillants du pouvoir paternel, et qui diffère profondément, quant à sa nature, de ceux que nous avons jusqu'à présent examinés. C'est bien encore un droit sur la personne de l'enfant, mais qui, au lieu de présenter un caractère d'hostilité, de despotisme, semble reposer plutôt sur une certaine idée de protection, de tutelle bienveillante à son égard. Ce n'est pas, à vrai dire, qu'il faille attribuer aux Romains des sentiments parfaitement désintéressés dans l'accomplissement de leur devoir paternel. Avant tout, nous retrouvons chez eux, et dans toutes circonstances, l'instinct du propriétaire dominant le sentiment de la paternité. En face d'un fait aussi important que le mariage de leur fils, qui devait introduire des héritiers siens dans leur famille, et modifier sous certains rapports la condition du *filiusfamilias*, l'autorisation du père propriétaire et maître, devait précéder tout changement apporté à l'organisation de la famille. Mais, par suite, la nécessité même d'obtenir le consentement de son père devait être pour le fils un frein puissant contre les scandales d'une alliance indigne, répréhensible, et dont les passions aveugles de la jeunesse pouvaient lui dissimuler quelque temps les dangers. Envisagé sous ce rapport, le droit du père devenait, dans certains cas, protecteur et non plus agressif.

Ce droit, consacré par beaucoup de textes, était incontestable; nous le trouvons écrit aux Règles d'Ulpien [1], aux Sentences de Paul [2], au Digeste [3], enfin aux Instituts. Il resta longtemps absolu : aussi ne tarda-t-il pas à dégénérer en un pouvoir abusif et plein de dangers. Il devint nécessaire de le réglementer. Sous Auguste, intervint une loi *Julia* [4], qui défendit au père de vouer son enfant à un célibat absolu. Il pouvait être forcé de le marier par les présidents des provinces et par les proconsuls. Ce fut un remède efficace apporté à l'obstination des Romains à préférer le célibat au mariage, tendance qui, dans les derniers temps de la République, avait pris des proportions considérables.

Les femmes, qui ne jouissaient, nous l'avons dit, d'aucun des attributs de la puissance paternelle, n'avaient pas par suite le droit de consentir au mariage de leurs enfants. Ceux-ci pouvaient se marier malgré la défense de leur mère et sans attendre son autorisation. Mais les empereurs Valens et Valentinien et après eux Honorius et Théodose exigèrent que la fille mineure de 25 ans, bien qu'émancipée, prît encore le consen-

---

1. T. v, 2.
2. Lib. ii, tit. xix, 2.
3. D. loi 2, 35, *De ritu nuptiarum*.
4. L. 19, *De ritu nuptiarum*.

tement de son père, et, si ce dernier était mort, le consentement de la mère et des proches parents [1]. Ces dispositions étaient, comme le fait remarquer M. Ortolan, des dérogations totales au droit primitif.

Le *paterfamilias* avait donc avant tous autres le droit de consentir au mariage de ceux qui étaient soumis à sa puissance. Mais si les enfants qui se mariaient étaient des petits-fils et avaient un père qui fût lui-même *filiusfamilias*, le consentement de l'aïeul, chef de la famille, suffisait-il, ou fallait-il aussi le consentement du père? Oui s'il s'agissait d'un fils, non s'il s'agissait d'une fille [2]. La raison de cette différence repose sur cette règle de droit: *Nemini invito, heres suus agnascit*. L'aïeul pouvait bien de sa propre volonté renvoyer de sa famille ses petits-fils sans le consentement du fils et diminuer ainsi le nombre des personnes que ce dernier devait un jour avoir en sa puissance; mais il ne pouvait pas, sans le consentement du fils, introduire dans la famille future de ce dernier de nouvelles personnes et lui donner malgré lui de nouveaux héritiers. Pour la fille ce motif-là n'existait pas, car ses enfants ne devaient jamais retomber sous la puissance de leur aïeul maternel.

Aucune forme n'était exigée pour le consentement du père de famille; l'autorisation pouvait être tacite.

Y avait-il des cas où le mariage fût valable quoique le père n'y eût pas consenti? Oui, et nous en pouvons signaler plusieurs.

1. C. 5, 4, 18, 20.
2. D. 23, 2, 16, 1.

En premier lieu nous rappellerons celui où le père paraissait vouloir, par un refus persistant de consentement, condamner son fils à un célibat absolu. Nous en avons déjà parlé et nous savons qu'alors la justice intervenait et pouvait décider que l'enfant se marierait malgré l'opposition du père. Les parents étaient même obligés de le doter.

Le père pouvait être en démence, *furiosus*, ou bien *mente captus*. Ces deux états produisaient, au point de vue qui nous occupe, des résultats différents. Il importe d'abord de les distinguer : l'état de *furiosus* présente des intervalles lucides ; l'état du *mente captus* est essentiellement continu. Dans ce dernier cas, la question ne fut jamais controversée. Le fils ou la fille pouvaient se marier sans le consentement du *mente captus*.

Mais, à l'égard du *furiosus*, il n'y avait pas même unanimité d'opinion, du moins s'il s'agissait du mariage d'un fils. Les jurisconsultes étaient partagés, et cela à cause des conséquences du mariage du fils. Justinien, effaçant toute distinction entre le *furiosus* et le *mente captus* entre le fils et la fille, décide que dans tous les cas le mariage sera valable, pourvu qu'en présence du curateur et des parents les plus notables de son père, l'enfant fasse agréer la personne qu'il veut épouser, régler la dot et la donation nuptiale par le préfet de la ville à Constantinople, par le président ou les évêques de la cité dans les provinces [1].

Au temps des jurisconsultes, le fils pouvait se marier pendant la captivité de son père, à la condition qu'il le

1. C. 5, 4, 25.

fît dans des circonstances telles que le père eût vrai-
semblablement donné son consentement s'il avait été
présent [1]. Au temps de Justinien, il est nécessaire que
trois ans se soient écoulés depuis que le père a été pris
par l'ennemi pour que le fils puisse se passer de son
assentiment. Nous savons que par l'effet du *postliminium*
le père rendu à la liberté était censé n'avoir jamais
perdu sa puissance paternelle.

Le consentement du *paterfamilias* devait précéder le
mariage du fils. C'est une question controversée que
celle de savoir si le mariage contracté sans le consentement du chef de famille pouvait être ratifié par la
suite ; sans aucun doute le consentement donné après
le mariage le rendait valable pour l'avenir. Mais *quid*
quant au passé ? Y avait-il effet rétroactif ? M. Ortolan
tient pour la négative : « le mariage, dit-il, n'était pas
validé dans le passé où il n'avait pas existé. On peut
assimiler ce cas en quelque sorte à celui où l'un des
époux était impubère ; au moment où il atteignait l'âge
de la puberté, le mariage devenait *justes noces*, mais sans
effet rétroactif. » Dans cette opinion les enfants conçus
avant l'époque du consentement n'étaient pas *legitime
concepti*.

Toute personne en puissance qui contracte un mariage sans le consentement de son père ne fait pas un
mariage valable ; *jure*, nous dit Paul, en parlant de ces
alliances : *Jure non contrahuntur sed contracta (matrimo-
nia) non solvuntur* [2]. Comment expliquer ce texte ? A le

1. D. l. 12, 3, *De captivis.*
2. Pauli *Sent.* Lib. II, tit. XIX, 2.

prendre à la lettre, il semblerait dire que le mariage, une fois accompli malgré le défaut de consentement du père restera valable. Ceci ne semble guère admissible, car la nécessité du consentement du *paterfamilias*, dépourvue de sanction, n'eût été qu'un vain mot. Quelques auteurs, M. Demangeat entre autres, pensent que ce texte fait allusion à une ancienne règle abrogée par Antonin [1], d'après laquelle le père avait droit de dissoudre un mariage *bene concordans*, dans lequel le mari et la femme étaient parfaitement d'accord ; quoi qu'il en soit, il est difficile de déterminer le cas d'application de cette phrase de Paul.

Mais si le père avait le droit d'empêcher le mariage de ses enfants, il n'avait pas en revanche celui de les obliger à contracter une union à laquelle ils ne voulaient pas consentir. Leur adhésion au mariage devait accompagner le consentement paternel.

Toutefois si un fils de famille, d'après l'ordre de son père, avait épousé une femme qu'il n'eût pas épousée *sui arbitrii*, le mariage existait néanmoins, parce qu'il y avait une espèce de consentement, *maluisse hoc videtur*.

La fille était regardée comme ayant suffisamment consenti si elle ne se refusait pas à la volonté de son père ; et elle ne pouvait s'y refuser que si l'homme qu'on lui présentait était *indignus moribus* ou *turpis* [2]. C'était là une grande différence entre le fils et la fille. Bien plus, la loi 20, c. *de nuptiis*, semble n'exiger son consentement que si elle est *sui juris*.

---

1. *Voir* Paul, *Sent.* Lib. 5, t. vi, § 15.
2. L. 12, *De sponsalibus.*

SECTION VI.

Nous rattachons encore à la même idée de puissance paternelle protectrice des intérêts de l'enfant le droit qu'avait le père de nommer par testament un tuteur à ceux de ses enfants impubères que sa mort allait rendre *sui juris*. Ce droit est consacré par le texte suivant des Instituts : *Permissum est itaque parentibus quos in potestate habent, testamento tutores dare... si post mortem eorum in patris sui potestatem non sunt recasuri* [1].

La loi des XII Tables avait elle-même posé le principe de la tutelle testamentaire dans ce texte fameux : *Uti legassit super pecunia tutelave suæ rei, ita jus esto.*

Au chef de famille seul il fut permis de nommer un tuteur par testament. Ce tuteur ne pouvait être donné à l'origine qu'aux enfants nés lors de la mort du père. Quant aux enfants posthumes considérés dans l'ancien droit romain comme des êtres incertains, ils ne pouvaient pas jouir de ce bénéfice. Ce droit fut modifié par la suite, et Gaïus nous dit dans ses commentaires que pour la dation d'un tuteur et pour plusieurs autres causes, *in compluribus aliis causis*, l'enfant posthume était considéré comme né... Ces expressions et la même doctrine ont été transportées dans les Instituts.

Le droit de nommer un tuteur testamentaire fut accordé, par extension des règles du droit, au père qui

---

1. Just. Lib. I, tit. XIII, 3 et 4.

avait émancipé son fils impubère, mais avec une certaine restriction. La nomination du tuteur devait être
confirmée par le magistrat avec ou sans enquête, et le
pouvoir tutélaire ne commençait qu'à la date de cette
confirmation [1]. Cette règle s'appliquait sans distinguer
si le père émancipateur avait institué ou exhérédé l'enfant émancipé.

SECTION VII.

DROIT DE SUBSTITUTION PUPILLAIRE.

La substitution pupillaire était l'institution d'un héritier faite par le chef de famille dans son propre testament, pour l'hérédité du fils impubère soumis à sa
puissance en cas que ce fils lui survivant mourût avant
d'avoir atteint l'âge de puberté [2].

Nous trouvons, dans cette institution testamentaire
conditionnelle, un exemple saillant de la toute-puissance
paternelle se perpétuant au delà de la tombe. Nous
l'appelons conditionnelle, car sa validité était subordonnée à la mort du fils en état d'impuberté, et c'était
bien un attribut du pouvoir paternel, puisqu'elle ne
pouvait être faite que par le père *sui juris* pour les
enfants qu'il avait en sa puissance et ajoutons aussi pour
ses enfants posthumes.

1. D. lois 1 et suiv. *De confirm. tutore.*
2. Ortolan, *Instituts de Just.* Lib. II, tit. XVI, 749.

TITRE III.

DE LA PUISSANCE PATERNELLE A L'ÉGARD DES BIENS DE L'ENFANT.

Adquiritur nobis non solum per nosmetipsos sed etiam per eos quos in potestate, manu mancipiove habemus.

La puissance paternelle sur les biens de l'enfant était à Rome la conséquence rationnelle du pouvoir sur la personne.

Le principe est que le fils se trouvait à cet égard dans la même condition que l'esclave.

Comme ce dernier, il était incapable de rien posséder, de rien acquérir qui ne devînt au même instant la propriété de son père. *Quidquid ad eos pervenerit hoc parentibus suis adquirebant sine ulla distinctione.*

Ni le travail, ni l'industrie, ni le commerce, ni les arts libéraux ne pouvaient assurer au fils un patrimoine qui n'allât tomber aussitôt dans ce grand patrimoine de la famille dont le chef seul avait le droit de disposer. *Sic vos non vobis!* L'enfant n'était pour le père qu'un instrument d'acquisition! Stipulait-il : la stipulation profitait au père! peu importe que le fils eût stipulé soit pour lui-même, soit pour le père, soit pour un frère soumis à la même puissance, soit pour un esclave de son père. Recevait-il par donation ou testament : il acquérait pour son père. Le père seul est *dominus*, il acquiert par tous ceux qui sont soumis à sa puissance, que ce soit par suite d'une stipulation, d'une donation, ou d'une hérédité.

Sous l'empire de cette législation injuste et spoliatrice, le fils de famille ne pouvait donc rien posséder tant qu'il était soumis à la puissance paternelle. Seule, l'émancipation, en le rendant *sui juris*, pouvait lui permettre de devenir chef de famille à son tour pendant la vie du *paterfamilias*, et, à ce titre, d'avoir un patrimoine à lui.

Il s'était cependant établi d'assez bonne heure un usage qui apportait un tempérament à cette excessive rigueur. Le chef de famille confiait à son fils une certaine quantité de biens dont celui-ci avait personnellement l'administration et l'usage et qui formaient un pécule dit *profectice*, ainsi nommé par les commentateurs parce qu'il venait du père : *peculium a patre profectum*.

Ce pécule profectice formait une sorte de patrimoine distinct dont la propriété continuait d'appartenir au père qui pouvait le reprendre quand bon lui semblait ; à vrai dire le droit du fils était fragile et précaire comme tous ceux qui n'ont pour base que la tolérance.

Néanmoins l'enfant pouvait retirer certains avantages de la possession de ce pécule ; en stipulant pour le pécule, il pouvait l'augmenter ; les esclaves du pécule acquéraient également pour ce pécule, soit par stipulation, soit par les successions qui leur étaient déférées.

La gestion de ce pécule ne comportait, bien entendu, que des actes d'administration ; mais ce pouvoir était très-large. Quant au droit de disposer, il était interdit. Néanmoins, ceci ne doit s'entendre que du droit de disposer par donation, testament ou donation à cause de mort. Car, sur ce pécule, le fils pouvait devenir débi-

teur, cautionner quelqu'un, donner et recevoir un
mandat, acheter, vendre, nover stipuler, prêter, etc.,
et donner un gage ou une hypothèque aux créanciers
du pécule. La fille pouvait constituer en dot les valeurs
provenant de cette source, et, en cas de divorce, reprendre la dot sans avoir besoin du concours de son
père [1].

Tels étaient les droits des enfants possesseurs du pécule profectice. Quant aux actions judiciaires qui pouvaient résulter de leur administration, elles étaient ainsi
réglementées :

S'agissait-il d'ester en justice pour revendiquer un
objet compris dans le pécule : en principe, l'enfant ne
le pouvait pas sans le consentement de son père, n'é-
tant pas propriétaire. Mais cependant Paul [2] nous apprend qu'il avait la faculté d'intenter lui-même certaines actions, telles que les actions *injuriarum, quod vi
aut clam, depositi, commodati*, actions dans lesquelles la
personnalité du fils était plus directement engagée.

D'après le droit strict, le créancier d'un pécule n'a-
vait pas d'action pour recourir contre le père de famille ;
le préteur lui donna une action *de peculio*, au moyen
de laquelle il pouvait poursuivre le père de famille
jusqu'à concurrence de la valeur du pécule.

Si le père avait personnellement profité de l'acte du
fils qui le constituait débiteur envers une autre personne, le créancier pouvait intenter contre le père une
action *de in rem verso*, par laquelle il lui réclamait tout

1. D. loi 24, *De jure dotium.*
2. D. Loi 9, *De obligationibus et actionibus.*

5

ce dont il avait bénéficié. Quoique l'action *de in rem verso* fût ordinairement jointe à l'action *de peculio*, ces deux actions n'en étaient pas moins distinctes, et l'une pouvait être plus utile que l'autre, suivant les cas.

Le père pouvait encore être soumis à l'action *tributoria*, lorsque, ayant partagé proportionnellement entre lui et les créanciers le pécule, les bénéfices commerciaux du pécule, ceux-ci jugeaient que la répartition n'avait pas été convenablement faite et réclamaient le complément de leur part.

Le père, nous l'avons dit, conservait la propriété du pécule profectice et pouvait à son gré retirer à l'enfant cette jouissance précaire, pourvu toutefois qu'il n'y eût pas de fraude pour les créanciers.

Dans deux cas pourtant, ce pécule entrait dans le patrimoine du fils, à moins qu'on ne le lui eût retiré expressément : 1° lorsqu'il était émancipé ; 2° lorsqu'il était investi de certaines fonctions sacerdotales.

Il y avait dans l'institution du pécule profectice un germe de progrès que les Romains fécondèrent heureusement par la suite ; ceci se rapporte à la création des *pécules castrense, quasi-castrense* et *adventice*. Nous allons entrer maintenant plus au cœur de notre étude, en considérant quels furent à Rome les droits de la *patria potestas*, relativement à ces biens qui composaient une sorte de patrimoine à l'enfant, et dont il avait, sinon une propriété exclusive, au moins une propriété *sui generis*, dont nous étudierons plus loin la nature et le caractère.

SECTION PREMIÈRE.

DU PÉCULE CASTRENSE.

L'origine du pécule castrense remonte aux premiers temps de l'Empire, à cette époque où les Romains durent s'assurer par de nombreux priviléges du dévoûment de leurs soldats.

Les armées romaines, qui avaient élevé les Césars au pouvoir sur les ruines de la République, avaient demandé, en retour des luttes soutenues, du sang répandu, de l'argent d'abord, puis des faveurs particulières qui les plaçassent au-dessus du droit commun, et apportassent ainsi quelques compensations aux périls du service militaire. Elles n'avaient pas eu de peine à en obtenir. Chaque empereur s'était servi de l'armée pour renverser son prédécesseur et prendre sa place. Arrivé à l'empire, il était obligé de la récompenser au moyen du *donativum*, et, de plus, devait faire en sorte de se l'attacher, afin d'éviter à son tour les désagréments d'une déchéance.

Le premier des priviléges conférés aux soldats remonte à César. Il consiste dans l'adoucissement des conditions rigoureuses qui devaient présider à la confection du testament, soit quant à la capacité du testateur, soit quant à celle de l'institué, soit quant à la forme de l'acte ou au mode de disposition. Mais l'octroi de cette faveur ne fut que temporaire. Plus tard, Titus en fit l'objet d'une concession définitive, et, après lui, Domitien, Nerva et Trajan.

Un second privilége, le seul dont nous ayons à traiter ici, est l'institution du *peculium castrense*. Il eut Auguste pour fondateur, au dire d'Ulpien : *divus Augustus* (Marcus) *constituit, ut filiusfamiliæ miles de eo peculio quod in castris acquisivit testamentum facere possit* [1]. Justinien lui-même attribue au même empereur, à Nerva et à Trajan, la création du pécule castrense : *Tam ex auctoritate divi Augusti quam Nervæ necnon optimi imperatoris Trajani.*

Les constitutions de ces princes établissaient que tout ce que les fils de famille auraient acquis à l'occasion de leur service militaire leur appartiendrait en propre, qu'ils en pourraient disposer soit entre-vifs, soit par testament, comme s'ils étaient à cet égard *patresfamilias*. Voilà le pécule des camps, le *peculium castrense*. C'était un grand progrès dans la législation : « reconnaître aux fils de famille la capacité d'être pro-« priétaires, d'avoir des choses à eux, par conséquent « d'en disposer et de faire des actes que le commerce « de ces choses comportait, ce fut leur constituer une « personnalité à eux, une personne civile distincte de « celle des chefs de famille, et dès lors ce principe du « droit primitif que les fils de famille n'ont pas de per-« sonne, que leur individualité s'absorbe dans la per-« sonne du chef dont ils ne sont qu'une dépendance, « qu'un instrument, commença à devenir faux. » (Ortolan, *Instituts*, tit. IX, f°611.)

Le soldat romain fils de famille constituait donc désormais une classe à part de citoyens, affranchie des

---

1. Ulp. reg. Tit. XX, § 10. On pense que le nom *Marcus*, qui n'a jamais appartenu à Auguste, est une interpolation de copiste.

règles imposées aux autres. Maître de son pécule, il pouvait le vendre, le donner, en disposer comme bon lui semblait.

Cependant le chef de famille avait aussi de son côté certains droits sur ce pécule.

Il importe donc d'étudier successivement :

1° De quoi se composait le pécule castrense ;

2° Quels étaient les droits du fils ;

3° Quels étaient les droits du père.

§ Ier. — *Composition du pécule castrense.*

Paul définit ainsi le pécule castrense : *Castrense peculium est quod in castris adquiritur vel quod proficiscenti ad militiam datur* [1]. Ainsi ce pécule comprend les acquisitions faites par le fils à l'armée, *in castris,* et les libéralités qu'il reçoit au moment du départ.

Une autre définition plus complète que celle-ci nous est donnée par la loi 11, au Digeste (*de Cast. Pecul.*) : *Castrense peculium est quod a parentibus vel cognatis in militia agenti donatum est, vel quod ipse filiusfamilias in militia adquisivit, quod, nisi militaret, adquisiturus non fuisset, nam quod erat et sine militia adquisiturus, id peculium ejus castrense non est.*

Un rescrit de l'empereur Alexandre définit aussi d'une manière analogue le *peculium castrense* [2]. En somme l'idée générale qui domine la matière est celle-ci : L'acquisition a-t-elle été faite à l'occasion du service militaire : elle entre dans le pécule castrense du fils de

1. *Sent.* Lib. III, tit. IV, § 3.
2. C. 12, 37, Loi 1, *De castrens. pecul.*

famille ; sinon elle suit le droit commun et va grossir
le patrimoine du père. La qualité de militaire est essentielle pour le fils de famille qui veut avoir un pécule.
Elle absorbe la qualité de *filiusfamilias*. La cause d'acquisition doit être le service militaire, se rattacher au
métier des armes : alors le fils de famille peut avoir en
propriété ce qui ne lui eût pas appartenu sans cette
double condition.

Quels sont maintenant, en faisant l'application de
ces principes, les biens qui font partie du pécule castrense ?

Plaçons d'abord en première ligne ce que le fils de
famille acquiert directement à raison de sa qualité de
militaire, ce qui comprend :

1° La solde qui commença à être payée aux soldats vers
l'an 347 suivant Tite-Live ; antérieurement chaque
citoyen faisant partie de l'armée devait s'équiper à ses
frais et subvenir par ses propres ressources aux dépenses des camps ; ce système avait l'inconvénient de
ne pas permettre aux armées de rester toute l'année en
campagne. Il leur fallait rentrer à Rome pour vaquer
aux occupations agricoles. Le soldat obligé de se suffire
à lui-même devait pouvoir retirer de la culture de sa
terre les ressources qui lui étaient nécessaires. Le
Sénat, dans le but de pousser plus activement les entre-
prises guerrières, décida qu'une paye, *stipendium*, serait
attribuée pendant la guerre à chaque soldat à titre
d'indemnité. La solde comprenait en outre le blé, le
vêtement ou les armes que l'on fournissait aux soldats.

2° Les récompenses accordées par les généraux à

tous ceux qui s'étaient distingués dans le combat. Elles consistaient en colliers, bracelets ou piques.

3° L'argent distribué aux soldats par les généraux qui obtenaient les honneurs du triomphe ;

4° La part attribuée à chacun dans le butin pris sur l'ennemi.

5° Les terrains que l'on assignait quelquefois aux vétérans. Ces distributions de terrains suivaient ordinairement la victoire d'un parti sur l'autre, dans les guerres civiles qui ensanglantèrent l'Italie à la fin de la république. Sous l'empire on créa des colonies de vétérans établies aux frontières et destinées à arrêter les incursions des peuples barbares. Les terrains cédés dans ce but faisaient également partie du pécule castrense.

6° *Le donativum* ou don de joyeux avénement, offert par l'empereur aux soldats à son arrivée au pouvoir : ce don, à l'origine purement volontaire, finit par devenir obligatoire. C'était le prix de la couronne impériale. L'empire était, en quelque sorte, adjugé par les soldats à celui qui devait fournir une récompense plus considérable. L'histoire nous rapporte plus d'un exemple de ce honteux marché.

Outre ces biens directement acquis *in castris*, il en est d'autres dont l'énumération résulte de plusieurs lois romaines, et qui composaient aussi le *peculium castrense.*

La loi 11, D. *de pecul. castrensi*, fait entrer dans ce pécule les biens donnés au fils de famille militaire par ses père et mère et autres parents. Mais il résulte d'un rescrit de l'empereur Alexandre, rapporté au Code [1], que cette proposition ne doit pas être acceptée d'une manière absolue et qu'il faut faire une distinction bien établie du reste dans le texte dont nous parlons. Le pécule comprendra non pas tous les biens donnés par les parents, mais seulement les choses mobilières. Quant aux fonds de terre, aux immeubles, ils ne feront pas partie du pécule. La raison de cette distinction est facile à concevoir, si l'on se rappelle que les donations devaient être faites à l'occasion du service militaire, afin de donner au fils un peu de bien-être, d'adoucir pour lui les rigueurs de la vie des camps. Or, on conçoit que les choses mobilières pussent être emportées par le fils et consommées dans le but que nous indiquons. Il est impossible d'en dire autant des choses immobilières, des fonds de terre surtout. Ainsi les immeubles donnés par le père à son fils *eunti in castra* ne tombaient pas dans le pécule parce qu'ils ne se rattachaient pas directement à la *militia*.

Il en était différemment des immeubles acquis par le fils à l'occasion du service militaire et *occasione militiæ*. Il va de soi, en raison de la cause de leur acquisition, qu'ils fissent partie du pécule.

La loi 5, D. *de castrensi peculio*, nous apprend que l'hérédité déférée au fils de famille par un compagnon d'armes dont il n'a fait la connaissance que dans les camps faisait partie du pécule castrense parce que c'était bien en effet *occasione militiæ* que cette libéralité était faite. Il en était de même de l'institution d'héritier

---

1. C. 3, 36, loi 4, *Familiæ erciscundæ.*

faite par un compagnon d'armes qui était en même
temps parent de l'institué [1]; mais il fallait prouver que
le mobile de la libéralité avait été la confraternité et
non la parenté: cette preuve résultait de la date du
testament. Avait-il été fait avant le *commilitium*: il y
avait présomption que la parenté était la cause de l'institution. Etait-ce au contraire depuis que les deux parents étaient frères d'armes: on supposait que le *commilitium* avait inspiré le testament, et dans ce cas l'hérédité déférée au *filiusfamilias* faisait partie de son
pécule. *Si ante commilitium factum sit testamentum, non
esse peculii castrensis eam hereditatem ; si postea, contra.*

Le soldat avait *in peculio* toutes les choses mobilières
qui lui avaient été données par son père à son départ
pour le camp [2]. Au contraire, ce qui lui était donné au
retour de l'armée ne tombait point dans le pécule castrense ; cela formait un autre pécule, le pécule profectice, comme si le fils n'avait jamais été militaire [3].

Les donations entre époux étaient en principe pro-
hibées [4]; pourtant on exceptait de la prohibition celles
qui étaient faites *manumissionis causa*. Paul nous dit au
livre 2 des Sentences : *Manumissionis gratia inter virum
et uxorem donatio favore libertatis recepta est, vel certe quod
nemo ex hac fiat locupletior, ideoque servum, manumit-
tendi causa invicem sibi donare non prohibentur* [5]. Si donc
une femme avait donné à son mari fils de famille, *eunti
in militiam*, un esclave avec charge de l'affranchir,

1. D. loi 19, 1. *De castrense pecul.*
2. D. loi 4, *De cast. pec.*
3. Loi 15, D. Cod. tit.
4. Un sénatusconsulte, rendu sous Antonin Caracalla, modifia cette rigueur.
5. Paul, *Sent.* Lib. II, tit. XXIII, § 2.

celui-ci pouvait-il faire entrer dans son pécule les droits
de patronage? Il faut distinguer. Oui, si la femme avait
fait cette libéralité à son mari dans l'intention de lui
donner pour compagnon d'armes un affranchi qui pût
lui rendre des services, *habilis ad militiam*. Dans ce cas
disons avec la loi 6 *de castrensi peculio*, que le fils de
famille pouvait affranchir l'esclave de sa propre volonté,
sans la permission de son père. Non, au contraire, si
la donatrice n'avait fait don de l'esclave que par pure
affection conjugale, et non dans le but de donner à son
époux un homme qui lui fût utile, pendant la durée de
son service militaire. Il y avait là à résoudre une simple
question d'intention.

Nous devons maintenant étudier ici une difficulté résultant des solutions contraires d'Ulpien [1] et de Papinien [2] sur la question de savoir si le legs fait à un fils
de famille militaire, par sa femme, entre ou n'entre pas
dans le pécule castrense.

Ulpien, loi 8, tient pour la négative. Papinien, dans
la loi 13, décide au contraire en s'appuyant sur un rescrit d'Adrien, que le fils de famille institué héritier par
sa femme pendant qu'il était au service, a pu accepter
de lui-même cette succession et devenir le patron des
esclaves héréditaires qu'il a affranchis. Il confirme cette
opinion dans la loi 16.

Plusieurs conciliations de ces deux textes ont été pro-
posées. Cujas et Pothier [3] en ont imaginé une que nous

---

1. D. loi 8, *De cast. pec.*
2. Lois 13 et 16. Cod. tit.
3. Cujas, *Comm. sur Pap.* Loi 16, *De castrens. peculio.* Pothier, *Pandectes de peculio castrens.*

devons reproduire. L'institution entre époux était considérée comme valable pour un dixième *matrimonii nomine*
et pour autant de dixièmes par chaque enfant. En vertu
des lois Julia et Popia, la femme stérile ne pouvait
laisser à son mari qu'un dixième au plus, en punition
de ce qu'il n'y avait point d'enfants[1]. Mais l'empereur
Adrien avait affranchi les militaires de cette déchéance.
Dans l'espèce, l'hérédité de la femme n'est venue au fils
de famille que *occasione militiœ*. Elle doit donc faire
partie du pécule castrense. Papinien résoudrait la question au point de vue des lois caducaires : Ulpien se
serait au contraire placé au point de vue de l'application pure et simple des principes. Il suppose une femme
qui, ayant des enfants, aurait laissé à son mari, quelle
que fût la qualité de ce dernier, une partie de sa succession. Le mari la recueille, indépendamment de sa
qualité de militaire, et non pas *ex occasione militiœ*; dans
ce cas, elle n'entrait pas dans le pécule castrense.

Cette conciliation ne nous semble pas bonne, et
malgré l'autorité qui s'attache aux noms illustres de
Cujas et de Pothier, nous nous refusons à l'admettre.
C'est gratuitement, croyons-nous, qu'ils font allusion
aux lois caducaires qu'aurait visées Papinien. Rien, dans
les textes qui nous occupent, n'autorise une semblable
hypothèse.

Dans une autre opinion, on croit que le rescrit
d'Adrien, rapporté par Papinien, aurait été une décision
de faveur rendue contrairement aux principes au profit

---

1. Ulp. *Reg.* Tit. xv.— Machelard, *Dissertation sur le droit d'accroissement*,
p. 167. Les *decimariœ leges* furent abrogées par une constitution des empereurs Honorius et Théodose; en l'an 410.

d'un fils de famille se trouvant dans des circonstances spéciales, l'expression *militantem* indiquant un soldat en activité de service.

On a dit encore, et c'est là selon nous la moins mauvaise manière d'expliquer l'antinomie qui existe entre les deux jurisconsultes, que les hypothèses prévues par les deux textes n'étaient pas absolument identiques. Le rescrit d'Adrien faisait entrer dans le pécule castrense du fils de famille militaire l'hérédité que lui déférait sa femme; il s'agissait là d'une hérédité entière. Ulpien, au contraire, raisonnait dans l'hypothèse d'un simple legs. Il n'avait pas osé étendre à cette espèce la décision d'Adrien. Au reste, cette explication n'est guère satisfaisante non plus. Outre qu'il semble étonnant que l'on ne pût traiter *le moins* comme *le plus*, le *simple legs* comme l'hérédité entière, il paraît difficile de croire qu'Ulpien, le novateur le plus osé de tous les jurisconsultes romains, eût reculé devant cette extension du rescrit impérial.

Quoi qu'il en soit, il vaut peut-être mieux s'en tenir à la décision d'Ulpien, qui renferme la règle générale, celle de Papinien n'étant qu'une exception. Ajoutons, au surplus, que cette variété d'opinions dans les principes n'a plus d'importance sous Justinien, car nous verrons bientôt que, relativement à la succession qui advient au fils de famille, le débat ne s'engage plus entre la fortune du père et du fils, mais seulement entre les différents pécules de celui-ci : de sorte qu'il n'y a plus le même intérêt à savoir si l'acquisition est faite ou non pour le pécule castrense.

A l'égard de la dot donnée ou promise au fils de fa-

mille militaire, il résulte du texte de Papinien [1] qu'elle
n'entrait pas dans le pécule castrense. Papinien explique
et justifie sa décision, en faisant remarquer que la dot
est apportée par la femme dans le but de subvenir aux
charges du mariage, de nourrir et d'élever les enfants
communs qui se trouvent dans la famille de l'aïeul et
sont sous sa puissance. Il est donc juste qu'elle ne fasse
pas partie du pécule, étant étrangère à toute idée de
service militaire, mais qu'elle tombe dans le patrimoine
du père, chef de famille, en qui résident les droits et
les devoirs de la puissance paternelle.

Un fragment d'Ulpien [2] nous offre l'application de ce
principe que les acquisitions faites par le fils de famille
militaire, à l'occasion du service, tombent dans son pécule. *Si mulier filio viri militi ad castrenses vel militares
forte res comparandas reliquerit pecuniam utique castrensi
peculio ea quœ comparantur adnumerari incipiunt.* « Si
une femme a laissé au fils de son mari de l'argent, afin
d'acheter des effets d'équipement militaires, ces effets
rentrent dans le pécule. »

Nous avons énuméré déjà, comme faisant partie du
peculium castrense, toutes les choses données directement à l'occasion du service militaire; il nous reste à
y ajouter, pour compléter la liste, tout ce qui se réunit
aux choses mêmes du pécule par accession ou par con-
solidation.

Le père de famille a l'usufruit d'un esclave dont la
nue-propriété appartenait au fils ; si le premier vient
à perdre son usufruit, le fils conservera l'esclave en

1. L. 16. *De castrens. pecul.*
2. Loi 3. *Hujus tit.*

pleine propriété [1]. C'est l'application des règles ordinaires de l'usufruit.

Aux termes des paragraphes 1 et 2 de la loi 15, ce
que le fils aura stipulé, ce qu'il aura reçu en tradition
à l'occasion de l'administration de son pécule, s'ajoutera
aux choses qui en faisaient partie ; de plus, et ceci est
remarquable, quoiqu'en règle générale le fils ne puisse
contracter avec son père aucune obligation civile, le fils
propriétaire d'un pécule pourra faire avec son père
toute sorte de contrats dont l'exécution sera garantie
par une action. Mais il est essentiel que le contrat se
soit formé, que la stipulation ait été faite à l'occasion
du pécule. Sans cette condition, on retombera dans le
droit commun. *Si stipulanti filio spondeat (pater), si quidem ex causa peculii castrensis tenebit stipulatio , cœterum,
ex qualibet alia causa non tenebit* [2].

Le paragraphe 3 de la même loi nous enseigne que
les acquisitions faites par un esclave compris dans le
pécule profitent au pécule lui-même, quelle que soit la
cause de ces acquisitions. De même la stipulation,
l'objet reçu par tradition ; l'esclave ne joue pas comme
le fils un double rôle ; le texte nous l'explique fort
bien ; il n'y a pas à faire pour lui ce que Papinien appelle la *distinctio causarum* ; le fils cumule deux droits :
celui de fils de famille, celui de père de famille par rapport à son pécule. Lorsqu'il agit en cette dernière qualité et à cette occasion , il acquiert pour lui-même ;
quand il agit comme fils de famille purement et sim-

1. Loi 15, § 4, *De cast. pecul.*
2. D. loi 15, § 1. *Hujus tit.*

plement, les acquisitions profitent à son père. L'esclave
d'un pécule castrense n'a, au contraire, qu'une seule
qualité en tout état de cause, il est l'esclave du fils et
non du père, et par conséquent acquiert toujours pour
le fils. Il peut même stipuler ou recevoir par tradition
du père de famille lui-même dans l'intérêt du pécule
castrense. Bien plus, il peut être institué héritier par le
même, de sorte que le fils se trouvera héritier nécessaire de son père : *Ex castrensi peculio servus a patre heres
institui potest et filium necessarium heredem patri facit* [1].
L'institution pouvait être faite d'ailleurs par quelque
personne que ce fût. L'esclave faisait, dans ce cas, adition par l'ordre du fils militaire, et le pécule se gros-
sissait de sa succession.

Remarquons que si l'esclave avait fait partie non
plus du pécule castrense, mais d'un pécule profectice,
comme il n'aurait pas cessé alors d'appartenir au père
de famille, l'effet de l'institution aurait été de le rendre
libre et héritier nécessaire.

Il nous reste un dernier point à examiner. Jusqu'ici
nous n'avons prévu, ainsi que l'ont fait les constitutions
impériales, que le cas où le militaire à son entrée au
service était fils de famille. Mais il pouvait se faire qu'à
ce moment il fût *sui juris*, et redevenir plus tard, soit
pendant le service, soit après, *alieni juris*, par une adrogation. Que devenaient les biens qu'il avait acquis à
l'occasion du service, et qui lui auraient constitué un
pécule s'il avait été fils de famille ? La loi 4, § 2, ensei-

1. Loi 18. *Huj. tit.*

gnc qu'ils lui restaient propres, et composaient ainsı une sorte de *pécule castrense* rétroactif.

§ 11. — *Droits du fils sur le pécule castrense.*

Le fils est considéré comme un *paterfamilias* à l'égard des biens qui composent son pécule castrense. *Cum filii-familias in castrensi peculio vice patrum familiarum fungantur* [1]. Cette formule donne une idée exacte de ses droits.

Ainsi, tous les actes d'administration, de jouissance, de disposition à titre onéreux ou gratuit, lui sont permis pour les biens composant son pécule castrense. Nous verrons ci-dessous à quelles personnes revient ce pécule dans le cas où son propriétaire meurt *intestat*.

A l'égard de tout acte qui ne concerne pas les valeurs comprises dans le pécule, le fils retombe sous l'empire du droit commun.

La législation reculera peu à peu ces limites protectrices des intérêts du père aux dépens de ceux du fils.

L'omnipotence du fils de famille sur le pécule castrense lui donnait nécessairement droit d'action et de poursuite, même contre la volonté de son père, pour les choses dépendantes du pécule [2]. Il pouvait de sa propre volonté accepter une succession qui lui avait été léguée par son compagnon d'armes, ou par celui qu'il avait connu à l'occasion du service militaire [3]. Il pouvait encore affranchir seul un esclave faisant partie

1. D. 1. 2. *Ad sen. cons. Macedon.*
2. D. loi 4. 1. *De castr. pec.*
3. D. 1. 5. *Cod. tit.*

du pécule, et acquérir pour lui-même les droits de patronage.

Au même ordre d'idées se rattache enfin la possibilité
pour les créanciers du fils de demander contre lui
action à l'effet d'être désintéressés ou payés avec les
biens castrenses [1].

Toutes ces règles résultent de la distinction à faire
entre la double personnalité du fils de famille propriétaire et de celui qui ne l'est pas.

Cette distinction se fait sentir surtout lorsqu'il s'agit
d'appliquer le sénatus-consulte *Macédonien*.

Aux termes de ce sénatus-consulte, les usuriers qui
avaient prêté de l'argent aux fils de famille n'avaient
point d'action pour se faire rembourser le montant du
prêt, même lorsque l'emprunteur était devenu *sui juris*
par la mort de son père. Mais si nous supposons qu'à sa
qualité de fils de famille l'emprunteur pût joindre celle
de propriétaire d'un pécule castrense, le résultat était
autre. Le prêteur avait une action contre le fils, considéré comme un véritable *paterfamilias*, sur les biens
composant le pécule, et pouvait ainsi se faire rembourser
sans que le fils pût opposer l'exception du sénatus-consulte *Macédonien*. Cette doctrine est consacrée par une
décision de Justinien rapportée au Code [2].

Le pécule castrense était le gage de tous les créanciers du fils de famille, sans distinguer entre les créanciers du pécule et les autres. C'est ainsi que la femme
pouvait, après la dissolution du mariage, poursuivre

1. D. loi 5. *Eod. tit.*
2. C. loi 7, § 1. *Ad senatuscons. maced.*

6

sur le pécule de son mari la restitution de sa dot. La femme ne rentrait pas cependant parmi les *creditores castrenses.*

Une question bien grave se présente à l'occasion du concours des divers créanciers, castrenses ou non, sur les valeurs du pécule. Si nous le supposons insuffisant pour les désintéresser tous, devait-on les admettre au marc le franc ou bien payer les créanciers castrenses de préférence à ceux qui avaient contracté avec le fils de famille avant son entrée au service? La solution est donnée par Ulpien. Les créanciers castrenses seront désintéressés les premiers, et si le père a profité de l'obligation contractée par son fils, le créancier de cette obligation n'aura de recours que contre le père par une action *de in rem verso.* Nous reproduisons le texte de cette décision importante : « Qui ante (quam « militaret filiusfamilias cum eo contraxerunt), si bona « castrensia distrahantur, non possunt venire cum « castrensibus creditoribus. Item, si quid in rem patris « versum est forte poterit et creditori contradici ne « castrense peculium inquietet, cum possit potius « cum patre experiri [1]. »

Il résulte encore de cette règle que le fils de famille était considéré comme un *paterfamilias* à l'égard des biens du pécule, qu'il pouvait, non-seulement stipuler comme un individu *sui juris* de toute personne étrangère, mais de son père même, parce que, à ce point de vue, cessait l'unité de personne qui, de droit commun, faisait obstacle à tout acte entre le père et le fils :

1. D. Loi 1, § 9, *De separationibus.*

Si stipulanti filio spondeat (pater) si quidem ex causa peculii castrensis tenebit stipulatio ; cæterum ex qualibet alia causa non tenebit [1]; de même si c'est le père qui stipule du fils.

La possibilité d'un contrat entre le père et le fils amenait la possibilité d'un procès. Gaïus nous dit qu'en effet, lorsqu'un litige portait sur un pécule castrense, un procès était possible entre personnes soumises au pouvoir l'une de l'autre [2], sous la condition d'une permission préalablement accordée par le magistrat : *Causa cognita* [3].

L'étude des droits du fils de famille militaire sur son pécule castrense nous amène à étudier la plus importante de ses prérogatives, la faculté de disposer par testament.

L'acte testamentaire avait, à Rome, une importance bien supérieure à celle que nous lui attribuons aujourd'hui. Ce n'était pas seulement la volonté paternelle s'affirmant et se continuant au delà de la tombe. C'était un moyen d'assurer, de perpétuer, dans la famille, les traditions pieuses : le culte domestique, les *sacra privata*, offerts aux dieux particuliers, sous la protection desquels on s'était placé.

Mais il n'était pas permis à tout le monde de faire un testament. Justinien lui-même nous le fait remarquer : « Non omnibus licet facere testamentum. Statim ii qui « alieno juri subjecti sunt testamenti faciendi jus non « habent adeo quidem ut, quamvis parentes eis permi- « serint nihilo magis jure testari possint, exceptis iis

1. D. *De castrens: pec.*, loi 15, § 1.
2. D. loi 4, *De judiciis.*
3. D. loi 8, *De in jus vocando.*

« quos antea enumeravimus et præcipue militibus qui
« in potestate parentum sunt quibus de eo quod in
« castris adquisierint permissum est ex constitutio-
« nibus principum testamentum facere. » Nous avons
vu, en effet, comment et à quelle époque fut accordé
aux fils de famille militaires le droit de tester. « Ita-
« que », continue Justinien, « si quod fecerunt de cas-
« trensi peculio testamentum pertinebit hoc ad eum
« quem heredem reliquerint. »

Voici la preuve la plus éclatante qu'à l'égard de son
pécule castrense le fils de famille militaire était considéré comme un *paterfamilias*.

Mais cette dérogation au droit commun fut accom-
pagnée d'une foule de priviléges accordés au *miles* à
l'égard de son testament.

Ainsi fut supprimée pour lui la nécessité du nombre
légal des témoins et des formalités requises.

La seule volonté du testateur, manifestée par écrit ou
verbalement, avait force de testament. « Quoquo enim
« modo voluntas ejus suprema sive scripta inveniatur
« sive sine scriptura valet testamentum ex voluntate
« ejus. » Toutefois, un testament ainsi fait en dehors
des formes du droit commun ne valait que pendant la
durée de la campagne et l'année qui suivait ; passé ce
temps, il devait être refait dans les formes ordinaires.

Nous savons quelles étaient les véritables causes de
ces modifications au droit primitif en faveur des soldats,
et remarquons que ce n'est pas seulement la forme testamentaire qui se trouve altérée, mais bien aussi le
fond même du droit, la *factio testamenti* ; un militaire
muet ou sourd pouvait faire un testament. Il peut ins-

tituer, dit Ulpien, des déportés et presque tous ceux qui n'ont pas la *factio testamenti* [1].

Le militaire pouvait aussi mourir partie *testat*, partie *intestat*. Il pouvait faire plusieurs testaments et disposer de sa fortune par codicilles, et, ceci est digne de remarque, il puisait dans sa qualité de *miles* la facilité de rendre valable un testament irrégulier fait avant son départ pour l'armée.

Ainsi pouvait valoir *ex nova militis voluntate* un testament fait par un militaire antérieurement à sa *capitis deminutio*, ce qui s'applique soit à un *paterfamilias* qui s'était donné en adrogation, soit à un fils de famille émancipé par son père. Dans le premier cas, le testament restait valable pour les biens castrenses; au second cas, il s'étendait de plein droit à toute l'hérédité [2].

Mentionnons encore, parmi les prérogatives attachées à la qualité de fils de famille militaire, les suivantes :

L'héritier institué dans le testament du fils de famille militaire n'avait point à redouter le retranchement de la falcidie : « In testamento militis legem falcidiam et in « legatis et fideicommissis cessare explorati juris est [3]. »

Le testament militaire ne pouvait être attaqué pour inofficiosité : « Antiquis legibus declaratum est, dit Justinien, ut militaria testamenta de inofficioso quere- « lam evadant [4] ».

Lorsque le fils a testé sur son pécule castrense et que l'héritier institué fait adition d'hérédité, la question est

1. D. Loi 13, § 2, *De testam. milit.*
2. C. *De inofficioso testamento*, loi 37, § 2.
3. C. Loi 12, *De testamento militis.*
4. C. Loi 37, *De inoff. testam.*

de savoir quel est le sort des acquisitions faites par un esclave du pécule pendant la délibération de l'héritier.

Papinien (loi 18, *De stipul. servorum*, D.) nous fournit une solution. Après la mort d'un fils de famille militaire, un esclave qui appartient en commun à Mævius et au pécule castrense stipule avant que l'héritier institué du pécule ait fait adition. Le profit de la stipulation sera, dit Papinien, en totalité pour Mævius, *qui solus interim dominus invenitur*. L'hérédité, en effet, n'existe pas encore, et ne peut par conséquent être copartageante, car, ajoute-t-il, si l'on a été jusqu'à dire que le fils de famille a un héritier, il n'en résulte pas que son hérédité existe dès ce moment ; les constitutions impériales ont seulement permis au fils de famille de faire son testament, et tant que ce testament n'est point confirmé par l'adition, il n'y a pas d'hérédité.

Suivant cette doctrine, la stipulation eût donc été nulle si l'esclave n'eût appartenu qu'au seul pécule. Toutefois, dans la doctrine de Papinien, ce qui précède s'applique seulement aux actes entre-vifs ; à l'égard des legs, il faut, pour en apprécier la validité, se placer au moment du *dies cedens*. Or, quand un legs a été fait à un esclave du pécule, le *dies cedit* a lieu quand l'héritier institué prend parti, d'où il suit que s'il fait adition, *dies cedit ab adita hereditate*, et le legs peut se soutenir du chef de l'héritier.

La doctrine de Papinien, quant aux actes entre-vifs, n'était pas acceptée d'Ulpien. Dans la loi 33 D. *De acquir. dom. rerum*, ce jurisconsulte déclare valable dans

tous ces cas la stipulation faite par l'esclave pendant
que l'héritier délibère. Il y avait entre les deux jurisconsultes divergence de vues [1].

§ III. — *Droits du père sur le pécule castrense.*

Le fils de famille militaire était considéré, avons-
nous dit, comme un *paterfamilias* à l'égard de son pécule castrense. Nous nous sommes servi du mot *propriétaire* pour mieux qualifier l'étendue de ses droits.
Cependant la première seule de ces deux expressions
était rigoureusement exacte en droit romain. C'est elle
que tous les textes latins que nous avons invoqués ont
employée à l'égard du fils de famille possesseur d'un
pécule castrense. La seconde aurait été beaucoup moins
précise, parce que les droits d'administrer et de disposer
n'emportaient pas nécessairement le droit de propriété.
C'est ce qui a fait dire que le vrai propriétaire du pécule était le père, mais que le fils durant toute sa vie
avait seul les droits d'administration et de disposition.
Si le fils meurt sans avoir disposé de son pécule, meurt
intestat par conséquent, ce pécule revient de droit au
père. Le fils de famille n'avait donc qu'un droit de propriété d'une certaine nature, puisque le père avait une
sorte de droit de retour sur les biens castrenses de son
fils. La meilleure formule synthétique de ces droits
respectifs du père et du fils serait, sous l'empire de
notre législation, celle-ci : Le fils est propriétaire de
son pécule sous condition résolutoire, le père en est

1. D. *De acq. rerum dom.* L. 33, 2.

propriétaire sous condition suspensive. En droit romain, une pareille définition devient un anachronisme de langage. Cependant l'idée qu'elle représente est parfaitement exacte. Ulpien admet franchement la condition rétroactive au bénéfice du père. Ainsi il nous dit que : si le fils n'a pas disposé de son pécule, il est acquis au père, *non nunc obvenisse patri sed non esse ab eo profectum creditur* [1]. Plus loin, il ajoute : *retro peculium patris bonis accessisse dicebam.*

Tryphoninus s'emparant de cette doctrine s'exprime ainsi : « Quoad utatur jure concesso filius in castrensi peculio, eousque jus patris cessaverit [2]. » Puis il développe cette théorie et enseigne que si le fils est mort intestat, son pécule appartient par une espèce de droit de retour au père qui paraît en vertu de son ancien droit en avoir été propriétaire par un effet rétroactif de la loi [3].

Le paragraphe 4 de la loi 19 *de castrensi peculio* contient une espèce de laquelle on pourrait induire que le père ne devient pas propriétaire avec effet rétroactif ; la voici : « Non tamen, si ut heres vivo filio vindictam « servo imposuit, dicatur eum post mortem intestati « filii et illa manumissione liberum factum esse. » Si le père agissant comme héritier de son fils a du vivant de celui-ci affranchi par la vindicte un esclave du pécule, cet affranchissement ne rendra pas l'esclave libre, après la mort du fils *ab intestat.* Il semble alors que le père ne devient pas propriétaire du pécule avec

1. D. Loi 9, *De cast. pecul.*
2. D. Loi 19, § 3, *Eod. tit.*
3. D. Loi 19, § 3, *Eod. tit.*

effet rétroactif, car autrement qui empêcherait l'affranchissement d'être valable? Si l'affranchissement est nul, c'est que l'acquisition n'a lieu pour le père qu'au moment du décès de son fils, au lieu de remonter jusqu'à l'époque où le père a affranchi l'esclave ; nous pensons que le législateur appréciant la validité de cet affranchissement ne s'était pas placé au point de vue de la rétroactivité du droit du père. Il ne faut pas oublier que l'affranchissement par la vindicte était ce qu'on appelait à Rome un *actus legitimus* et les actes de ce genre ne pouvaient pas être subordonnés à une condition ; nuls dans le principe, ils ne pouvaient être par la suite purgés de leurs vices. C'est à cette idée que se rapporte certainement la doctrine du paragraphe 4 et non pas au principe du droit rétroactif de propriété du père d'un fils décédé *intestat*, droit incontestable, si l'on en croit les textes que nous avons cités.

Ainsi sont nettement établis les droits respectifs du fils et du père. Les conséquences sont faciles à déduire. Le fils conservant le droit de disposer, il résulte que le père ne pouvait faire aucun acte qui contredît ou compromît ce droit. Donc, défense pour lui d'aliéner la propriété d'une chose comprise dans le pécule ; défense de donner une chose péculiaire en payement ; défense d'imposer sur les esclaves du pécule ou sur le fonds, ni un droit d'usufruit ni une servitude quelconque [1]. Il était quelquefois comparé, sous ce rapport, à un interdit qui ne peut disposer de ses biens, ou à un mari propriétaire du fonds dotal et qui ne peut l'aliéner. Le jurisconsulte Mæcianus nous fournit un exemple de

---

1. D. Loi 18, § 3, *De cast. pec.*

cette assimilation : « Negabimus patrem filio salvo ,
« communi dividundo agentem proprietatem alienatu-
« rum, exemplo dotalis prædii ; sed nec, si socius ultro
« cum eo agat, quicquam agetur veluti si cum eo age-
« ret, cui bonis interdictum est [1] ». On sait qu'en droit
romain le partage était translatif de propriété, et c'est
pourquoi l'action *communi dividundo* est interdite au
père qui ne peut jamais aliéner les biens castrenses de
son fils. Le père n'est pas traité comme propriétaire
tant qu'il ne l'est que sous condition suspensive. Ainsi
ce sera contre le fils, et non contre lui, que l'on inten-
tera l'action *ad exhibendum* [2]. De même le père n'était
pas obligé, nous l'avons déjà dit, de soutenir les actions
relatives au pécule castrense de son fils. S'il le faisait,
il devait donner la caution *de rato*. Dans le cas, au contraire, où il intentait l'action, il devait fournir la caution
rem ratam dominum habiturum [3].

Si le droit de disposition était interdit au père, il
n'en était pas de même du droit d'amélioration. On
comprend qu'il pût conserver et faire fructifier les
biens dont il pouvait un jour devenir en fait *dominus*.
Ainsi il lui était permis de libérer les esclaves du pécule
des droits d'usufruit qu'un tiers avait sur eux; d'affranchir les fonds de terre du même droit et des servitudes passives dont ils étaient grevés; il pouvait même
acquérir les servitudes actives, car, dit Mæcianus, un
interdit a le même droit.

Voici donc quel était le sort juridique des actes faits

1. D. Loi 18, § 2, *De cast. pec.*
2. D. Loi 18, § 4, *Eod. tit.*
3. D. Loi 18, § 5, *Eod. tit.*

par le père lorsqu'ils devaient produire immédiatement leur effet. Nuls, s'il s'agissait d'actes présentant aliénation d'un droit ou d'un objet dépendant du pécule castrense. Valables, s'ils étaient au contraire des actes d'administration. Quant aux actes qui n'avaient pas leur effet sur-le-champ, mais dans l'avenir, ils étaient valables sous condition, c'est-à-dire dans le cas où le fils mourait *intestat* avant le père ; nuls *ab initio*, dans le cas où le fils laissait à sa mort un testament [1].

Prenons pour exemple l'affranchissement fait par le père dans son testament d'un esclave du pécule ; ce legs de liberté sera valable, si son auteur survit à son fils mort *intestat*. Nous savons qu'au contraire ce même affranchissement fait par *la vindicte* était nul. Cela tient à ce que, dans ce dernier cas, l'aliénation était actuelle, produisait immédiatement son effet, tandis que dans le premier l'effet ne devait se produire qu'à la mort du testateur, et c'est à ce moment seul qu'il était permis de se prononcer sur la validité de l'acte [2].

Tryphoninus qui voyait bien quelques objections à cette possibilité de l'affranchissement par testament, l'admet néanmoins, en se fondant sur la propriété conditionnelle du père, et surtout à cause de la faveur que mérite la liberté. La propriété, dit-il, ne peut pas appartenir *pro solido* à deux personnes. Le fils peut affranchir l'esclave dont il s'agit : ainsi l'a décidé Adrien. Ceci exclut donc le droit du père : et si le père et le fils ont affranchi le même esclave dans le même testament, sans aucun doute, c'est au fils que l'esclave devra sa li-

---

1. D. Loi 18, § 1, *Eod. tit.*
2. D. Loi 19, § 3, *De cast. pec.*

berté ; mais, ajoute ce jurisconsulte, et c'est là ce qui le décide pour l'affirmative, on peut dire, en faveur de la liberté donnée par le père dans l'espèce en question, que le droit de celui-ci n'a cessé qu'autant que le fils use de celui qu'il a sur son pécule, et que si ce fils est mort *intestat*, le père obtient ce pécule par une espèce de *postliminium* et paraît en avoir eu la propriété rétroactive.

Examinons maintenant quels peuvent être les droits du père sur le pécule castrense après la mort du fils.

Quatre hypothèses peuvent se présenter : 1° le fils a institué un héritier qui fait adition ; 2° le fils meurt *intestat* ; 3° l'héritier institué par le fils répudie la succession ; 4° le fils a institué son père.

1° *Le fils a institué un héritier qui fait adition.* — Le pécule appartient entièrement à l'héritier institué, et le père n'a aucun droit sur les biens qui le composent. « Ex nota Marcelli constat, nec patribus aliquid ex « castrensibus bonis filiorum deberi [1] ».

2° *Le fils meurt intestat.*— Le père exerce sur le pécule ses droits de propriétaire ; il reprend, dit Ulpien, le pécule *non quasi hereditas, sed quasi peculium* [2], et cette même idée est reproduite au Code dans une constitution de Maximin et Dioclétien. « Intelligis filio, qui « militavit, defuncto, peculium ejus penes patris re- « mansisse, non hereditatem patri quæsitam [3]. » Ainsi ce n'est pas en qualité *d'heres*, mais de *dominus* que

1. Loi 10, *Eod. tit.*
2. Loi 2, *Eod. tit.*
3. C. Loi 5, *De cast. pecul.*

le père reprend le pécule. De là plusieurs conséquences importantes.

1º Il n'est tenu de payer les dettes qu'*intra vires* et seulement dans l'année utile. Cela résulte d'une décision de Papinien, loi 17 *De cast. pecul.*

2º Il ne peut se servir *de la petitio hereditatis* pour revendiquer en bloc tous les objets composant le pécule. C'est sur chaque objet séparément que devra porter son action en revendication.

3º Si le père est lui-même fils émancipé, il devra rapporter à la succession de son père les valeurs comprises dans le pécule, afin de rétablir l'égalité entre ses cohéritiers et lui, les acquisitions de ceux-ci ayant profité au père de famille ; ceci n'a lieu, bien entendu, que dans le cas où le fils possesseur du pécule est mort intestat ; s'il était vivant, il ne saurait être question de *collatio* à l'endroit du pécule, puisqu'il a toujours la facilité d'en disposer.

3º *L'héritier institué refuse de faire adition.* — Dans ce cas comme dans l'hypothèse précédente le pécule fait retour au père. Nous appliquerons ici le même principe avec ses mêmes conséquences.

Toutefois une difficulté se présente. La théorie du droit rétroactif de propriété du père qui ne souffre guère de difficulté quand le fils meurt intestat, semble devoir n'être plus admissible au cas où le fils a fait un testament. Ainsi que le remarque Tryphoninus [1], il n'est pas facile de dire qu'il y a eu continuation de propriété du fils en faveur du père pour les choses qui

---

1. D. Loi 19 § 5, *De cast. pec.*

composent le pécule. Le temps intermédiaire pendant lequel les héritiers délibèrent, offre une *imago succes- sionis*. — Les biens castrenses deviennent en quelque sorte dans cet intervalle une succession vacante et ne peuvent être censés appartenir au père ; autrement, ajoute le jurisconsulte romain, il faudrait dire quand il y a eu adition, que la propriété a passé du père au fils et de celui-ci à ses héritiers, ce qui est absurde ; si donc le père a affranchi par testament un esclave cas- trense, il semble que cet affranchissement doive être nul. Le père n'a pu devenir propriétaire dans notre espèce qu'au moment de la répudiation. Donc le legs fait par lui alors qu'il n'était pas propriétaire n'est pas valable. Cette solution conforme aux principes n'a pas été acceptée cependant par Tryphoninus. Selon lui, la propriété du pécule castrense est en suspens. Elle dépend de l'événement de la question de savoir s'il est censé y avoir eu une apparence de succession. Les hé- ritiers acceptent-ils? le legs est nul. Car le père n'a jamais eu les biens castrenses en propriété. — Renon- cent-ils au contraire : le pécule sera toujours censé être resté entre les mains du père comme pécule, et le legs sera valable. Il est probable que cette violence faite aux principes résulte encore de la faveur attachée à la liberté chez les Romains.

Quel sera maintenant le sort des acquisitions faites par l'esclave du pécule pendant la délibération de l'hé- ritier? Deux hypothèses sont possibles.

Supposons d'abord une acquisition par stipulation. Si l'héritier institué a fait adition, il y aura eu une *here- ditas jacens* qui aura profité de la stipulation. Mais que décider pour le cas où l'institué omet l'hérédité. Il s'agit de savoir si les stipulations pourront se soutenir du chef du père, car le principe de *l'hereditas jacens*, rétroactivement effacé par suite du refus d'adition, n'est plus applicable ici.

Papinien n'admet pas que le père puisse bénéficier de la stipulation [1]. Elle n'a, selon lui, aucun effet, puisqu'à l'époque où elle a été formée, l'esclave n'appartenait pas au père. « Nullius momenti videatur cum in « illo tempore non fuerit servus patris. » Or, une stipulation s'apprécie d'après l'époque où elle a été formée ; se soutient-elle du chef de l'héritier ? Pas davantage, puisque celui-ci a répudié l'hérédité. Elle est donc nulle ; Papinien repousse ici le principe de la rétroactivité. — Toutefois, tandis que les premières lignes du texte que nous citons formulent cette doctrine, les dernières semblent la détruire complétement. « Sed pa- « terna verecundia nos movet quatenus et in illa specie « ubi jure pristino apud patrem peculium remanet « etiam adquisitio stipulationis vel rei traditæ per ser- « vum fiat. » Il y a là une contradiction flagrante de la fin avec le commencement. Après avoir refusé au père le droit de profiter de la stipulation, la loi le lui accorde quelques lignes plus bas, par *respect pour la personne du père*. Cujas et Pothier ont cru expliquer ce mystère juridique, en supposant que le texte de Papinien ne serait pas reproduit ici dans toute son intégrité, et qu'Ulpien, dans le but de mettre la doctrine de son contradicteur d'accord avec la sienne, se serait permis l'interpolation

[1]. Loi 14 § 1, *Ejusdem tit.*

des mots précités. Quelques commentateurs croient au contraire pouvoir l'attribuer à Tribonien. Les mots de *paterna verecundia*, *quatenus*, latin du bas-empire, seraient une assez bonne raison de le croire. Quoi qu'il en soit, il est positif qu'Ulpien était sur cette question d'un avis directement contraire à celui de Papinien.

Dans la loi 33 pr., *de adquirendo verum dominio*, il proclame sans hésiter en faveur du père le principe de la rétroactivité avec toutes ses conséquences. L'esclave, à la vérité, n'appartenait pas au père au moment où est intervenu la stipulation ; mais par suite de la répudiation de l'hérédité, il doit être considéré comme ayant toujours été propriétaire du pécule, et partant, de l'esclave qui a fait la stipulation. Telle est d'ailleurs, ajoute Ulpien, l'opinion de Scevola et de Marcellus.

Nous retrouvons cette théorie dans la loi 9 *de peculio castrensi*. Il s'efforce de démontrer que dans plusieurs cas on peut devenir propriétaire rétroactivement. Ainsi, un citoyen romain est fait prisonnier par l'ennemi. Durant cette captivité, son fils meurt ; ce dernier a-t-il été *sui juris*? A-t-il pu acquérir pour lui personnellement? Pour le savoir, il faut que le père revienne de chez l'ennemi ou qu'il y meure. Dans le premier cas, par l'effet du *postliminium*, il profitera rétroactivement des acquisitions faites par son fils, *jure peculii*. Dans le second, le père étant censé mort au moment même où il est tombé en captivité, son fils aura été *sui juris* à partir du même jour.

Si au lieu d'une stipulation il s'agit d'un legs fait à l'esclave pendant la délibération de l'héritier, il n'y a pas de controverse possible. Tous les jurisconsultes

romains sont d'accord pour reconnaître qu'il profite au
père puisque l'effet du legs s'apprécie au moment où il
se fixe sur la tête du légataire [1], lorsque *dies legati cedit* :
or, *dies legati cedit* au moment où s'ouvre le droit du
père, c'est-à-dire après la répudiation de l'héritier.

4° *Le fils a institué son père héritier.* — Deux hypothèses sont possibles : le père accepte ou bien il refuse.

Si le père fait adition, il aura alors comme un héritier ordinaire la *petitio hereditatis*; il viendra *loco here-
dis* et non pas *jure peculii*. Il sera tenu par conséquent
des dettes *ultra vires successionis* et pourra être perpé-
tuellement poursuivi par les créanciers, d'après le droit
civil, tandis que s'il eût été héritier du pécule de son
fils *jure peculii*, il n'eût été obligé de payer les dettes
que dans l'année utile et seulement jusqu'à concurrence
de la valeur du pécule.

Si le père refuse de faire adition, le testament du fils
est *destitutum* et le père prend les biens à titre de
pécule.

Mais une question grave se place ici : quel va être
l'effet des legs que le fils avait pu mettre dans son testament à la charge du père? Seront-ils exécutés ou bien
frappés de nullité? La solution se devine facilement si
l'on se rappelle un édit du préteur (*si quis omissa causa
testamenti*) dont l'objet était d'assurer l'exécution des
testaments et de veiller à ce que les institués ne re-
nonçassent pas à la vocation testamentaire pour s'en
tenir à la vocation *ab intestat* et faire tomber ainsi les
legs mis à leur charge. Ce n'est donc, en résumé, qu'une
pure question de fait à résoudre. Le père a-t-il répudié

1. D. Loi 14, § 3, *De cast. pec.* — Loi 33, *De acq. rer. dom.*

7

de bonne ou de mauvaise foi ? A-t-il voulu se dispenser de payer les legs ou bien a-t-il renoncé à la succession. parce que le passif excédait l'actif? Dans le premier cas, il sera passible de la peine édictée par le préteur, et les légataires auront contre lui une action à l'effet de faire exécuter ces legs. Dans le second, les legs tombant d'eux-mêmes, il ne sera pas obligé de les acquitter.

Lorsqu'un fils de famille, mort sans avoir fait de testament, a chargé toutefois, par un codicille, son père de restituer les valeurs du pécule à une personne désignée, le père, qui n'est pas héritier, mais seulement successeur aux biens, *jure peculii*, a-t-il le droit de retenir la quarte Falcidie sur le fidéicommis? Paul se prononce en faveur de l'affirmative et croit qu'on peut à bon droit étendre à cette hypothèse le bénéfice de la loi [1].

Tel était, à l'époque de la jurisprudence classique, le droit du père sur le pécule castrense de son fils. Mais Justinien, au Livre II, titre XII, *pr.* de ses Instituts, a modifié cette législation : il décida que si le fils mourait sans avoir testé relativement à son pécule, ce pécule serait dévolu : 1° à ses enfants ; 2° à défaut d'enfants, à ses frères et sœurs ; 3° à défaut de ceux-ci, au père. Dans ce cas, ajoutent les Instituts, le père détient le pécule *jure communi*; il y a une controverse assez vive sur le sens de ces mots. Le législateur s'en est-il servi pour exprimer *le droit de succession* ou bien le *jus peculii* ?

Dans un système soutenu par Cujas, et, de nos jours, par M. Ortolan, qui s'appuient l'un et l'autre sur l'opi-

---

1. D. Loi 18, *pr. ad legem Falcidiam.*

nion de Théophile, on essaie de prouver que c'est ce dernier sens qu'il faut attribuer aux mots *jure communi*. Théophile, en les commentant, disait : « Jure communi, id est tanquam peculium paganum. »

Une autre opinion, professée par de célèbres commentateurs, parmi lesquels Vinnius et récemment M. Ducaurroy, veut voir, exprimée ici, non pas l'idée du *jus peculii*, mais bien celle du droit successoral. On se fonde, pour établir cette doctrine, sur ce que Justinien, lorsqu'il régla, relativement au pécule castrense, un ordre successoral pour les enfants et les pères, appliqua au pécule castrense ce qui avait été décidé pour le pécule adventice. Or, la vocation du père au pécule castrense est la même qu'au pécule adventice. Il succède, comme héritier, au pécule adventice, donc il doit en être ainsi pour le pécule castrense.

Cette controverse n'offre plus du reste grand intérêt; toutefois il faut remarquer que le dernier état du droit sur cette matière est venu appuyer solidement la dernière opinion.

Justinien, en modifiant, par les Novelles 118 et 127, son système successoral, établit que le père viendrait en concours avec les frères et sœurs germains à la succession des biens de son fils. Ici on ne peut nier véritablement que ce soit à titre héréditaire : est-il donc vraisemblable, disent certains auteurs, que ce n'eût pas toujours été la pensée du législateur, et qu'il eût modifié à un intervalle très-rapproché le caractère même d'un droit aussi considérable ?

Sans doute; mais l'opinion de Théophile, comtemporain de Justinien et rédacteur des Instituts, a bien sa valeur, et nous la préférons à la seconde.

SECTION II.

DU PÉCULE QUASI-CASTRENSE.

Le privilége établi en faveur des fils de famille militaires fut, durant près de trois siècles, la seule exception à cette règle, injuste et excessive, que tout ce qu'acquérait le fils appartenait au père. Toutefois, à une époque où le régime militaire était celui de presque toute la nation, où les fils de famille allaient presque tous à l'armée, la dérogation au principe général parut assez notable et suffisamment efficace pour qu'on ne songeât pas à l'étendre au delà des limites indiquées. Le père de famille profitait donc de tout ce qu'acquéraient ceux de ses enfants qui n'étaient pas soldats.

Mais lorsque plus tard, l'élément civil prit au sein de la vieille société romaine des proportions plus considérables, lorsque la distinction entre les fonctions civiles et militaires fut mieux tranchée, l'attribution du pécule castrense parut être une injustice. Il était équitable de faire bénéficier tous les citoyens appelés aux fonctions publiques du tempérament apporté aux rigueurs du pouvoir paternel. Le prix de leurs travaux personnels, le fruit de leurs économies étaient un gain trop légitimement acquis pour qu'on pût songer plus longtemps à les en dépouiller.

En l'année 320 Constantin, dans une constitution restée célèbre, érigea en pécule *quasi-castrense*, à l'imitation du pécule castrense tout ce que les différents officiers du palais, dont il fait du reste l'énumération, auraient gagné pendant leurs fonctions, soit par leurs économies, soit par suite des dons de l'Empereur [1].

Cet acte législatif est le premier qui posa définitivement les bases et les règles du pécule *quasi-castrense*; toutefois certains passages d'Ulpien semblent faire croire que ce pécule était connu de son temps [2]. Papinien lui-même dans la loi 52, § 8 *pro socio*, met sur la même ligne que le pécule castrense, comme choses que le fils de famille *in potestate* conserve à titre de *præcipua*, les *stipendia cæteraque salaria*. Cette assimilation a pu, ainsi qu'on l'a prétendu, être faite par les empereurs dans quelques cas isolés. Mais il est certain qu'elle n'avait pas été avant Constantin l'objet d'une disposition générale.

Les successeurs de cet empereur étendirent à d'autres professions le privilége établi par lui ; Théodose et Valentinien, dans une constitution insérée au Code [3], accordèrent le droit d'avoir un pécule *quasi-castrense* aux archivistes et aux greffiers du prétoire. Les avocats des diverses juridictions eurent généralement au même titre ce qu'ils acquéraient pour l'exercice de leur profession, aux termes d'une constitution d'Honorius et de Théodose [4]. Cette décision fut confirmée en 440 par Théodose et Valentinien [5] en faveur des avocats exerçant près la préfecture du prétoire, plus tard en 469 par Léon et Anthémius, enfin par Zénon en 486, dans ces

---

1. C. Lib. xii, tit. xxxi.
2. D. Loi 1, § 15, *De collatione.*
3. C. Loi 6, *De cast. pec.*
4. C. Loi 4, *Eod. tit.*
5. C. Loi 8, *Eod. tit.*

termes : *Cuncta sane privilegia per hanc in æternum vali-*
turam legem sancimus [1].

Nous trouvons au Code une loi des mêmes empereurs
Léon et Anthémius, accordant le pécule quasi-castrense
aux évêques , aux prêtres et aux diacres [2]. Les dispositions de ce texte nous apprennent que les fils de
famille ecclésiastiques pouvaient disposer de ce pécule
par testament, par donation entre-vifs ou par tout
autre mode d'aliénation. Il n'était pas sujet à rapport
lorsque les possesseurs venaient à la succession de
leur père en même temps que leurs frères et sœurs.
Mais il s'élevait une controverse sur la question de savoir
si leur testament était attaquable pour cause d'inofficiosité. C'est Justinien qui nous l'apprend dans la
loi 50 du même titre et c'est par la négative qu'il tran-
che la difficulté. Il abrogea sa décision dans la Novelle
123 promulguée postérieurement [3].

Ce même empereur attribua un pécule quasi-castrense aux proconsuls, préfets légionnaires, présidents des provinces, maîtres des sciences libérales,
et, en général, à tous titulaires de fonctions salariées
par l'État [4].

Le droit de tester dans les formes ordinaires du
droit commun fut accordé aux possesseurs de ce pécule
par la même loi (L. 37, *de inoff. testam.*).

Nous n'avons pas à insister sur les règles qui régissent le pécule quasi-castrense. Elles sont exactement

1. C. Loi 17, *Eod. tit.*
2. C. Loi 34, *De episcopis et clericis.*
3. Novelle 123, ch. XIX.
4. C. Loi 37, *De inofficioso testamento.*

les mêmes que celles qui s'appliquent au pécule castrense, sauf la différence rappelée par Justinien, en ce
qui concerne le droit de disposer par testament. Les
fils, à l'égard de ce pécule, étaient considérés comme
chefs de famille aussi bien que pour le pécule castrense,
et les droits du *paterfamilias* étaient les mêmes dans
les deux cas.

SECTION III.

DU PÉCULE ADVENTICE.

L'idée fondamentale des pécules, idée de justice et
d'humanité, devait amener une transformation presque
totale de la législation romaine au sujet des droits du
paterfamilias. Déjà nous avons vu les fils de famille
militaires, tous les citoyens exerçant une profession
rémunérée, mis à même de posséder en propre ce
qu'ils acquéraient à l'occasion de leurs fonctions. Mais
il restait encore une grande lacune à combler quant
aux biens recueillis par les fils de famille dans la succession de leur mère, soit par testament, soit *ab intestat*. Il est intéressant de jeter un coup d'œil rétrospectif
sur les variations successives du droit à cet égard.

Dans l'ancien droit romain, on succédait à une personne si l'on avait été pendant la vie de cette personne,
sous sa puissance paternelle immédiate, ou bien si
l'on s'était trouvé avec elle dans un rapport tel, qu'en
supposant vivant un ancien auteur commun, on eût été
soumis à la même *patria potestas* : de là deux ordres
d'héritiers : 1° les héritiers siens ; 2° les agnats.

Or, aux premiers temps du droit civil, il était d'usage que la femme en se mariant passât sous la *manus* de son mari. Alors elle était *loco filiæ* ; elle n'avait pas de biens à elle tant que vivait son mari. Sa mort n'ouvrait donc pas de succession. Survivait-elle au contraire à son époux, elle prenait une part dans la succession concurremment avec ses enfants, et désormais elle possédait en propre des biens qu'elle pouvait laisser à sa mort à ses enfants, devenus ses agnats par suite de la *manus*. Mais peu à peu cette institution de la *manus* tendit à s'effacer. En cherchant à se soustraire à ce pouvoir, la femme modifia complétement sa condition vis-à-vis de ses enfants. Elle leur devint civilement étrangère, et ceux-ci ne pouvaient plus lui succéder *ab intestat*.

Cette difficulté pour les enfants d'arriver à la succession de leur mère fut l'objet de la préoccupation des préteurs. On essaya par un moyen détourné de remédier à cette injustice, en les appelant comme cognats, à défaut d'héritiers civils de la mère. Il y avait là un progrès, mais il ne répondait pas efficacement aux besoins de la situation. Alors parut un sénatus-consulte célèbre, le S.-C. Orphitien qui permettait aux enfants de primer les agnats de leur mère. Cet acte législatif rendu sous Marc-Aurèle faisait à vrai dire de la succession maternelle un patrimoine pour l'enfant, mais un patrimoine en quelque sorte éventuel. Cette fortune ne lui appartenait pas en propre et exclusivement. Le droit du père n'était pas brisé, et il arrivait parfois que celui-ci recueillant en vertu de sa *patria potestas* les biens de cette hérédité, les donnait, les vendait, en transportait la propriété à un étranger. *Quod inhumanum visum est.*

Cette anomalie disparut sous le règne de Constantin.
Cet empereur voulut encore remédier à ce qu'il y avait
d'excessif à cet égard dans le pouvoir du père de famille : par une constitution datée de l'an 316, il décida
que les biens provenant aux enfants de la succession
de leur mère, soit par testament, soit *ab intestat* leur
appartiendraient en nue-propriété, et que le père n'en
aurait que l'usufruit. « Res quæ ex matris successione,
« sive ex testamento, sive ab intestato fuerint ad filios
« devolutæ, ita sint in parentum potestate, ut utendi
« fruendi duntaxat habeant in diem vitæ facultatem,
« dominio videlicet earum ad liberos pertinente [1]. »

Les commentateurs ont donné le nom de pécule *adventice* à cet ensemble de biens désormais acquis pour
la jouissance au père, pour la nue-propriété à l'enfant.
On trouve au fond de cette institution une transaction
entre les vieux principes du droit romain et les tendances nouvelles d'une législation plus humaine qui
voulait dégager des étreintes de la *patria potestas* la
personnalité toujours intéressante des fils de famille.
En amoindrissant sans l'anéantir le droit d'acquisition
du père, on sauvegardait aussi l'intérêt de l'enfant.

Ainsi attaquée de front, la vieille maxime *quidquid ad
liberos pervenit hoc parentibus suis adquirunt* dut subir
de nouvelles et nombreuses atteintes de la part des
successeurs de Constantin. Arcadius et Honorius en
395 placèrent sous le même régime tous les biens que
les enfants acquéraient d'un ascendant maternel à quel-

1. C. Loi 1, *De bonis maternis.*

que titre que ce fût, par testament fidéicommis, legs, donation, entre-vifs, ou par toute autre libéralité, même par succession *ab intestat* [1]. Théodose et Valentinien en 426 posèrent le même principe à l'égard des biens donnés par une femme à son mari non émancipé, ou réciproquement [2]. Plus tard Léon et Anthémius décident que les donations entre fiancés feront partie du pécule *adventice* du donataire. Ceci tranchait la question soulevée par la constitution de Théodose, à savoir si les fiancés devaient être assimilés aux époux [3]. Justinien enfin, en 529, étendit le privilége du pécule *adventice* à toutes les acquisitions faites par le fils autrement que *ex substantia patris*. Cette dernière constitution mérite d'être lue [4].

§ I. — *Droits du père sur le pécule adventice.*

Avant d'aborder l'étude de cette question, nous devons faire une distinction importante.

Le droit d'usufruit établi par Constantin et définitivement consacré par Justinien au profit du père sur le pécule adventice pouvait dans quelques cas ne pas exister en fait. Ces cas sont au nombre de cinq :

1º Quand les biens avaient été légués au fils de famille sous la condition que son père n'en aurait pas l'usufruit [5].

2º Lorsqu'une succession tombant dans le pécule

---

1. C. Loi 2, *De bonis maternis.*
2. C. Loi 1, *De bonis quæ liberis.*
3. C. Loi 5, *Eod. tit.*
4. C. Loi 6, *De bonis quæ liberis.*
5. Novelle 117, ch. i.

adventice s'ouvrait au profit d'un enfant en bas âge et que son père négligeait d'en faire addition par lui; si l'enfant se faisait rendre plus tard par la *restitutio in integrum* les biens de la succession, il les acquérait dégrevés de l'usufruit du père [1].

3° Lorsqu'un *paterfamilias* s'abstenait de profiter de l'usufruit auquel il avait droit et qu'il en faisait abandon à l'enfant; après la mort du père, ses héritiers ne pouvaient pas l'exiger de leur chef [2].

4° D'après la Novelle 118, il n'y avait pas lieu à l'usufruit, lorsqu'un ascendant succédait à son descendant en concours avec un frère de celui-ci. L'ascendant ne pouvait prétendre à la jouissance de la part du descendant son cohéritier, bien que ce dernier fût sous sa *patria potestas* [3].

5° Lorsque la privation de l'usufruit *adventice* résultait d'une peine prononcée contre le père dans certains cas de divorce dont les causes n'étaient pas reconnues légitimes par la loi [4].

Ceci nous conduit donc à distinguer deux modalités du pécule adventice, que nous nommerons, avec les commentateurs : *pécule adventice ordinaire* quand le père conserve son droit d'usufruit ; *pécule adventice extraordinaire* lorsque le père ne le conserve pas.

La *paterna verecundia*, si profondément entrée dans les mœurs romaines, dominait toutes les institutions de droit civil qui mettaient en conflit le droit du père et

1. C. Loi 8, § 1, *De bonis quæ liberis.*
2. C. Loi 6, § 2, *De bonis quæ liberis.*
3. Nov. 118, ch. II.
4. Nov. 134, ch. XI.

celui de l'enfant. En restreignant à l'usufruit le pouvoir du *paterfamilias* sur les biens adventices, la législation semble l'avoir fait à regret. Aussi laisse-t-elle à
cet usufruit le plus d'étendue possible. C'est donc à
tort, selon nous, que l'on a quelquefois tenté de comparer l'usufruit du pécule *adventice* avec l'usufruit légal
de notre droit français. Si quelque analogie existe entre
les deux quant à l'économie de leur constitution juridique, néanmoins, devant leur différence bien tranchée d'origine et de but, la pensée d'une assimilation
quelconque ne peut s'imposer à l'esprit. L'idée-mère du
premier est une idée d'adoucissement d'un pouvoir
rigoureux. C'est une idée de restriction. Le principe
dominant le second, implique l'idée contraire d'une
concession, d'une faveur ; l'un bénéficie de tous les
droits qui ne lui ont pas été enlevés ; l'autre, seulement de ceux qui lui ont été expressément concédés.
L'usufruit du pécule est en quelque sorte une satisfaction donnée aux principes austères du vieux droit
romain devenus inapplicables dans toute leur étendue.
L'usufruit légal a été institué comme compensation des
charges résultant pour le père de son obligation d'administrer jusqu'à une époque déterminée les biens de
l'enfant.

Le pouvoir du père en cette matière est véritablement un pouvoir *sui generis*. Il a un droit d'administration très-étendu, très-complet. Il peut gérer le pécule
comme il l'entend ; deux facultés seulement lui ont été
enlevées : celles d'aliéner et d'hypothéquer les biens
adventices ; encore cette réserve souffre-t-elle, comme
nous le verrons tout à l'heure, d'importantes excep-

tions. En dehors de cette restriction, il bénéficie d'une latitude d'action considérable que sa qualité de *pater-familias* a rattachée à son titre d'usufruitier. La règle est posée du reste dans la loi I, au Code *De bonis maternis* : « Omnem debent tuendæ rei diligentiam adhi-« bere ita omnia agere tanquam solidum perfectumque « dominium eis adquisitum fuisset et personam gerere « legitimam ».

Est-ce à dire cependant qu'il puisse en toute sécurité détériorer ou compromettre par une mauvaise administration la fortune de l'enfant? Non, le but du législateur n'eût pas été atteint. Il a voulu que l'enfant fût assuré de rentrer, à la mort de son père, en possession des biens tels qu'il les avait reçus de sa mère ou sans dépréciation notable au moins. Mais il est remarquable que la loi s'en est, sur ce point, rapportée exclusivement à la sagesse du père de famille. L'enfant n'aura pas d'hypothèque sur les biens paternels, pas même de caution qui le garantisse contre la spoliation ou la dissipation de sa fortune [1]. En fait, il n'a d'autre protection que la sollicitude du *paterfamilias* pour ses intérêts : sollicitude naturelle et assez probable pour que la loi pût y compter.

Toutes les actions relatives au pécule pouvaient être intentées par le père; il avait également la faculté d'y défendre, quel que fut l'âge du fils. Pourtant Justinien voulut qu'il prît le consentement de ce dernier, à moins que celui-ci ne fût en bas âge ou absent. Dans tous les cas les frais du procès restaient à la charge du père.

---

1. C. Loi 6, § 2, et Loi 8, § 5, *De bonis quæ liberis.*

Nous avons dit que dans certains cas l'aliénation du
pécule adventice était permise au père. Ces cas sont au
nombre de quatre :

1º Lorsqu'une succession échue au fils de famille
était grevée de dettes, le père devait distraire une
partie des biens héréditaires en commençant d'abord
par les meubles, puis les vendre au nom de son fils
pour payer ce qui était dû et ne pas charger la succession d'intérêts trop élevés. S'il avait négligé de remplir
ce devoir, il était tenu d'acquitter ces intérêts sur le
revenu de ses propres biens ou même sur son capital [1].
Il n'y avait pas là pour lui une simple faculté, mais une
véritable obligation.

2º Lorsque la succession était grevée de legs, de
fidéicommis soit en annuités, soit en capitaux une fois
payés, le père devait, pour les acquitter, aliéner les
biens héréditaires jusqu'à concurrence de la somme
nécessaire, dans le cas d'insuffisance des revenus.

3º Il avait le même droit d'aliénation afin de se procurer de quoi vivre à lui et aux siens lorsqu'il était
plongé dans une extrême misère. Dans ce cas même,
si la vente des biens était difficile, il lui était permis
d'emprunter sur hypothèque, et le fils ne pouvait pas
révoquer plus tard ces ventes ou ces emprunts [2].

4º Lorsque le bien adventice ne pouvait pas se conserver ou était d'un entretien coûteux, le père avait la
faculté de l'aliéner : encore fallait-il que la vente en fût
d'un avantage évident [3].

1. C. Loi 8, § 4, *De bonis quæ liberis.*
2. C. Loi 8, § 5, *Eod. tit.*
3. C. Loi 8, § 5, *Eod. tit.*

Telles étaient les exceptions à cette prohibition faite au père d'aliéner ou d'hypothéquer les biens d'un pécule adventice. Leur objet même semble les faire envisager comme des actes de bonne administration plutôt que comme une faveur accordée au *paterfamilias*, quoique la législation romaine eût pris soin de lui faire oublier le plus possible qu'il n'était pas propriétaire du pécule. Ici, comme ailleurs, elle avait gardé l'empreinte de son idée première sur le pouvoir paternel ; elle retenait au bénéfice de cette autorité, autant que faire se pouvait. La meilleure preuve en est dans ce que le droit du père était indépendant pour ainsi dire de celui de l'enfant, car au cas où ce dernier refusant de faire adition ne s'était pas fait attribuer la nue propriété des biens maternels, l'usufruit du père n'était pas tenu pour cela en échec. Le père pouvait faire adition en son propre nom, et alors son droit était un droit de pleine propriété [1].

Quand prenait fin l'usufruit paternel ? Ici encore nous trouvons une différence bien tranchée entre ce droit *sui generis* et l'usufruit légal de notre droit moderne. D'après nos lois, l'usufruit légal cesse lorsque l'enfant a atteint l'âge de dix-huit ans. Il cesse même avant cet âge en cas d'émancipation. D'après les lois romaines, l'usufruit sur le pécule adventice ne cessait qu'à la mort du père : celui-ci conservait son pouvoir sur les biens alors même que la puissance paternelle avait cessé durant sa vie. L'émancipation au lieu d'anéantir ce droit ne faisait que le modifier. Constantin avait attribué

---

1. C. Loi 8, § 1, *De bonis quæ liberis*.

dans ce cas le tiers des biens adventices en pleine propriété au père comme prix de l'émancipation et aussi
comme compensation de l'usufruit qu'il perdait. Justinien vit une injustice dans ce prélèvement. Il ne voulut pas que le père conservât quoi que ce fût des biens
de son fils en pleine propriété , mais il accorda l'usufruit sur la moitié de ces biens, comme dédommage-
ment [1].

Si le père n'avait pas eu à l'origine l'usufruit sur le
pécule adventice, les biens y compris constituaient ce
que nous avons appelé le pécule extraordinaire. L'enfant se trouvait, dans ce cas, avoir tous les droits du
propriétaire ; nous les étudierons sous le paragraphe
suivant.

§ II. — *Droits du fils sur le pécule adventice.*

Le fils de famille nu-propriétaire du pécule adventice
n'avait qu'un droit nominal pour ainsi dire ; privé de la
jouissance, il ne conservait même pas, nous le savons,
l'exercice des actions relatives au pécule. Tout au plus
pouvait-il donner son consentement lorsqu'il en était
capable.

Il lui était également interdit d'hypothéquer les biens
de ce pécule ou d'en disposer soit par acte entre-vifs,
soit par testament. Justinien avait eu à cœur de pré-
munir le fils de famille contre ces ruines et ces désor-
dres de fortune qu'amènent trop facilement les passions violentes de la jeunesse. Ils n'ont d'ailleurs rien à

1. Loi 1, *De bonis maternis.* Loi 6, *De bonis quæ liberis.*

craindre, dit-il, de leur impuissance forcée, puisque
leurs parents sont, d'après les lois naturelles et positives, obligés de les nourrir et de les élever.

A défaut d'héritiers testamentaires, ils avaient toutefois une succession *ab intestat* attribuée d'abord à leurs
enfants, d'après une constitution de Théodose et Valentinien, puis, à leur défaut, à leurs frères et sœurs,
d'après une constitution de Léon et Anthémius, réserve
faite, dans tous les cas, de l'usufruit de l'aïeul [1].

Justinien, dans ses Novelles, accorde au père le droit
de succéder, à défaut de descendants, en concours avec
les frères et sœurs du défunt. Mais nous savons que de
même qu'il acquiert en pleine propriété la portion à
laquelle il succède, de même il ne peut s'attribuer aucun droit d'usufruit sur la portion échéant à ses héritiers.

Examinons maintenant quels étaient les droits du fils
sur le pécule adventice dit extraordinaire, c'est-à-dire
celui sur lequel le père n'avait pas d'usufruit.

D'après la Novelle 117, chap. I, lorsqu'un pécule adventice était donné ou légué à un enfant en bas âge, et
que celui-ci le recevait en pleine propriété, le donateur
ou le testateur pouvait par le même acte charger une
personne désignée de l'administration des biens. A défaut de cette désignation, on donnait à l'enfant un curateur qui gérait le pécule jusqu'à ce que l'enfant eût
atteint la *perfecta œtas*. A cette époque, il obtenait seul
l'administration. Il pouvait alors aussi disposer entre-
vifs, à titre gratuit ou onéreux : *Licet sub potestate sint*

---

1. C. Lois 3 et 4, *De bonis quæ liberis.*

8

licentiam habeant quo volunt modo disponere. Quant aux actions, il lui fallait toujours le consentement de son père pour les exercer. Mais cette incapacité de plaider ne lui était pas préjudiciable. Justinien avait suspendu la prescription à son profit tant qu'il restait soumis à la puissance paternelle [1].

Nous croyons avec la plupart des auteurs que l'enfant pouvait faire des donations à cause de mort. La loi semble le permettre : *Quo volunt modo disponere.* D'ailleurs cette nature d'actes ne demande dans son auteur, pour sa validité, que la capacité requise pour les contrats en général.

Quant au droit de tester, nous pensons qu'il ne devait pas l'avoir. Le *jus testamenti* n'était pas à Rome une conséquence du droit de propriété ; c'était une faveur accordée par la loi, un privilége dont on ne pouvait jouir à moins qu'il ne vous eût été concédé. Or, nous ne trouvons aucun texte qui ait attribué ce droit au fils de famille possesseur d'un pécule adventice. Justinien [2] l'a refusé à celui qui n'était que nu-propriétaire de ce pécule, le père en ayant l'usufruit ; or, on ne saurait légitimement tirer un argument *a contrario* de la loi qui contient cette prohibition pour décider que dans le cas où le fils a la pleine propriété des biens adventices, la faculté d'en disposer par testament doit lui être concédée. Au surplus, Justinien n'a-t-il pas lui-même tranché la question dans la loi 11 au Code (*qui testamenta facere possint*) où il est dit : « Sed antiqua per omnia « conservetur quæ filiisfamilias, nisi in certis casibus,

1. C. Loi 1, § 2, *De annali exceptione.*
2. C. Loi 8, § 5, *De bonis quæ liberis.*

« testamenta facere nullo modo concedit ». La loi 12
nous dit assez que ces *certis casibus* se rapportent au
pécule castrense et au pécule quasi-castrense, sans faire
mention du pécule adventice.

Les textes sont muets en ce qui touche les emprunts
faits par le fils possesseur d'un pécule adventice. Mais
beaucoup d'auteurs croient qu'on doit repousser ici,
comme en matière de pécule castrense et quasi-castrense, l'application du *sénatus-consulte Macédonien*, et
par suite les déclarer valables.

Ici se termine notre étude sur les effets de la puissance
paternelle quant aux biens de l'enfant. Nous avons suivi
le progrès de la législation romaine, si rigoureuse dans
le principe, à l'égard des enfants; jalouse de maintenir
hauts et fermes les droits du père, puis se relâchant
peu à peu de sa sévérité première, sous l'influence
d'une civilisation puissante, et cédant enfin comme entraînée malgré elle aux idées d'humanité récemment
proclamées par la loi de l'Évangile. Il est impossible
de ne pas remarquer que Constantin, le grand rénova-
teur de la législation sur le droit des personnes, fut
aussi, parmi les princes qu'on appelait alors les maîtres
du monde, le premier adepte de la foi chrétienne. Illu-
miné d'une doctrine qui relevait l'homme de l'abaisse-
ment où l'avait plongé la religion païenne, initié désormais à la connaissance exacte des droits de la dignité
humaine, il fit rayonner dans l'ordre social la pensée
divine émanée du Christ. En élevant la voix contre les
lois barbares, les coutumes odieuses, les pouvoirs ex-
cessifs, il adoucit la législation, il releva les mœurs, il
transforma la famille et reconstitua sur de nouvelles

bases une société affaiblie et corrompue ; son œuvre fut laborieuse et les effets n'en furent pas immédiats. Mais du foyer de régénération qu'il avait allumé jaillit une lumière si vive et si féconde qu'elle put éclairer durant quelques siècles encore un monde dont l'enfance, la virilité et la lente agonie furent également extraordinaires.

TITRE III.

COMMENT FINISSAIT LA PUISSANCE PATERNELLE.

La puissance paternelle avait des causes d'extinction diverses. Outre celle qui tenait au fait inévitable de la mort, il en était d'autres qui se rattachaient particulièrement à la condition civile des individus. Les Romains avaient fait de cette puissance un effet de droit civil, l'avaient rendue inséparable de la qualité de citoyen. La perte du *jus civitatis* devait donc entraîner la perte de la *patria potestas*, de même que la concession du titre de *civis romanus* amenait à sa suite tous les droits qui en dépendaient. Il y avait enfin d'autres causes d'extinction du pouvoir paternel dans les changements d'état que subissaient ceux qui y étaient soumis ; quand le lien civil de parenté qui engendrait ce pouvoir était rompu, le pouvoir disparaissait nécessairement.

Examinons en détail les causes d'extinction de la puissance paternelle. Elles étaient au nombre de sept :

1º La mort de la personne aux mains de laquelle se trouvait cette puissance rendait ses enfants *sui juris*.

Cette règle veut une explication. Si la puissance paternelle appartenait au grand-père sur son petit-fils, le
père étant sorti de la famille ou prédécédé, le petit-fils
devenait *sui juris*. Mais si, à la mort du grand-père, le
père n'était ni sorti de la famille ni prédécédé, celui-ci
devenait *sui juris* et le petit-fils retombait sous sa puissance. Nous avons vu la conséquence de cette règle en
matière de consentement au mariage.

2° La perte du *jus civitatis* entraînait la perte de la puissance paternelle au respect du père aussi bien qu'à l'é-
gard de l'enfant. Nous avons expliqué comment la *patria
potestas* était un bénéfice attaché à la qualité de citoyen
romain. — Ainsi l'interdiction de l'eau et du feu [1], la
déportation dans une île privaient de ce droit le père
qui en était investi ou l'enfant qui y était soumis, parce
qu'elle effaçait le titre de *civis romanus*. Le déporté
devenait *peregrinus*. *Neque peregrinus civem romanum neque civis peregrinum in potestate habere potest* [2].

Mais l'individu frappé de cette condamnation pouvait
être gracié par l'empereur non pas seulement de la
peine qu'il subissait, mais de ses conséquences civiles.
Il pouvait obtenir la *restitutio per omnia* ou *restitutio per
integrum*.

Le pouvoir paternel renaissait alors, sans effet rétroactif bien entendu, et pour l'avenir seulement : car, dit
M. Ortolan « le pouvoir impérial ne pouvait pas détruire
dans le passé des effets qui auraient été définitivement
produits ».

1. Cette peine, qui n'était plus d'usage sous le régime d'Auguste, fut remplacée par la déportation.
2. Ulp. Reg. 10, 3. — Gaïus, 1, 128.

La rélégation, peine moins forte que la déportation, ordinairement temporaire, laissait au condamné ses droits de cité et ne lui enlevait pas par suite la puissance paternelle.

3°. Lorsque le père ou le fils perdait la liberté, la puissance paternelle s'évanouissait. L'esclave était mis au rang d'une chose ; il ne conservait ni les droits de citoyen, ni les droits des gens ; quant aux cas dans lesquels un homme libre devenait esclave, ils étaient nombreux, les uns tenaient du droit des gens, les autres du droit civil.

Du droit des gens. Ainsi, la captivité chez l'ennemi faisait perdre au Romain sa liberté et les avantages qui y étaient attachés. Mais si le prisonnier revenait à Rome, tous ses droits lui étaient rendus, et par l'effet du *jus postliminii*, sorte de condition résolutoire, il était censé ne les avoir jamais perdus. S'il mourait, au contraire, pendant son esclavage, la perte de ses droits civils remontait au jour même de la captivité, et ses enfants étaient considérés comme *sui juris* depuis cette époque.

Du droit civil. — Parmi les faits de droit civil qui amenaient la perte de la liberté, nous citerons : 1° le commerce illicite d'une femme libre avec un esclave, en vertu d'une disposition du sénat.-cons. Claudien, abrogée par Justinien dans ses Instituts ; 2° la condamnation aux mines *in metallum*, peine qui cessa de produire l'esclavage en vertu d'une Novelle de ce même empereur [1] ; 3° l'ingratitude d'un affranchi envers son patron, et 4° la

1. Nov. 22, ch. VIII.

fraude de l'homme qui se faisait vendre pour partager le prix. Ces deux causes de servitudes furent maintenues.

4° Avant Justinien, ni l'âge, ni le mariage, ni les dignités ne libéraient de la puissance paternelle. « Les consuls, les dictateurs commandaient à la république; mais, rentrés dans la maison paternelle, ils n'étaient plus que fils de famille, et obéissaient à leur père. » Justinien établit que la haute dignité de patrice affranchirait le fils de la puissance de son père. « Quis enim « patiatur patrem quidem posse per emancipationis mo- « dum suæ potestatis nexibus filium relaxare, imperia- « toriam autem celsitudinem non valere eum quem sibi « patrem elegit ab aliena eximere potestate [1]. »

Plus tard ce prince attacha le même avantage à la dignité d'évêque, de consul et généralement à toutes celles qui libéraient de la curie [2], telles que préfet du prétoire, questeur du sacré palais, maître de la cavalerie ou de l'infanterie. Par un privilége particulier, les enfants devenus *sui juris* par les dignités, bien qu'ils fussent sortis de la puissance paternelle avant la mort du chef, ne perdaient aucun de leurs droits. Ils étaient toujours comptés dans la famille comme agnats. Lorsque le chef mourait, ils lui succédaient comme héritiers siens, et leurs enfants, s'ils en avaient, retombaient sous leur puissance.

5° L'émancipation dissolvait aussi la puissance paternelle; elle était pour le père un moyen d'abdiquer son

1. *Inst.* Lib. 1, tit. xii, § 4.
2. Nov. 81.

pouvoir , en rompant les liens d'agnation qui le rattachaient à l'enfant.

Le droit primitif et la loi des Douze Tables ne donnaient pas au père la faculté de libérer directement
son fils de la puissance paternelle. Les Romains ne tardèrent pas à découvrir des moyens indirects d'arriver
à ce but. Ce fut du reste dans la loi des Douze Tables
elle-même qu'ils les puisèrent.

Lorsqu'un père de famille usait du droit qu'il avait
de vendre son fils et d'en transporter ainsi la propriété
à l'acquéreur , il ne devait plus régulièrement avoir de
puissance sur l'enfant vendu. Cependant la loi des
Douze Tables portait : *Si pater filium ter venumduit, filius
a patre liber esto.* Ainsi trois ventes ou mancipations
successives étaient nécessaires pour rendre le fils *sui
juris.* Mais dans quelle position se trouvait cet enfant
vendu , même après que la puissance paternelle était
totalement épuisée ? Il était *in mancipio* ; son maître,
à vrai dire, pouvait l'affranchir et le rendre libre. Mais
comme *manumissor*, il conservait sur l'affranchi des
droits de patronage, de succession et de tutelle dans
le cas où cet affranchi était impubère. On ne tarda pas
à imaginer un moyen de remettre au père la tutelle et
la succession de l'enfant, *sui juris.* Ce fut par la création du *contrat de fiducie* intervenant lors de la troisième
mancipation. Le père auquel l'enfant était rémancipé
l'affranchissait. Les préteurs étaient arrivés même à
pouvoir faire profiter le père de la succession dans le
cas où le contrat *de fiducie* n'était pas intervenu , par
l'introduction d'un nouvel ordre de succession, *unde
decem personæ.*

Telle était la forme de l'émancipation dans l'ancien droit. Elle se fit plus tard par rescrit du prince, suivant une constitution d'Anastase, et appelée pour cela *émancipation anastasienne*. L'utilité de ce mode était de pouvoir faire l'émancipation en l'absence de l'enfant. Justinien décida que désormais le père voulant émanciper son fils se rendrait avec lui devant le magistrat, exprimerait sa volonté, et que si l'enfant ne protestait pas, la puissance paternelle serait éteinte. L'émancipateur conservait du reste des droits de succession et de tutelle sur son enfant émancipé analogues à ceux du patron sur l'affranchi.

L'émancipation n'était pas irrévocable. Elle pouvait être résiliée, si l'enfant se rendait coupable envers son père de mauvais traitements ou d'injures.

Le père n'était pas en principe forcé d'émanciper son enfant. Il n'y avait d'exception que pour celui qui avait été adrogé étant encore impubère et qui pouvait réclamer contre son adrogation. Mais cependant lorsqu'un père abusait de son autorité, par exemple, en maltraitant son enfant, en l'exposant, en prostituant sa fille, on l'obligeait à émanciper la victime de ses brutalités. Il avait la même obligation lorsque c'était une condition mise à une hérédité, à un legs.

6° L'adoption, avant Justinien, était une cause fréquente d'extinction du pouvoir paternel. Depuis la réforme dont ce prince fut l'auteur, elle ne fit disparaître ce pouvoir que dans les cas rares où l'adoptant était un ascendant de l'adopté. Nous avons indiqué les mouvements successifs de la législation dans les adoptions au chap. 3, titre 1 de ce travail.

7° Enfin la *coemptio* qui faisait passer une fille de famille *in manu mariti* éteignait la puissance qu'avait sur elle le chef de sa famille.

Ainsi se complète notre étude sur la puissance paternelle chez les Romains. Nous apprécierons exactement les caractères de ce pouvoir en faisant l'application des principes exposés par nous sur les rapports de la famille et de l'État. A l'époque où Rome appartenait tout entière à la domination patricienne, à l'influence aristocratique, la puissance paternelle fut constituée sur des bases étroites, excessives, qui n'admettaient pas dans la famille la liberté proscrite des institutions politiques. A mesure que l'idée démocratique se fait jour et triomphe, à mesure que l'égalité politique nivelle la société romaine, les rigueurs tendent,à disparaître, et à défaut de moyens directs on crée des voies indirectes qui permettent d'arriver à secouer quelque peu le joug d'une puissance trop despotique.

La liberté est vaincue un jour dans l'ordre politique, accablée peut-être sous le poids de ses propres excès ; mais elle finit malgré bien des jours néfastes à reparaître au sein du gouvernement sous une forme tempérée et préservatrice des abus.

En même temps le christianisme vient proclamer les lois régénératrices de la dignité humaine et poser par la révélation des préceptes divins les éléments de la mesure exacte des pouvoirs absolus ; la doctrine admirable enseignée au monde par le Messie, propagée par la voix des apôtres et fécondée par le sang des martyrs, porte ses fruits à partir du jour glorieux où le chris-

tianisme devient la religion des empereurs. La liberté
pénètre alors plus complétement au sein de la famille,
et lorsque Constantin le Grand vient inaugurer sa législation nouvelle sur les droits des pères et des enfants,
la vieille société romaine, entraînée dans ce mouvement
réformateur, se réveille un instant de sa sombre atonie
pour briller encore d'un éclat nouveau, mais qui était
la dernière lueur d'un soleil qui s'éteint.

CHAPITRE IV.

DROIT ANCIEN.

—

TITRE PREMIER.

DE LA PUISSANCE PATERNELLE CHEZ LES GAULOIS, CHEZ LES GERMAINS ET CHEZ LES FRANCS, JUSQU'A LA FIN DE L'ÉPOQUE CARLOVINGIENNE.

La Gaule, avant l'invasion et la conquête de César, était régie par un ensemble de coutumes et de traditions, droit primitif dont on trouve la trace chez tous les peuples non civilisés. Dans la plus haute antiquité des coutumes celtiques, le père avait une puissance absolue sur ses enfants[1]. Il est probable que, du temps de César, la rigueur de ce droit s'était déjà adoucie ; l'intervention religieuse des druides au sein des conflits privés avait dû enlever au père, dans une certaine mesure, le droit de vie et de mort ; d'ailleurs, à cette époque et de l'aveu même de l'historien, l'éducation de l'enfant, jusqu'au moment de l'investiture des armes, était confiée à la mère. Or, chez un peuple où la personnalité de la femme apparaît ainsi dégagée, il est probable que l'enfant devait subir moins étroitement le joug de la puissance paternelle : à tous les âges de la civilisation, la puissance paternelle et la puissance maritale ont suivi la même voie de rigueur ou de mansuétude.

1. César, *De bello gallico*, vi, 19.

L'enfant, d'ailleurs, ne restait pas, comme à Rome, sous le pouvoir de son père durant toute sa vie. Suivant certains jurisconsultes, M. Laferrière notamment, il était émancipé de plein droit par le mariage. Suivant d'autres [1], l'âge seul fixait l'époque de son émancipation. Nous sommes assez porté à partager cette dernière opinion concordante avec les documents historiques. La prise d'armes, chez les Gaulois, faisait de l'enfant un homme, un citoyen, un guerrier ; il avait désormais des devoirs à remplir, il ne relevait plus que du patron auquel il consacrait exclusivement sa vie. C'était en quelque sorte le signal de sa liberté, car cette nouvelle condition devenait incompatible avec l'autorité et la tutelle paternelle. Au surplus., les lois galloises du xe siècle nous rapportent que le fils sortait de la puissance de son père à l'âge de 14 ans : dès ce moment, il était majeur et émancipé [2]. Cet usage existant à plusieurs siècles d'intervalle semblerait être une forte présomption en faveur de notre système, chez un peuple qui avait le mieux conservé ses coutumes primitives et son individualité propre. Tel était, en peu de mots, l'état du droit celtique en ce qui touche notre matière au temps de la guerre de César.

La Gaule vaincue, le droit romain introduit par la conquête s'y naturalisa. Nous connaissons les variations diverses de la jurisprudence romaine sur le pouvoir paternel, mais nous savons aussi quel était en somme le caractère tyrannique et despotique de ce pouvoir.

1. Kœnigswarter, *Organisation de la famille*, p. 44.
2. *Vened. Cod.* Liv. II, t. LXXIV.

Aussi les lois romaines ne purent-elles s'implanter avec
un égal succès dans l'esprit et les mœurs de la vieille
nation gauloise tout entière. Tandis que le Midi, mieux
dominé par l'influence romaine, subissait sans résistance les étreintes de cette législation ; le Nord, plus
imprégné de ses anciens usages et sur lequel influaient
plus directement les vieilles coutumes des peuples germaniques voisins, se refusait à admettre un droit qui
froissait toutes ses traditions. Cette partie de la Gaule
n'accepta pas la puissance paternelle romaine. L'instinct de la liberté, l'amour de la personnalité, si ardent
chez toutes les races primitives, lui fit repousser cette
tutelle lourde et ingrate qui pesait à Rome sur le fils
de famille.

L'invasion du Nord par les Francs favorisa cette résistance à se laisser absorber par l'empire, et traça
par suite une ligne de démarcation plus profonde entre
le droit du nord et celui du midi ; les peuples descen-
dus de la Germanie introduisirent sans peine leurs coutumes dont nous donnerons une idée tout à l'heure ; et
s'ils ne purent effacer les vestiges de « la reine des législations », ils inaugurèrent un droit qui, formé de ce
double élément du droit germanique et du droit romain,
a été appelé droit gallo-romain, empruntant son caractère propre à la première de ces deux sources bien
plus qu'à la seconde. Ainsi, tandis que le nord recevait
l'empreinte d'un droit nouveau, le midi dans lequel
l'élément romain avait été refoulé continuait à être
régi par la législation romaine. Plus tard, Clovis dictant
aux Wisigoths et aux Bourguignons certaines garanties
pour les Gallo-Romains, les puisa dans les traditions,

les usages et les lois de Rome ; le Code qui les renfer-
mait y devint la loi générale et enracina plus profondément dans cette partie de la Gaule une législation
que les coutumes barbares auraient pu à la longue faire
disparaître.

Telle est l'origine de cette séparation antique de la
Gaule en pays dit de droit écrit ou de droit romain, et
pays dit de droit coutumier ou droit d'origine germanique, appelé dans le principe droit gallo-romain.

La Germanie présenta à l'origine le spectacle qu'offrent toutes les nations qui se fondent, c'est-à-dire la
suprématie de la force sans limites, sans contrôle, sur
les lois naturelles de l'humanité. Le chef de chaque
maison était un souverain auquel tout obéissait, il
avait droit de vie et de mort sur ses enfants. Néanmoins
toutes les légendes, toutes les vieilles traditions du
nord, attestent que dès le principe la puissance paternelle n'avait pas eu chez ces peuples ce caractère de
perpétuité qui fut à Rome son trait distinctif. L'investiture des armes rendait libre l'enfant qui avait atteint
l'âge requis pour l'obtenir [1]. Il quittait alors la maison
paternelle, et se trouvait émancipé.

L'influence des coutumes religieuses purifia à la longue les usages germaniques de ce qu'ils avaient de
barbare ou d'odieux ; chez tous les peuples primitifs
l'adoucissement des mœurs a toujours été le corollaire
direct du sentiment religieux ; à mesure qu'il croît et
grandit dans le cœur de l'homme, il en arrache un à un
les mauvais instincts et finit par triompher au sein du

---

[1]. Ozanam, *les Germains avant le Christianisme.*

corps social de la perversité et de l'ignorance. Chez les Germains , le pouvoir du père était appelé *mundium*. D'abord excessif , il était devenu plus doux et constituait ce que nous appellerons un pouvoir de garde et de protection , bien plus qu'une sorte de *patria potestas*. Tacite nous rapporte qu'il y avait loin de la puissance paternelle de Germanie à la même puissance chez les Romains , quant à la rigueur et aux droits qu'elle conférait. De son temps, le droit de vie et de mort était aboli chez ces peuples , et il a pu écrire avec vérité : « Limiter le nombre des enfants , ou faire périr « un nouveau-né est regardé comme un crime; les « bonnes mœurs ont là plus de force que n'en ont « ailleurs les bonnes lois [1] ».

Le père, en vertu du mundium, n'absorbait pas comme chez les Romains la personnalité de l'enfant. Celui-ci acquérait des biens pour son propre compte ; seulement le père en avait une sorte de jouissance pendant la minorité de son fils, même en cas de second mariage : « Si tamen filii parvoli sunt , usque ad perfectam æta- « tem res anterioris uxoris vel dotis causa liceat patri « judicare (c'est-à-dire *disponere*, selon Ducange), sic « vero has nec vendere nec donare præsumat [2]. » A la mort du père, la mère était investie du *mundium* ; quant à l'administration et à la jouissance des biens de l'enfant (*Gewer*), elle passait ordinairement à un agnat ; un homme seul pouvait exercer cette tutelle, dont l'emblème et le symbole étaient un glaive protecteur [3].

1. Tacite, *Germ.*, 19.
2. Form. de Marculfe. Lex burg. tit. VIII, capit., extravag.
3. Lex burg. L. LIX et LXXXV.

L'époque de la majorité soustrayait l'enfant au pouvoir de son père. Cette époque n'était pas partout la même. Dans le principe, elle paraît n'avoir été fixée que par le développement des forces physiques de l'enfant ; il était majeur quand il savait défendre sa vie et son bien. A la suite de la cérémonie de la coupe des cheveux (*capillatoria*) qui était le passage de l'enfance à la majorité, on procédait à l'investiture des armes, et son émancipation était accomplie.

Cependant, lors de la rédaction des coutumes germaniques, on dut poser une règle générale. La loi salique fixa à douze ans l'époque de la majorité. La loi des Ripuaires et la loi des Burgondes à quatorze ans. Ce fut l'âge légal adopté au temps de notre ancienne monarchie.

Les femmes étaient soumises à un *mundium* perpétuel ; elles entraient à leur naissance sous le *mundium* de leur père, à la mort de celui-ci sous le *mundium* de ses parents mâles. En se mariant, elles passaient sous le *mundium* du mari que celui-ci acquérait par des modes particuliers qui rappellent la *coemptio* romaine. Chez ces peuples, la cérémonie du mariage était parsemée d'usages touchants, tels que le présent *du sou et du denier* dont on faisait le prix du *mundium* marital, l'*oscle*, présent donné à la jeune fille pour le premier baiser qu'elle laissait prendre à son fiancé, le *morghengabe* ou don du matin offert à la jeune épouse à son réveil en témoignage de sa virginité.

Le *mundium* était pour celui qui l'exerçait le principe d'un droit de succession. C'était aussi au dépositaire de ce pouvoir que se payait le *vergheld* pour le rachat du

9

meurtre qu'il devait venger par la *faida* ou guerre privée.

Les Francs avaient, à l'origine, le droit sans limite de disposer de leurs biens entre-vifs, au préjudice même de leurs enfants ; mais la succession testamentaire leur était inconnue. Trouvant cette loi établie dans la Gaule romaine, ils la lui empruntèrent en laissant se perpétuer toutefois durant un certain temps l'usage de l'exhérédation des filles, qui ne disparut que vers le viie siècle.

Nous arrivons ainsi à l'époque carlovingienne où la puissance paternelle va conquérir quelques attributs nouveaux ; mais remarquons que nous devons à la Germanie la tradition perpétuée et consacrée par l'époque mérovingienne de l'émancipation de l'enfant par la majorité.

Le génie de Charlemagne et le gouvernement de cet empereur furent surtout religieux. L'influence du clergé se fit sentir dans la législation civile, et c'est à son instigation que furent réglés l'état des personnes et celui des familles. Le droit canonique fournit un grand nombre de dispositions moralisatrices de la famille. Le rapt, l'inceste, l'adultère, le concubinat, le divorce, qu'un auteur appelle « les plaies vivaces de la barbarie » ou de la civilisation romaine, sont énergiquement combattus comme les vers rongeurs de la famille ; le mariage devient une institution sainte et l'Église sanctionne la plupart de ses décrets des foudres de son excommunication.

Les Capitulaires offrent quelques textes relatifs à la puissance paternelle et notamment le principe suivant.

qui en rend l'application facile et salutaire : « Hoc cum
« magno studio admonendum est, ut filii honorent pa-
« rentes suos, quia ipse Dominus dicit : Honora patrem
« tuum et matrem tuam ut sis longævus super terram
« quam dominus dabit tibi [1]. » L'enfant qui osait frapper ou maudire son père et sa mère était puni de
mort. « Qui percusserit patrem aut matrem morte
« moriatur, qui maledixerit patri vel matri morte mo-
« riatur [2].» On retrouve dans cette disposition un retour
aux principes du droit romain qu'on recommençait
alors à étudier.

La nécessité du consentement des parents au mariage
de leurs enfants est posée en règle générale; la sanction est la nullité des mariages contractés sans ce consentement.

Mais admirons surtout le soin qu'apporta Charlemagne à l'éducation des enfants. Il décréta la fondation
d'écoles où devaient être appelés non-seulement les
enfants des hommes libres, mais ceux des serfs. Dans
chaque paroisse, le prêtre devait apprendre à lire
aux petits enfants. Lois salutaires, qui eussent porté
leurs fruits, sans les guerres privées et publiques qui
désolèrent cette époque et rendirent impossible par la
terreur cette civilisation morale et intellectuelle que,
seules, la paix et la liberté voient éclore et fleurir.

1. Cap. LXV, lib. I. Baluze, t. I, p. 713.
2. Cap. LXV, tit. I, lib. VI, t. V et IX.

TITRE II.

Nous avons esquissé à grands traits l'historique de la puissance paternelle aux premiers temps de la Gaule et déterminé la cause toute territoriale, toute politique, de la séparation de la France en deux pays soumis à un régime juridique différent. Nous nous sommes attaché à suivre scrupuleusement les progrès successifs du droit. Il nous eût été agréable à plus d'un titre de ne pas en finir si succinctement avec une étude qui offre le double intérêt du point de vue historique et du point de vue juridique ; malheureusement le cadre restreint de ce travail nous défend les développements qui ne font pas partie intrinsèque de l'examen approfondi de nos vieilles lois françaises.

Il nous est néanmoins nécessaire de jeter un coup d'œil rapide sur ce régime de la féodalité qui commençant à proprement parler vers le ixe siècle domina si longtemps la France, et eut sur l'économie de notre droit coutumier une influence si décisive.

Pendant l'époque carlovingienne, l'état des personnes éprouva un grand changement par suite de la distinction tracée entre les leudes et les vassaux : les leudes ou les comtes devinrent plus tard les nobles ; les vassaux furent les roturiers des siècles postérieurs. Toutefois, est-ce bien plus à la concession des bénéfices changés par la suite en fiefs, et à l'hérédité de ces bénéfices immobilisant la puissance et les richesses dans les familles, qu'à la suprématie politique du leude sur le vassal qu'il faut attribuer l'origine de la noblesse française.

Cette institution trouva sa source et prit son essor sous l'empire de la féodalité. Le leude pourvu d'un fief régnait en maître sur ses vassaux contraints d'abord par la terreur, enclins plus tard par habitude à lui obéir. Doué d'instincts tous guerriers, il avait soif de hasards et d'aventures, et de temps à autres allait chercher au loin la gloire qu'il ne pouvait acquérir dans l'enceinte de son château-fort. Pendant ce temps, le jeune noble apprenait le métier des armes en même temps qu'il recevait avec les caresses de sa mère l'exemple et l'empreinte des deux vertus du moyen-âge, l'honneur et la chasteté. La tradition venue de Germanie d'investir de l'armure l'enfant devenu homme donna naissance à l'institution célèbre et héroïque de la chevalerie. On en fit une sorte de sacerdoce militaire. La réception du chevalier était entourée de solennités où la religion avait la plus grande part. En même temps que l'on conférait au jeune homme le droit de porter l'épée et le bouclier, le prêtre et sa mère lui dictaient un code d'admirables lois qui resteront l'éternel honneur de ces temps fameux. Alors apparaissent les tournois, les cours d'amour, où la loyauté, la force et la gloire revêtent cet éclat superbe que donne le respect de la foi jurée; alors enfin s'établit sur les bases solides et indiscutables de la bravoure à toute épreuve, de l'honneur sans tache, de la gloire conquise, cette catégorie de familles illustres d'où jaillit la noblesse française, pépi-

nière de héros qui dépensèrent sans réserve au service
de la France leur courage et leur sang. Le titre de chevalier émancipait le jeune homme ; mais, en fait, le
pouvoir paternel avait à cette époque, même après cette
émancipation, une force singulière née du respect, de
la vénération qu'avait le fils pour la volonté du père.
C'est à vingt ans ou à vingt-un ans, croit-on généralement, car sur ce point l'on a guère que des conjectures
que finissait pour les fils nobles le temps de la minorité.
Quelques auteurs pensent que dans la partie occidentale
de la France où les traditions germaniques étaient plus
vivaces, la majorité féodale avait lieu à quatorze ans [1].
C'était, en fait, la capacité de défendre le fief qui faisait le majeur. On en a conclu que la pesanteur de l'armure du chevalier avait dû faire reculer généralement
jusqu'à vingt ans l'âge de la majorité.

Le droit d'aînesse, inauguré par Louis le Débonnaire
pour l'élévation de Lothaire à la dignité impériale, devient sous le régime de la féodalité la loi presque générale des successions. L'aîné des enfants, gardien et dé-
fenseur du fief après la mort de son père, le recevait
dans son patrimoine en vertu d'une investiture accordée
par le suzerain, auquel il devait d'abord en faire l'hommage à titre de nouveau vassal ; le feudataire paraissait
ainsi tenir le fief plutôt du suzerain que de l'autorité
paternelle ; l'aîné était celui que son âge désignait
comme le plus capable d'être reçu en vasselage ; mais
les puînés n'étaient pas pour cela déshérités. L'aîné
prêtait l'hommage pour le fief tout entier et acquittait

1. *Rev. hist.*, p. 217, année 1861.

les devoirs du fief avec le concours des puînés, et ceux-ci tenaient en réalité une portion du fief pour laquelle ils rendaient foi et hommage à leur aîné. La portion de celui-ci était appelée *mirouer* de fief; le droit des puînés prit le nom de *parage* ou *frerage*.

L'exclusion des filles de la succession féodale se trouvait inscrite dans la constitution de Conrad le Salique de 1027. Mais ce principe ne fut pas maintenu rigoureusement : le christianisme, le droit romain firent admettre bientôt le concours des filles avec les mâles ; déjà, du reste, la succession germaine de l'alleu admettait les filles à leur défaut. Il ne faut voir dans cette tendance à exclure les femmes des successions qu'une conséquence de l'esprit guerrier de cette époque. La femme jouissait, quant à sa personne, d'une grande liberté. Elle avait même des droits très-étendus dans certains cas. C'est entre ses mains que le seigneur partant pour une guerre lointaine remettait la garde et la défense du fief, lorsque les enfants étaient incapables de remplir cette tâche. C'est sous sa direction que les jeunes nobles recevaient toute la partie non militaire de leur éducation ; elle seule formait leur cœur, tandis que le chapelain du manoir formait leur esprit, et que le seigneur leur apprenait à manier les armes. Elle jouissait enfin parmi ses vassaux d'une considération rehaussée par la vertu, les grands exemples et les grands sacrifices de sa vie. Mais les biens étaient plus spécialement attribués aux hommes qui exposaient continuellement leur vie pour la conservation du fief, et qui avaient besoin de ses fruits et de ses revenus pour subvenir aux dépenses des guerres et des luttes continuelles qu'il leur fallait soutenir.

Ainsi se constituait la famille féodale, et tels étaient à cette époque les caractères de la puissance paternelle chez les nobles. Au-dessous de cette classe sociale supérieure s'agitait dans la dépendance et la misère une autre classe bien intéressante, celle des serfs, qui, absorbée par la première, n'avait point de personnalité propre, partant point de droit. La féodalité, qui fut une époque décisive quant au caractère du pouvoir paternel dans les familles seigneuriales, fut une époque d'obscurité et de transition pour la classe roturière. Mais nous verrons celle-ci dans les siècles suivants se constituer une individualité juridique, à laquelle, du reste, le droit coutumier emprunta ses principaux éléments.

TITRE III.

DE LA PUISSANCE PATERNELLE DANS LES PAYS DE DROIT COUTUMIER FRANÇAIS.

Ce n'est que vers le XIe siècle que le droit français commença à prendre son caractère propre, c'est-à-dire à n'être ni Gaulois, ni Germanique, ni Romain. C'est à cette époque aussi que l'on vit l'élément inférieur de la société se créer par ses coutumes un droit distinct du droit féodal.

La tradition du *mundium* germanique s'était perpétuée dans la plupart des pays du Nord de la France. Accurse, qui vivait vers l'an 1200, disait : « Aliæ vero « gentes quædam, ut servos tenent filios, ut sclavi,

« aliæ ut prorsus absolutos, ut francigenæ [1] ». Cette puissance, très-douce, s'appela dans ces pays de Coutumes la *légitime administration et la garde*. L'idée de la *patria potestas* ne s'y retrouvait plus. Aussi plusieurs jurisconsultes, s'emparant du principe admis par certaines Coutumes : « qu'en pays de Coutumes, droit de « puissance paternelle n'a lieu », soutinrent-ils que la puissance paternelle n'existait pas dans le Nord de la France. C'était une erreur. La maxime célèbre formulée par Loisel : « Droit de puissance paternelle n'a lieu » signifiait seulement que le pouvoir du père n'avait pas dans les pays de Coutumes la même étendue que dans les pays de droit écrit.

Ce fut au XVIe siècle seulement que cette règle apparut dans le droit coutumier. La première coutume qui la reproduisit fut celle de Senlis rédigée en 1539 [2]. Voici le texte de l'art. : « Le droit de puissance paternelle n'a point lieu au baillage de Senlis ». Mais l'annotateur Pilhan de Laforest nous apprend que le sens de cet article est que les enfants ne sont pas, ainsi que dans les lieux régis par le droit romain, soumis à la puissance de leur père jusqu'à sa mort ou jusqu'à leur émancipation. Qu'ainsi, un père est tenu de garder tout ce que le fils possède ou acquiert, de lui en tenir état et de lui en rendre compte lorsqu'il sera parvenu à l'âge de régir et administrer [3]. C'était donc l'idée romaine qu'on voulait proscrire dans les pays de Coutumes, la puissance paternelle y avait en effet un caractère très-doux. Bien

1. *Voyez* Loisel, *Inst. cout.* (*des Personnes*). Livre I, tit. I.
2. Laferrière, *Hist. du droit français*, t. IV, p. 357.
3. *Ibid.*

entendu le droit de vie et de mort, le droit de vendre les
enfants était aboli même dans le cas d'une extrême misère. Quant au droit de correction, plusieurs arrêts et
notamment un arrêt célèbre du parlement de Paris du
26 octobre 1697, rendus à l'effet d'en réprimer les abus,
nous apprennent par là même que ce droit existait avec
des nuances différentes, toutefois, suivant les diverses
Coutumes.

Le père devait procurer à ses enfants une éducation
conforme à sa position sociale ; cette obligation existait
même au profit des enfants naturels. Un arrêt du parlement de Paris du 18 juin 1607 condamne un père qui
voulait faire apprendre à ses enfants le métier de bou-
cher ou de boulanger à leur donner une profession moins
vile[1].

Quant à la puissance qu'avait le père sur les biens
de ses enfants dans le droit coutumier, elle fut soumise
à bien des changements et était loin d'être uniforme.
Avant la rédaction des Coutumes, les établissements
de saint Louis s'étaient conformés, quant à l'exercice
du pouvoir paternel sur la personne et les biens de
l'enfant, à la tradition gallo-romaine. Ce que le fils
acquérait appartenait à son père et tombait dans le
patrimoine : de telle sorte que le fils par lequel s'était
faite l'acquisition, qui avait vécu et collaboré avec le
père, qui avait travaillé à l'augmentation de la fortune
de celui-ci, n'obtenait dans le partage qui avait lieu
après la mort du père, rien de plus que ceux de ses
frères qui n'avaient rien mis dans la masse[2].

1. Chardon, *Puiss. pat.*, n° 12.
2. Établ. de saint Louis, art. 140.

L'ancienne Coutume de Paris et d'autres Coutumes
avaient emprunté au *mundium* des lois germaniques
pour le droit des personnes et de la *patria potestas* de
Rome et de la Gaule celtique pour le droit sur les biens.
De cette combinaison des règles germaniques et des
règles romaines résulte une situation appelée *mainbur-
nie* dans les vieux coutumiers [1]. Les acquisitions du fils
en puissance appartenaient au père et à la mère. Les
sentences du *parloir aux bourgeois*, que M. Laferrière
considère comme l'expression du droit coutumier de
toutes les provinces du centre, contiennent à cet
égard un acte de notoriété du 12 juin 1293; sur l'avis
demandé par le prévôt de Paris, « il fut répondu,
régistré, témoigné et accordé que les enfants demeurant avec le père et avec la mère, s'ils font aucun acquêt, ils sont acquis au père ou à la mère ». Le Grand-
Coustumier de Charles VI donne une décision semblable:
« *Nota* que qui donne aux enfants qui sont en la puis-
« sance du père et de la mère, c'est tout au père et à
« la mère si le don n'est causé; et si la cause du don
« cesse, revient ledit don au père et à la mère par la
« Coutume [2]. » Et plus loin « par la Coutume notoire de
« la prévôté et vicomté de Paris, laiz ou don qui n'est
« pas causé, laissé ou donné à aucun enfant étant en
« la puissance du père est propre acquêt au père et à
« la mère, en la garde desquels il est, voire encore s'il
« y a cause et que dite cause cesse ». Ce droit au profit
des parents résulte encore par *a contrario* d'une déci-

1. Décision de Jean Desmares, avocat, art. 281. — Somme rurale de Jean
Bouteiller.
2. *Grand-Coustumier*, livre II, p. 109-263.

sion de Jean Desmares [1]: « Quand un parent faisait une
« donation à aucun étant en puissance, son père n'y
« avait ni propriété ni usufruit ».Cette exception, intro_
duite dans le but de favoriser les libéralités faites par
des parents, confirme la règle d'après laquelle la libéralité faite au fils en puissance par un étranger était
acquise au père.

Ce droit de la Coutume de Paris était alors le droit
commun des Coutumes. Mais la puissance paternelle,
ainsi constitué à l'égard des biens, fut l'objet des attaques de presque tous les praticiens du temps. On en
faisait, dans tous les écrits, ressortir les rigueurs et
l'exagération. On la signalait comme contraire au droit
qui avait triomphé sous Justinien contre le droit rigoureux des temps antérieurs : « Hoc est contra jus, quære
« ista sunt bona adventicia et filiis quæruntur quoad
« proprietatem posito etiam quod sint in potestate
« parentum, et ita multo fortius ipsis a patria potes-
« tate liberatis per mortem patris queri debent [2] ».

Ce pouvoir ainsi établi ne subsistait donc que par
respect exagéré pour les anciens usages ; mais il som-
bra dans les orages et les tempêtes intérieures qui
assaillirent la France du xve au xvie siècle. Ce fut à cette
époque seulement que s'établit la règle dont nous
avons parlé plus haut « *droit de puissance paternelle* n'a
lieu »; il se fit entre les Coutumes une division qui n'a-
vait pas existé jusqu'alors, et qui a amené M. Laferrière à
déclarer que la maxime de Loisel n'était relative qu'aux
biens et non à la personne des enfants. Le droit de

1. Art. 236-248.
2. *Aliquæ curiæ parlamenti.* Glose sur l'art. 2.

l'époque précédente,persista, il est vrai, dans quelques
Coutumes; ce furent celles de Vitry, de Reims, de Châ-
lons, de Chartres, de Montargis, du Berry, du Bourbonnais, de la Bretagne et de quelques autres [1].

Dans les autres, à partir du moment où s'opéra cette
réaction, le père fut tenu de rendre à la majorité des
enfants les biens qui appartenaient à ceux-ci. Il devait
les administrer pendant la minorité et en avait la jouissance suivant la plupart des Coutumes, l'usufruit paternel s'appelait alors légitime administration.

Les fils de famille étaient-ils capables de tester? Une
grande confusion règne à ce sujet dans les Coutumes;
les auteurs du Répertoire les divisent en cinq classes,
sans indiquer même les règles précises relatives à
chacune d'elles. Les Coutumes des quatre premières
classes font défense expresse de tester ou apportent
certaines restrictions à ce droit. Les Coutumes de la
cinquième classe sont toutes celles qui gardent le
silence soit sur la puissance paternelle en général, soit
sur l'effet qu'elle produit quant à la capacité de tester.
Or, dans celles-ci, les majeurs pouvaient disposer par
testament [2].

Mais les droits de la puissance paternelle subissaient

1. La Coutume du Poitou contient, relativement à la puissance paternelle, les deux articles suivants: Art. cccx. « Les enfants sont en la puissance
du père, soit noble ou roturier. »— Art. cccxviii. « Ledit fils étant en puissance de son père et demeurant avec lui, peut acquérir, et sont lesdits acquêts,
meubles et immeubles siens et à son profit, et n'y a rien le père, après que le
fils a accompli l'âge de vingt-cinq ans, mais avant ledit âge, accompli, si
ledit fils acquiert aucuns meubles, ils appartiennent au père, et semblablement les fruits des immeubles, et au regard de la propriété desdits immeubles, il n'y a rien et appartient audit fils. »
2. V. Coutume de Senlis, annotée par Pilhan de Laforêt.

quelques restrictions quant à la faculté de disposer.
Avant le xvi⁰ siècle l'usage était que le père eût la faculté de disposer des conquêtes, mais que l'*Éritage*, la
terre venue des aïeux fût reservé aux parents [1]. Les
auteurs du droit coutumier posèrent en principe le
privilége des enfants sur les biens proprement dits de la
famille et en même temps une sorte de droit de créance
à leur profit sur les conquêts en cas d'insuffisance de
l'*héritage* pour leur *sosténance*. « Si li éritages est petit,
« dit Pierre de Fontaines, et li conquest sont grant, et
« sique li eritages ne suffisent pas à la sosténance des
« enfants, de son conquest ne puet diviser fors qui sor-
« monte la sosténance des enfants [2]. » Quant à la quotité consacrée pour la sosténance des enfants, les textes
ne l'indiquent pas ; elle variait suivant leur condition.
Notons toutefois que lorsque le père de famille avait
disposé de tous ses biens en faveur d'un étranger, le
droit coutumier donnait aux enfants une sorte de que-
relle d'inofficiosité [3]. Cette action n'avait pas pour effet
d'annuler le testament, mais elle tendait à obtenir une
réduction. On laissait au légataire une part d'enfant.
Les anciens auteurs donnent une explication ingénieuse
de cette disposition : on supposait que pour délaisser
ses propres enfants, le testateur avait reçu de l'étranger
auquel il laissait ses biens, des services d'une telle importance qu'ils lui avaient inspiré en sa faveur une
affection toute paternelle; mais il n'était pas admissible

---

1. Coutume de Beauvoisis, ch. xii.

2. Pierre de Fontaine, *Conseil*, ch. xxxiv, nomb. 10.

3. *Recherches sur la quotité disponible*, par M. Duverdy. — *Revue hist.*
1855, p. 521 et suiv.

qu'il aimât plus un étranger que ses propres enfants et qu'il lui laissât plus qu'à eux-mêmes [1].

Disons, avant de quitter cette matière des successions, que l'exhérédation existait dans la jurisprudence coutumière presque avec autant de sévérité que dans le droit écrit. Toutefois, ce n'avait été qu'à la longue et avec peine que cet usage s'était introduit : les premières Coutumes étaient muettes sur ce point ; suivant l'idée prédominante des successions coutumières, l'héritier ne pouvait pas être institué, il existait par son droit de naissance, et rien ne pouvait lui ravir son droit. Dieu seul, disait-on, peut faire un héritier : « *Solus Deus hæredem facere potest, non homo* ». De là la maxime de Loisel : « Institution d'héritier n'a point de lieu » , et cette maxime antique : « Le mort saisit le vif ». Mais, malgré les protestations de Pierre de Fontaines [2], Beaumanoir et autres jurisconsultes, contre l'exhérédation, les parlements en transportèrent l'usage du droit romain dans le droit coutumier. La Novelle 115 de Justinien, qui était la loi suivie en pareille matière dans le pays de droit écrit, devient la règle de notre jurisprudence. Les causes d'exhérédation qu'elle mentionnait, au nombre de 15 environ, furent appliquées. Quelques Coutumes permettaient encore l'exhérédation de l'enfant qui n'avait pas obtenu pour son mariage le consentement de ses père et mère [3]. Les ordonnances royales renchérirent sur la sévérité des prescriptions antérieu-

---

1. Pierre de Fontaines, *Cons.*, ch. XXXIX, nomb. 10.
2. *Conseil*, ch. XXXIII, nomb. 33.
3. Notamment celles de Metz, Labourt , Bordeaux, Bourbonnais, Bretagne,

res en permettant l'exhérédation, même après la réconciliation opérée ou le pardon accordé.

La puissance paternelle cessait, dans le droit coutumier, à la majorité de l'enfant. D'abord fixée à 12 ou 15 ans par le droit germanique, cette époque fut insensiblement reculée jusqu'à vingt-cinq ans dans la plupart des Coutumes. C'était l'âge de droit commun. Toutefois, quelques Coutumes maintinrent un âge inférieur, distinguant la majorité féodale d'avec la majorité roturière.

La mort du père ou de la mère mettait fin à la puissance paternelle. Le pouvoir ne s'exerçait que durant le mariage sur les enfants communs. Nous verrons quels droits avait le survivant des époux.

A quel régime étaient soumis les biens de l'enfant après la dissolution du mariage de ses père et mère par le prédécès de l'un d'eux? Quelle était la condition de l'enfant héritier du défunt? Nous allons indiquer et passer en revue les différentes institutions qui s'étaient succédées en suivant l'ordre chronologique.

La première qui se présente à nous est la *garde seigneuriale* qui fut en vigueur du IXe au XIIIe siècle, et qui persista en Normandie jusqu'à la Révolution.

Nous donnerons ensuite un aperçu de la *garde noble et du droit de bail*, puis de la *garde roturière* qui remplirent le XIIIe siècle, puis enfin de la *garde noble et bourgeoise* qui, prenant naissance au XIVe siècle, dura jusqu'à la Révolution.

I. — GARDE SEIGNEURIALE.

Les concessions de fiefs avaient eu lieu moyennant
certains avantages stipulés au profit du concédant, et
notamment sous la condition du service militaire. Lorsque les concessions, de viagères qu'elles étaient, furent
devenues héréditaires, ainsi que cela eut lieu sous la
deuxième race, aux viiie et ixe siècles, le fief put passer
à un vassal mineur hors d'état de faire le service militaire pour le compte du suzerain ; mais la concession
n'était pas pour cela retirée. L'usage s'établit que le
seigneur reprît le fief comme suzerain et comme gardien-né du vassal mineur ; il en percevait les revenus
pour les appliquer au payement d'un homme d'armes
chargé de faire le service du fief au nom du vassal,
et à l'entretien et à l'éducation de celui-ci. Le surplus
restait au seigneur. Si les revenus n'étaient pas suffisants pour parer à ces dépenses, on y suppléait par une
taille *ad hoc* imposée aux serfs du domaine. Tel fut le
premier usage en vigueur ; mais les seigneurs virent
un inconvénient au fond de cette combinaison. Si, d'un
côté, en effet, ils avaient la jouissance des biens du
vassal, d'un autre côté ils perdaient durant toute sa
minorité le droit de *rachat* ou de *relief*, sorte de redevance payée à chaque mutation de vassal [1]. Aussi renoncèrent-ils bientôt à exercer par eux-mêmes le droit de
garde. Il y eut par la suite divers systèmes mis en
œuvre pour en perpétuer le bénéfice, tout en faisant

1. Cout. de Normandie, art. 225.

disparaître les inconvénients. En Bretagne, il subsista sous forme de rachat[1]. En Normandie, la garde seigneuriale fut maintenue à peu près conforme à son origine, ainsi que la *garde royale, jusqu'à la Révolution*[2].

La garde royale avait beaucoup d'analogie avec la garde seigneuriale : c'était le droit de garde du roi à l'égard de ses vassaux immédiats ; toutefois il y avait entre ces deux gardes quelques différences quant à leur étendue et à leur durée : la première s'appliquait à tous les fiefs que le vassal tenait sans distinction d'origine, la seconde à ceux qu'il tenait immédiatement du seigneur seulement ; l'une finissait à vingt et un ans, l'autre à vingt (art. 125, 126, 223 de la Cout. de Normandie).

Les biens qui ne tombaient point en garde étaient régis par des tuteurs.

II. — Droit de bail et de garde noble.

La Normandie exceptée, la garde seigneuriale disparut du territoire avec le xiie siècle. Les assises de Jérusalem instituèrent une nouvelle combinaison qui s'appela la garde noble et le bail.

Tandis que la garde seigneuriale s'appliquait à la fois à la personne du vassal et à ses biens, la garde noble se subdivisa en garde de la personne et en bail ou administration lucrative des biens. La même personne n'était pas investie de la garde et du bail. Le premier de

1. D'Argentré, *Hist. de Bretagne*, livre IV, ch. CLXXVIII. — Anc. Cout. de Bret., art. 78. — Nouvelle Cout., art. 67.
2. Décret des 15 et 28 mars 1790, art. 12.

ces droits était remis aux mains du plus proche parent;
le bail appartenait à l'héritier présomptif du fief. Le
motif de cette distinction est écrit aux *Établissements* de
saint Louis : « Ceux qui ont le retour de la terre ne
« doivent pas avoir la garde des enfants , car soup-
« çons est qu'ils ne vousissent plus la mort des enfants
« que la vie pour la terre qui leur escherroit [1] ». Toutefois d'après une disposition du même document législatif, il n'y avait plus lieu à cette dualité de pouvoirs
quand il s'agissait d'un mineur roturier : la même personne réunissait dans ses mains la garde et le bail.

Le bail prenait fin à la majorité du vassal qui était
communément fixé à quinze ans pour les hommes et à
douze ans pour les femmes. Dans certains pays néanmoins et cela conformément à la règle tracée par les
assises de Jérusalem , le bail ne finissait qu'au mariage
des filles.

Le bailliste avait la pleine propriété des meubles lais-
sés par le défunt dont le vassal était héritier , à l'exception de ceux dont le *de cujus* avait disposé par testament , puis de tout ce qui advenait au mineur « *fors par
testament* » pendant la durée du bail. Il faisait siens les
revenus du fief , sauf l'exception relative au cheval de
guerre dû par chaque vassal à son suzerain , et auquel
le mineur suzerain lui-même d'autres vassaux pouvait avoir droit. Il pouvait engager le fief , mais seulement pendant la durée du bail. Dans tous les cas , le
vassal devenu majeur n'était pas tenu des obligations

1. Établ. de saint Louis, art. 117.— *Voir*, sur la même question , *Anciens usages d'Artois*, tit. xxx. — M. Laferrière, *Hist. du Droit français*, t. vi, p. 25.

contractées par le bailliste. Quant aux devoirs que celui-ci avait à remplir, ils étaient nombreux. Voici succinctement les principaux :

Il devait remplir toutes les charges imposées en général au détenteur d'un fief ;

Administrer et conserver en bon état tous les héritages;

Payer les dettes de l'héritier, obligation corrélative pour le bailliste de l'acquisition de meubles : *qui bail prend quitte le rend*;

Entretenir le mineur, « *lui livrer pasture et vesture* » selon sa condition.

Fournir certaines sûretés pour le payement du *rachat*, la restitution des revenus des biens en *vilenages*, etc. [1].

Le droit de bail supposait l'existence d'un fief, il ne pouvait s'appliquer qu'à un bien en vasselage, suivant son origine et son caractère. Mais alors à quel régime étaient soumis les biens en vilenages et les tenures roturières? De bonne heure il s'était introduit parallèlement au droit de bail un droit de *garde roturière*, pour les mineurs qui ne possédaient que des biens roturiers. L'exercice en était confié au plus proche parent du mineur; l'acceptation de cette charge était, comme celle du bail, facultative; à défaut de gardien on retombait sous le régime de la garde seigneuriale, et les biens étaient confiés à un tuteur. Ce droit cessait à la majorité du mineur.

Remarquons qu'il comprenait à la fois la garde de la

---

1. Beaumanoir, *Cout. de Beauvoisis*, ch. XVII et XXI. — *Voir* aussi, sur cette matière du droit de garde, une Étude historique très-remarquable de M. Demangeat, *Revue de droit français et étranger*, 1845 et 1847.

personne et l'administration des biens, et qu'il n'était
pas lucratif pour le gardien. Aussi les obligations de
celui-ci ne consistaient-elles qu'à rendre, à la fin de la
garde, les biens du mineur tels qu'ils se trouvaient et
les fruits perçus en son nom.

III. — GARDE NOBLE ET BOURGEOISE.

La garde noble avait été, pendant le xiiie siècle, relative non pas à la condition du mineur propriétaire,
mais à la condition des biens. Au xive siècle, elle subit
une transformation : elle ne s'applique plus à la propriété, mais au propriétaire. Elle n'a plus lieu toutes
les fois qu'un roturier possède des fiefs, et à l'inverse,
elle a lieu quand un mineur noble possède des biens
roturiers [1]. L'attribution de la garde au profit d'un
ascendant est plus fréquente qu'au xiiie siècle : le bail
et la garde se réunissent dans la même main ; et si, au
xve siècle encore, l'on conservait les deux expressions
de garde et de bail, c'est en leur donnant un sens nouveau : la garde noble, c'est désormais la garde et le bail
réunis dans la personne d'un ascendant ; le bail, c'est
la même fonction dévolue à un collatéral.

Il devient de règle au xve siècle que la garde noble
soit déférée d'abord au père ou à la mère ; le frère ou
la sœur l'obtiennent ensuite de préférence à l'aïeul.

D'après le Grand-Coustumier [2], celui qui a la garde
gagne les meubles et les fruits.

Les hommes libres, bourgeois de Paris, ne relevaient

1. *Grand-Coutumier.*
2. Livre ii, ch. xli.

que du roi. Le vicomte était juge, mais non seigneur ;
ils jouissaient d'une liberté municipale dans l'ordre
personnel qui ressemblait beaucoup à l'alleu dans l'ordre réel. Par suite de cette situation particulière, les
bourgeois de Paris exerçaient, en vertu de lettres paten-
tes de Charles V datées de 1371, le même droit de garde
noble que les gentilshommes dans le reste de la France.
Ce privilége fut reconnu et confirmé, en 1390, par ordonnance de Charles VI. Le Grand-Coustumier fait mention de cet état de choses ainsi établi.

Tandis qu'au xive siècle le gardien et baillistre avait
la propriété des meubles et l'usufruit des immeubles,
au xve siècle le Parisien noble jouit bien encore du droit
commun ; mais le Parisien bourgeois n'acquiert pas la
propriété des meubles. Il y a désormais deux sortes
de garde, la garde noble proprement dite, privilége des
nobles, et la garde bourgeoise, s'appliquant aux bourgeois de Paris.

Nous ne pouvons faire ici une étude complète de la
garde noble et bourgeoise, quelque intéressantes que
soient les questions qui s'y rattachent. Toutefois, nous
pensons qu'il est utile de connaître les règles principales
de cette institution.

1. *A qui appartenait la garde noble et bourgeoise ?* En
général, au survivant des père et mère ; mais il y a, suivant les diverses Coutumes, une grande variété quant à
la dévolution de ce pouvoir.

La Coutume de Paris donnait la garde noble aux père
et mère, aïeul et aïeule nobles, demeurant en la
ville de Paris ou au dehors, et la garde bourgeoise

aux père et mère seulement, bourgeois de Paris [1].

D'autres coutumes déféraient le droit de garde non-seulement aux père et mère, aïeul et aïeule, mais encore aux autres ascendants [2].

Quelques autres n'appelaient que les père et mère et excluaient tous les autres ascendants et tous collatéraux [3].

L'ancienne Coutume de Troyes accordait le bail des enfants mineurs, à défaut d'ascendants, aux collatéraux ; mais, lors de la réformation de cette Coutume, en 1509, on rejeta cette règle, sous prétexte qu'il y avait injustice à accorder aux collatéraux les meubles du mineur et les fruits de ses héritages.

La Coutume de Sens, qui admettait aussi dans sa première rédaction le bail des collatéraux, le rejeta lors de la seconde, en 1555 (art. 156).

La Coutume d'Orléans (art. 38), tout en maintenant le bail des collatéraux, supprima tout émolument, et en fit ainsi une sorte de tutelle légitime.

La Coutume de Berry (art. 29) admit bien le bail des collatéraux ; mais elle ne leur donna que l'usufruit des immeubles, et leur refusa tout droit sur les meubles.

Il n'y avait qu'un très-petit nombre de Coutumes qui eussent admis la double garde noble et bourgeoise : c'étaient celles de Paris, de Clermont, de Montfort-l'Amaury et celle de Blois. Dans ces dernières, la garde bourgeoise n'était pas lucrative.

1. Cout. de Paris, art. 265 et 266.
2. Melun, art. 285. Orléans, art. 26. Montfort-l'Amaury, 116. Sens, 156.
3. Meaux, ch. xix, art. 147. Lodunois, chap. xxxiii, art. 1. Maine, art. 98. Anjou, art. 85.

L'interdiction pour démence ou prodigalité , la mort civile étaient des causes d'exclusion de garde.

II. *Quels étaient les droits et émoluments attachés à la garde noble et bourgeoise ?*

Il y avait encore sur ce point grande division dans les Coutumes. Suivant quelques-unes le gardien avait la propriété des meubles : ainsi ce droit était accordé par les Coutumes de Clermont en Beauvoisis , art. 170 , d'Orléans art. 25 , Sens art. 156. La Coutume de Paris, qui formait le droit commun, accordait la jouissance de tous les immeubles et l'administration des meubles seulement (art. 267).

La Coutume de Montargis (art. 27 ch. 1) dit que les gardiens prennent les meubles, sauf ceux qui sont pour la fortification des maisons et ceux qui y sont pour perpétuelle demeure.

Il y avait enfin des Coutumes qui ne donnaient aucun droit sur les meubles, pas même la simple administration : ainsi la Coutume d'Amiens (art. 132 et 133) décide que les meubles ne tombent point en bail : ils doivent être régis par des tuteurs et curateurs nommés par la justice.

Il y avait controverse sur la question de savoir sur quels biens portait le droit du gardien. Était-ce seulement sur ceux que le mineur avait recueillis dans la succession du prémourant de ses père et mère ou bien sur tous ceux qui lui étaient advenus à quelque époque que ce fût, même pendant la durée de la garde ?

Le silence de quelques Coutumes sur cette matière, l'obscurité des autres rendaient plus difficile la solution de la question.

La Coutume de Paris, muette à ce sujet, avait donné lieu à deux interprétations différentes : l'une, celle de Dumoulin, Bacquet, Chopin, Laurière, étendait à tous les immeubles, échus même pendant la durée de la garde, le droit de jouissance du gardien [1].

L'autre, représentée par Charondas, Tronçon, Auzan et surtout Renusson [2], prétend que le droit du gardien est limité aux biens recueillis par le mineur dans la succession du prémourant de ses père et mère, dont le décès avait ouvert la garde. Cette doctrine avait été adoptée par la jurisprudence et a été plus tard celle de Pothier [3].

M. Demangeat dans son étude sur cette matière préfère l'opinion de Dumoulin pour ces deux motifs principaux que c'était le système suivi dans le très-ancien droit, et que l'art. 99 de la première rédaction de la Coutume de Paris, de même que l'art. 267 de la seconde, ne faisaient pas de distinction. Il n'explique le système de la jurisprudence que par l'influence de la tradition romaine (Novelle 118, cap. 2) et le peu de faveur que l'opinion accordait au droit de garde.

III. *Quelles étaient les charges et obligations du gardien ?*

Les principales étaient les suivantes :

Confection d'un inventaire ;

Caution ;

Entretien et éducation du mineur ;

---

1. Bacquet, *Traité du droit français*, Fiefs, chap. x, n° 16.—Chopin, *Sur la Cout. de Paris*, livre II, n° 16. — Dumoulin, *sur l'anc. Cout. de Paris*, art. 32.

2. Renusson, *Traité de la garde noble et bourgeoise*, ch. vi, n° 9.

3. Pothier, *Traité de la garde noble et bourgeoise*, n°s 8 et 9.

Entretien des biens ;

Acquittement des dettes.

Inventaire. — La confection d'un inventaire était le meilleur moyen de garantir aux enfants mineurs la restitution du mobilier à la cessation de la garde. Cette obligation était imposée au gardien d'une manière expresse dans un grand nombre de Coutumes , notamment : Paris, art. 269 ; Maine, art. 98 ; Clermont en Beauvoisis , art. 174 ; Tours, art. 341 et 343 ; Grand-Perche , art. 171 ; Péronne, art. 222 et 224 ; Berry, tit. 1er , art. 28 ; Sens , art. 156.

La Coutume d'Orléans, une de celles qui donnent au gardien la propriété des meubles, reste muette sur la question de l'inventaire. Mais Pothier nous apprend qu'il fut plusieurs fois jugé que les parents du mineur pouvaient attaquer en justice le gardien pour l'obliger à remplir ce devoir [1].

Il n'y avait point précisément de sanction à l'obligation de faire inventaire , en ce sens qu'aucune peine n'était prononcée contre le gardien qui avait négligé ce soin ; mais les parents pouvaient le poursuivre en justice pour le contraindre à le remplir, sinon à se voir déchu de son droit.

Le délai était de trois mois ; par analogie , on avait appliqué le délai fixé par l'ord. de 1667 à l'égard de la veuve et de l'héritier.

Caution. — La plupart des Coutumes obligeaient le gardien noble à donner caution ; la Coutume de Paris obligeait seulement le gardien bourgeois à fournir cette

---

1. Cout. d'Orléans, Introd. *Fiefs*, no 338.

garantie. La Coutume d'Orléans en dispensait le gardien, sauf le cas où il s'agissait d'une gardienne noble convolant à un second mariage [1].

Quant à la sanction de cette obligation, elle n'existait que dans la mesure indiquée pour le cas précédent.

Entretien et éducation du mineur. — « Le gardien sera tenu de nourrir, alimenter et entretenir les mineurs ou faire instruire selon leur qualité et état [2]. » — « Si les mineurs sont mâles, le gardien doit les faire monter de chevaux ; si ce sont des filles, les vêtir selon leur état et condition [3]. »

Ces dispositions étaient reproduites par le plus grand nombre des Coutumes ; la justice les appliquait dans les pays où les Coutumes n'en faisaient pas mention.

Dans le cas où le gardien ne remplissait pas convenablement cette obligation, le juge avait le pouvoir de saisir le revenu du mineur pour l'y contraindre. Les contestations survenant à ce sujet étaient réglées par le juge *boni viri arbitratu*, ou selon la décision de ceux des parents les mieux à même de connaître la fortune du mineur [4].

Entretien des biens. — Le droit d'usufruit du gardien avait pour obligation corrélative la charge des réparations viagères, ainsi définies par la Coutume de Paris : « toutes réparations d'entretènements, hors les quatre gros murs, poutres et entières couvertures » (art. 262).

---

1. Pothier, *Garde noble et bourgeoise*, nᵒ 80, *in fine*.
2. Clermont, art. 170.
3. Blois.
4. Pothier, *Garde noble et bourgeoise*, nᵒ 81. — Renusson, *id.*, ch. VII, nᵒ 73.

Quand, au commencement de la garde, les héritages n'étaient pas en bon état, le gardien devait les faire vérifier par experts, afin de se garantir des réclamations éventuelles du mineur après la garde.

Si le gardien administrait mal les biens du mineur, plusieurs Coutumes décidaient qu'il devait être privé de la garde. Cette règle fut à la longue suivie dans presque toutes.

Acquittement des dettes. — Il n'est pas douteux, dit Pothier, que le gardien noble doit acquitter les charges réelles des héritages dont il a la jouissance : c'est une charge naturelle de la jouissance [1].

En général le gardien noble devait payer les dettes mobilières de la succession du prédécédé et les dettes de jouissance. Mais cette obligation était plus ou moins étendue suivant les diverses Coutumes.

Dans celles qui accordaient au gardien la propriété des meubles, l'obligation était plus rigoureuse, l'émolument étant plus considérable. Toutes les dettes mobilières de la succession du prédécédé, toutes les dettes de jouissance étaient à la charge du gardien. Lorsque le titulaire de cette fonction était le conjoint survivant, sa créance pour ses reprises et le remploi de ses propres, étant considérée comme immobilière, n'était point éteinte par confusion et subsistait contre les enfants.

Dans les Coutumes qui ne donnaient au contraire au gardien noble que l'administration des meubles, l'obligation était moins étendue : « le gardien noble ou bourgeois est tenu de payer les dettes et arrérages de rentes

---

1. Pothier, édition Bugnet, *loc. cit.*, n° 815.

que doivent les mineurs, les nourrir, et entretenir selon leur qualité, entretenir les héritages et payer les charges annuelles dont ils sont grevés. (Art. 267, Cout. de Paris). .

IV. *Quelles causes mettaient fin à la garde noble et bourgeoise ?* — Elles étaient assez nombreuses. En premier lieu *l'âge du mineur.* On distinguait trois sortes de majorité : la majorité de 25 ans, *œtas perfecta* ; la majorité féodale, qui rendait le possesseur de fief capable de porter la foi et l'hommage, et le mettait en demeure de remplir cette obligation ; la majorité roturière qui rendait le propriétaire de biens non nobles capables de les administrer.

Les deux dernières variaient suivant les Coutumes. Quant à la garde noble, suivant la Coutume de Paris, l'époque de la majorité était fixée à vingt ans pour les garçons et à quinze ans pour les filles. D'après la Coutume de Sens la garde noble cessait à dix-huit ans pour les fils et à quatorze ans pour les filles (art. 158).

La garde bourgeoise finissait plus tôt : ainsi à Paris la limite d'âge était la quatorzième année pour les garçons et la douzième pour les filles.

La garde instituée par la Coutume d'Orléans, appelée garde comptable et qui n'était qu'une tutelle, finissait comme la tutelle lorsque le mineur avait atteint l'âge de vingt-cinq ans ; cet âge de vingt-cinq ans était d'ailleurs, nous l'avons dit, l'âge indiqué par la majorité des Coutumes.

Le mariage du mineur. — Cette cause n'avait d'effet que dans les pays dont les Coutumes admettaient l'émancipation par le mariage ; toutefois s'il s'agissait d'une fille, son mariage dans tous les cas mettait fin à la garde. C'était la règle du droit féodal, et plusieurs Coutumes l'avaient consacrée d'une manière expresse.

L'émancipation du mineur par lettres du prince entérinées devant le juge, du consentement du gardien.

La destitution du gardien prononcée par sentence du juge, pour les causes que nous avons indiquées plus haut.

La mort naturelle du mineur ou sa mort civile.

La mort naturelle ou civile du gardien : elle faisait cesser la garde, car la garde ne se déférait pas deux fois.

Le second mariage du gardien. Plusieurs Coutumes, entre autres celles de Châteauneuf, art. 136; de Melun, art. 186; de Tours, art. 139, n'imposaient cette déchéance qu'à la gardienne.

La Coutume d'Artois, art. 157, ne l'admettait dans aucun cas.

La garde noble, royale et seigneuriale a été abolie par l'art. 12 du décret des 15–28 mars 1790.

TITRE IV.

DE LA PUISSANCE PATERNELLE DANS LES PAYS DE DROIT ÉCRIT.

L'idée générale qui ressort de l'organisation du pouvoir paternel par le droit coutumier est celle-ci : que dans les pays de Coutumes, imbus des traditions germaniques, on lutta avec une singulière énergie contre l'invasion des principes du droit romain ; que si, à diverses époques, on croit saisir dans l'économie des législations coutu-

mières quelques éléments justinianéens, il faut en
somme reconnaître que depuis l'origine de la séparation
de la France en deux pays régis par un droit différent,
la ligne de démarcation est restée tracée entre eux, vive
et indélébile surtout à l'égard du droit des personnes.

Nous connaissons maintenant le caractère, la nature
du pouvoir paternel d'après le droit coutumier ; nous
savons qu'il serait aussi faux de dire que ce pouvoir fut
nul que d'affirmer qu'il fut rigoureux et excessif : en
somme il n'a été que ce qu'il devait, ce qu'il pouvait
être ; et ce qu'en a pensé un éminent jurisconsulte moderne est peut-être le meilleur éloge qu'il y ait à en
faire. « Fondée principalement sur l'intérêt des enfants
eux-mêmes, dit M. Demolombe, la puissance paternelle
des pays de Coutume était pour les parents une conséquence et un moyen d'accomplissement de l'obligation
qui leur était imposée d'élever leurs enfants [1]. »

Mais tandis qu'une partie de la France bénéficiait
des avantages d'un droit sagement modéré, l'autre
partie, celle que régissait le droit écrit, subissait le
joug plus pesant de la tradition romaine quant à la mesure du pouvoir paternel. Dans ces pays de droit
écrit, la législation de Rome dans son dernier état,
c'est-à-dire la législation du Bas-Empire, resta en
vigueur, sauf quelques modifications introduites par
les usages locaux. Mais nous y retrouvons encore les
principes sévères du vieux droit civil. Ainsi le père
est seul investi de la puissance paternelle ; la mère
se voit privée de toute participation légale à l'exercice

---

1. Demolombe, *Puiss. pat.*, n° 260.

de ce pouvoir, en souvenir sans doute de l'ancienne tutelle des femmes à Rome ; et comme conséquence de ce principe, l'aïeul maternel ne jouit pas non plus du droit d'exercer la puissance paternelle, ne pouvant avoir, du chef de sa fille, sur ses petits-enfants, des droits plus étendus que sa fille elle-même n'en avait sur eux.

La puissance paternelle dure en principe toute la vie de l'enfant. Il reste toujours, quel que soit son âge, fils de famille, à moins qu'il n'ait été émancipé.

Le droit du père ne trouvait, dans les provinces soumises à ce régime juridique, que deux obstacles : la mort civile et la filiation naturelle. Un fils bâtard ne pouvait, en aucun cas, être assujetti à la puissance paternelle.

C'est à peine si le droit de vie et de mort n'existait plus au XIV⁰ siècle ; encore une ancienne Coutume en vigueur à Bordeaux déclarait-elle le père susceptible d'être absous du fait d'avoir donné la mort à son enfant ou à son serviteur s'il jurait simplement qu'il avait agi dans un accès de violence et sans préméditation [1]. Quant au droit de correction, nous le retrouvons avec la même sévérité qu'à Rome. Le père, dans quelques cas, se constituait juge des actes de ses enfants et prononçait des condamnations domestiques dont on pouvait appeler à la cour du maire. Basset rapporte une sentence rendue par un père déclarant son fils indigne de la succession et le condamnant à vingt années de galères

1. V. *Inst. jud. de Bordeaux, Revue hist.* 1861, p. 510 (art. de M. Rabanis)

parce qu'il avait attenté à sa vie et à celle de sa mère [1].

Le fils de famille même non émancipé pouvait exercer certains pouvoirs au sein de la société civile : il était capable d'être tuteur, magistrat ; il avait la nue-propriété du pécule adventice, la propriété du pécule castrense et du pécule quasi-castrense dont le fief, suivant Brussel, faisait partie.

Il pouvait choisir un domicile séparé de celui de son père, s'il était majeur.

En matière de successions, les lois romaines continuèrent à être appliquées, sauf quelques tempéraments apportés par les parlements à l'égard des testaments faits par le fils en faveur d'un œuvre pie. Dans ce cas, le fils, par interprétation d'une décrétale de Boniface VIII, pouvait tester sur d'autres biens que ceux de son pécule castrense et quasi-castrense, sur les biens adventices probablement, avec l'autorisation du père. On qualifiait alors la disposition de donation à cause de mort.

Le père avait le droit de disposer de ses biens, sous la réserve de la légitime accordée à l'enfant par la Novelle XVIII, cap. I ; encore certaines Coutumes des provinces de droit écrit laissaient-elles au père un droit de disposition absolu [2]. C'était plus que le droit romain lui-même n'avait jamais accordé.

La condition des filles se ressentit plus particulièrement encore des droits exorbitants du père : c'était une maxime presque générale, dans les pays de droit écrit, que la piété paternelle était présumée pourvoir suffi-

1. Cod. *De patria potest.*, liv. III.
2. Cout. d'Alais, de Montpellier, art. 56.—Laferrière, t. v, p. 222.

samment aux besoins des enfants, et que les filles qui
avaient été dotées ne pouvaient pas réclamer contre
leur exclusion de la succession. Cette disposition était
inscrite dans la Coutume de Bordeaux [1].

Au sujet de la dot, il y avait une singulière restriction à l'étendue du pouvoir paternel. Le père était
obligé de doter sa fille, à moins qu'il n'eût de justes
raisons pour ne pas consentir au mariage de celle-ci,
comme si elle voulait se mésallier [2]. Mais le père qui
laissait sa fille venir à vingt-cinq ans sans la marier
était présumé avoir mis obstacle à son établissement:
de telle sorte que si elle s'adonnait à la débauche après
cet âge, il ne pouvait plus la déshériter, et qu'il devait
la doter même si elle se mariait sans son consentement
et après lui avoir adressé des sommations respec-
tueuses [3].

Ainsi le père, qui pouvait disposer librement de ses
biens par testament, et cela sans restriction, dans certains pays, était tenu rigoureusement à une obligation
qui ne devrait jamais être qu'un sacrifice fait spontané-
ment et de plein gré, mais non arraché par la force des
lois. Quelle singulière anomalie! Dans les pays de droit
coutumier, il n'en était pas ainsi: on regardait, dit un
historien [4], la dot « comme une dette naturelle des
père et mère »; mais on s'était bien gardé de leur imposer une obligation qui mettait en suspicion le cœur

---

1. *Revue hist.*, 1861, p. 508, *op. cit.*
2. Arrêts du parlement de Toulouse des 15 août 1587 et 13 juin 1612, et
arrêts du parlement de Bordeaux, 6 avril 1604.
3. Paul Bernard, *Hist. de l'autor. pat.*, p. 147.
4. Paul Bernard, p. 147.

de tous les pères, et leur enlevant cette liberté souveraine qui seule donne du prix au sacrifice [1].

L'émancipation, nous l'avons dit, mettait fin dans
les pays de droit écrit à la puissance paternelle. On distinguait deux sortes d'émancipation, l'une expresse,
l'autre tacite.

L'émancipation expresse devait être faite devant les
magistrats; le fils se mettait à genoux devant le tribunal
du juge; le père, le prenant par la main, le relevait et
le déclarait libre de sa puissance, de quoi le fils demandait acte, et l'émancipation était accomplie. Le parlement de Toulouse permettait néanmoins de la faire
devant notaire [2].

L'émancipation tacite résultait :

1° Du mariage de l'enfant avec le consentement de
son père ; toutefois, dans quelques provinces, cette
coutume, dérogeant au droit romain, n'était pas
admise ;

2° De la nomination de l'enfant avec le consentement
du père à certaines fonctions publiques, telles qu'un
gouvernement de province, la lieutenance générale des

1. Le même historien cite cependant un arrêt en sens contraire rapporté
par Mornac, mais qui ne fut pas la jurisprudence générale. — C'était à Poitiers, en 1584; un juge de cette ville jouissait d'une fortune de 150,000
livres et était d'une avarice extrême. Il avait systématiquement refusé tous
les partis qui s'étaient présentés pour ses filles. Une des deux s'étant mariée
en secret, il rendit plainte en rapt; la cause portée au parlement, le ministère public fit connaître l'avarice sordide de ce vieillard. Le mari fut déchargé
de l'accusation de rapt, et le père condamné à donner une dot à sa fille et
une autre à celle qui restait à marier.
2. Paul Bernard, p. 143.

armées du roi, un ministère, l'épiscopat, suivant quelques auteurs;

3° Enfin, dans quelques pays seulement, l'émancipation tacite, résultait de cette circonstance que le fils avait « tenu ménage à part, feu et lieu de son chef », pendant l'an et jour, au su et vu de son père [1].

La puissance paternelle des pays de droit écrit rappelait trop exactement la sévérité de la *patria potestas* romaine, encore pourrait-on ajouter qu'elle devenait aux mains du père une arme plus dangereuse qu'à Rome. L'arbitraire s'était glissé au sein de cette institution, grâce à la jurisprudence constamment variable des parlements. On n'avait plus, comme à Rome, la garantie d'une stricte application de la loi. De là, des contradictions étranges, des anomalies nombreuses dans l'exercice de ce pouvoir, à mesure que grandissait l'influence des usages locaux qui parvenaient à annihiler, dans certains cas, le droit écrit par la voie des arrêts judiciaires. Si l'on considère ensuite que l'abus des lettres de cachet devenait avec le temps de plus en plus fréquent, on peut se faire une idée de ce qu'était le gouvernement domestique dans les pays de droit écrit et de la mesure de l'autorité qu'y exerçaient les pères sur leurs enfants.

1. *Hist. cout.* de Loisel, liv. 1, *des Personnes*, règ. 38, édition Laurière.

TITRE V.

DE LA PUISSANCE PATERNELLE DEPUIS LA RÉVOLUTION DE 1789 JUSQU'A LA PROMULGATION DU CODE NAPOLÉON.

La révolution de 1789 trouva la France ainsi divisée en deux pays distincts par leur régime législatif. Mais en demandant, pour le meilleur accomplissement de l'œuvre commune, la cohésion, l'union de toutes les forces vitales et intellectuelles de la nation, elle opéra par là même, une fusion qui ne tarda pas à s'étendre au pays tout entier. De même, en proclamant l'abolition des priviléges et l'inviolabilité des droits de l'homme, elle inaugura un droit nouveau sur l'état des personnes et en affirma efficacement les principes par la promulgation successive de plusieurs lois.

Malheureusement, le but sage que dans sa pensée elle s'efforçait d'atteindre fut peut-être dépassé. Ainsi que cela arrive à toutes les époques de réaction violente, on ne détruisit pas seulement les abus détestables d'une institution bonne en elle-même, on détruisit presque jusqu'au principe de cette institution. La hache qui devait simplement ébrancher l'arbre incisa profondément l'arbre lui-même, guidée par une main que la passion agitait.

Est-ce à dire que les législateurs révolutionnaires aient fait disparaître de nos lois le pouvoir paternel? Non, l'idée en subsista, le principe en fut même posé; mais sa forme d'application fut détestable. Ainsi la loi d'organisation judiciaire des 16-24 août 1790 qui con-

tenait par ailleurs de si sages dispositions, enleva au
père le droit exclusif de correction pour le conférer à
un tribunal de famille dont les décisions ne pouvaient
être exécutées qu'en vertu de l'ordonnance du président
du district. On ne prit pas garde que dépouiller le
père du droit de correction, c'était lui enlever le droit
au respect et à l'obéissance; que la vigilance et la sollicitude des membres de la famille ne remplaceraient
jamais la perspicacité et la sagesse du cœur paternel;
qu'il ne fallait pas, enfin, espérer trouver chez ceux
qui avaient souvent, à cette époque surtout, tant de motifs de rester indifférents à la direction plus ou moins
bonne d'un enfant de leur famille, le même instinct,
la même expérience, la même sagacité, le même sentiment juste du devoir, que l'on rencontre toujours au
fond de l'âme d'un père. Enfin, chose incroyable, on ne
vit pas le danger qu'il y avait à créer un véritable procès entre le père et l'enfant, à faire du père non plus
un juge et un maître, mais une partie, un adversaire,
à compromettre dans les chances incertaines d'un litige
de ce genre tout le prestige de son autorité. Cette innovation fut du reste jugée par ses résultats, et nous verrons plus tard les législateurs du Code Napoléon la
condamner, en repousser jusqu'à l'idée même.

Après cette loi mauvaise, des lois meilleures sont heureusement, pendant quelque temps, promulguées. Citons
la loi du 28 août 1792, établissant que la puissance
paternelle cessera, dans toute la France, à l'époque de
la majorité de l'enfant. Cette majorité est fixée désormais à l'âge de vingt et un ans par les lois des 25 septembre 1792 et 1er février 1793. Toutefois, la première

de ces deux lois semblait permettre seulement à l'enfant âgé de vingt et un ans de se marier sans le consentement de ses père et mère, en maintenant à vingt-cinq ans l'époque de la majorité absolue, suivant les propositions du comité de législation. La loi du 1er février 1793, interprétative de celle de 1792, déclara que l'âge de vingt et un ans rendrait l'enfant majeur pour tous les actes civils.

Deux décrets antérieurs, celui du 15 mars 1790 et celui du 15 avril 1791, avaient aboli, le premier tous les priviléges afférents aux fiefs, et le second, sur un rapport de Merlin, les droits d'aînesse, de masculinité, de préciput, qui subsistaient encore à l'égard des biens non nobles.

L'œuvre révolutionnaire s'accomplissait. Nous sommes à la fin de l'année 1792, à l'avénement de la Convention, cette assemblée si tristement célèbre ; alors la Révolution change d'aspect, elle devient cynique dans son langage, audacieuse dans ses tentatives, tyrannique dans ses lois. Le décret du 7 mars 1793 prononce la prohibition absolue de disposer de ses biens en ligne directe. « Voilà, dit un historien, le pouvoir paternel dénoncé comme suspect. » Le 5 brumaire, on proclame le principe de la rétroactivité de la loi, en décrétant « que les successions des pères, mères et autres ascendants, et des parents collatéraux, *ouvertes depuis le 14 juillet* 1789, et qui s'ouvriront à l'avenir, seront partagées également entre les enfants, descendants ou héritiers en ligne collatérale, nonobstant toutes les lois, coutumes, usages, donations, testaments et partages déjà faits ». — « Il faut, s'était écrié un orateur, atteindre

« l'aristocratie jusque dans ses tombeaux en déclarant
« nuls tous les testaments faits en haine de la révolu-
« tion ». Et l'on était alors sous le régime de la liberté !
Tandis que ces faits révoltants s'accomplissaient dans
l'ordre de l'autorité paternelle, l'autorité maritale, le
saint prestige du mariage, subissaient de ces outrages
devant lesquels eussent reculé des législateurs mieux
pénétrés de leurs devoirs et moins dociles aux sugges-
tions de la haine et de la passion. La loi du 20 septembre 1792 admit le divorce par consentement mutuel.
Liberté illimitée dans le mariage ? rupture du moins
dissoluble des liens au gré du caprice d'un des époux !
Où trouver désormais quelque garantie pour l'éducation des enfants ! Qu'espérer d'époux si peu soucieux de
leur dignité ? Qu'attendre de lois qui favorisaient en
quelque sorte le concubinat en permettant de s'affranchir sans obstacle des liens de cette société conjugale
qui fut de tout temps la pierre fondamentale de la
famille et la garantie de l'ordre dans la société ?

La séance du 9 brumaire an II fut marquée par un
de ces nouveaux triomphes de l'immoralité s'étalant au
sein même des lois qui devraient être les gardiennes
sévères de l'honneur d'une nation. Cambacérès se leva
et demanda l'admission des enfants naturels et même
adultérins à l'hérédité, déclarant nées de l'orgueil et de
la superstition, ignominieuses et contraires à la justice,
les différences tracées entre les enfants légitimes ou
adultérins ! Ces raisons semblèrent excellentes, et le 12
brumaire on décréta que : « les droits de successibilité
des enfants naturels dans la succession de leurs père et
mère seraient les mêmes que ceux des autres enfants »

(art. 2); « qu'il y aurait successibilité réciproque entre eux et leurs parents collatéraux à défaut d'héritiers directs » (art. 9).

« Étaient exemptés de ces dispositions les enfants adultérins auxquels il serait seulement accordé, à titre d'aliments, le tiers en propriété de la portion à laquelle ils auraient eu droit s'ils étaient nés dans le mariage » (art. 13).

Et, dit M. Demolombe, « comme s'il eût fallu que rien ne manquât à de tels excès, la loi du 12 brumaire an II, par une rétroactivité monstreuse, décide que ces dispositions seront applicables, dans le passé, aux successions ouvertes depuis le 14 juillet 1789 ! » C'était l'application du principe proclamé le 5 brumaire.

Ce court aperçu de la législation sur la puissance paternelle fait naître d'assez tristes pensées pour qu'il soit inutile d'y insister. Nous n'avons voulu, d'ailleurs, qu'indiquer les caractères que revêtit le pouvoir dont nous faisons l'étude durant cette phase terrible et sanglante de notre histoire. Si l'œuvre de la révolution fut d'abattre des institutions alors dégénérées en abus de tous genres, elle eut aussi ce résultat non moins efficace de donner au monde une grande leçon. Elle fit comprendre jusqu'à quel point l'esprit d'un peuple peut s'égarer dans la voie de la haine et de l'aberration, lorsqu'il se laisse aller à la violence de ses plus vils instincts. En détruisant l'autorité du père par irritation contre l'ancienne aristocratie où ce pouvoir était fortement constitué, en permettant le divorce par une application exagérée du principe de liberté, en établissant ces lois odieuses qui élevaient le vice à la hauteur du bien, la révolution se porta un grand coup à elle-même. Toutes ces doctrines antisociales furent autant de germes vénéneux qui la rongèrent cruellement et finirent par la dévorer. Alors l'anarchie fut grande pendant un instant ; le chaos fut immense ; mais à cette effroyable nuit succéda enfin la lumière. Cette lumière fut la transaction entre les abus du régime ancien et les excès du régime présent, l'inauguration d'une ère de liberté sage, d'une ère d'honneur et de respect. Ce fut le Code Napoléon.

CHAPITRE V.

Les peuples de l'antiquité, les Romains après eux, avaient fait, nous l'avons vu, de la puissance paternelle, un despotisme barbare. Les Gaulois, les Germains, les Francs considéraient ce pouvoir comme une sorte de tutelle, et en avaient amoindri les proportions légitimes. Bientôt la France se divise en deux pays de droit bien distinct : tandis que les provinces restées soumises à la loi romaine perpétuent jusqu'à la révolution de 1789 les traditions rigoureuses de la *patria potestas*, les autres, régies par des coutumes d'origine germanique, maintiennent jusqu'à cette époque aussi, dans sa faiblesse native, le principe d'autorité paternelle posé par les peuples du nord. Enfin, le flot révolutionnaire vient submerger toutes ces vieilles institutions. Il laisse, disons-le, au sein de nos lois, des traces déplorables de son passage; mais il prépare en même temps, il égalise le terrain sur lequel les rédacteurs du Code Napoléon vont édifier désormais leur immortel monument législatif.

Lorsque ceux-ci furent amenés à tracer les règles de la puissance paternelle, ils se virent donc en face des doctrines les plus diverses et les plus opposées. « Aussi, « nous dit M. Réal, ne pouvant, sur cette importante « question, trouver aucun secours dans la loi romaine, « ne trouvant dans les Coutumes que des vues impar-

« faites, marchant entre l'exagération et la faiblesse,
« le législateur dut consulter la nature et la rai-
« son. »

La nature commandait de faire de l'autorité paternelle un pouvoir conforme au sentiment paternel, c'est-
à-dire un pouvoir qui fût pour l'enfant une source de
sécurité, de protection et de direction sage, et pour le
père une garantie de respect et de soumission à ses
volontés.

La raison ordonnait de remettre aux gardiens naturels de l'enfant, au père et à la mère, dans une mesure
calculée d'après l'intérêt social, l'exercice de ce pouvoir
qu'ils tiennent de la volonté divine.

Les rédacteurs du Code Napoléon édifièrent leur
doctrine sur cette double base et donnèrent le principe
de la puissance paternelle dans la définition suivante :

« C'est un droit fondé sur la nature et confirmé par
« la loi, qui donne au père et à la mère pendant un
« temps limité et sous certaines conditions la surveil-
« lance de la personne, l'administration et la jouissance
« des biens de leurs enfants [1]. »

A peu de chose près, c'était, en somme, la théorie
de l'ancien droit coutumier ; mais l'application du
principe posé devait être plus efficace, plus sévère.
Quant au droit romain, qui s'était trompé d'une façon
si étrange sur les caractères de la puissance paternelle, il ne prêta aucune de ses dispositions spéciales à la réglementation de ce pouvoir dans notre
droit. Si l'autorité paternelle devint désormais

---

1. Réal, *Exposé des motifs.*

un peu plus énergique que ne l'avait été la tutélaire protection dont les pères, d'après les Coutumes, entouraient leurs enfants, elle n'eut rien toutefois qui rappelât, même de loin, l'institution déplorable de la *patria potestas* dont le souvenir lors de la rédaction du Code n'était pas assurément effacé. Il faut donc bien nous pénétrer de cette idée, que les idées romaines n'ayant pas eu accès dans notre droit moderne quant à la matière qui nous occupe, nous ne devons pas imaginer d'assimilation entre les textes français et les textes romains, ni attribuer une origine romaine à aucune des dispositions de notre Code sur le pouvoir paternel. Notre tâche sera au contraire de faire ressortir les contrastes nombreux et frappants qui existent entre ces deux législations, et de montrer encore jusqu'à quel point les Romains avaient méconnu les lois élémentaires de la nature et du droit des gens.

Au frontispice du chapitre concernant la puissance paternelle les rédacteurs du Code Napoléon ont placé ce principe divin, devenu dans l'ordre des choses humaines un principe de haute moralité sociale : « L'enfant à tout âge, doit honneur et respect à ses père et mère » (art. 371, C. N.). C'était donner, dans son sens le plus large, la notion exacte des devoirs du père et de la mère et des devoirs qui incombent aux enfants ; c'était rappeler que, si, en face de certaines nécessités rationnelles, l'autorité paternelle doit cesser de s'exercer virtuellement au jour où l'enfant devient maître de lui-même, la loi naturelle, qui a créé des rapports indissolubles de paternité et de filiation, subsiste comme loi d'amour, de déférence et de soumission au delà même du terme des obligations purement civiles des pères vis-à-vis de leurs enfants et des enfants vis-à-vis de leurs pères.

Après avoir ainsi répondu à la voix de la nature , les législateurs ont donné satisfaction à l'intérêt social en posant ce second principe qui fait avec le premier la base de la matière. « Il reste sous leur autorité jusqu'à « sa majorité ou son émancipation » (art. 372). « Le père « exerce seul cette autorité durant le mariage » (art. 373).

Quels sont maintenant les caractères, la portée juridique de ces deux principes ?

L'art. 371 renferme une maxime générale de droit naturel.

Cette maxime est-elle à proprement parler une disposition législative qui porte avec elle sa sanction ?

Au cours des travaux préparatoires du Code, M. Bigot-Préameneu déclara que « l'art. 371 contenait le principe dont les autres ne font que développer et fixer les conséquences , et que , d'ailleurs, en beaucoup d'occasions, il deviendrait un point d'appui pour les juges [1] ».

De même , M. Vésin dans son rapport au Tribunat : « Quoique cet article ne contienne pas à proprement « parler de disposition législative et que sous ce rapport « dans la discussion au conseil d'État, il ait été proposé « de le rejeter, on a observé avec raison qu'il contenait « le principe dont les autres ne font que développer les « conséquences et qu'il doit aussi devenir un point « d'appui pour les juges ».

1. Locré, *Legisl. civ.*, t. vii, p. 28.

C'est donc à tort selon nous qu'on a essayé de déduire de ce principe une sanction civile, en dehors des conséquences que la loi en a elle-même tirées. C'est à tort aussi qu'on a essayé de lui donner une portée qu'il n'a point. Ainsi, Proudhon[1], Duranton[2] et Demante[3] ont cru pouvoir induire de cet article que l'enfant ne pourrait pas intenter contre ses père et mère une *action déshonorante*. Cette doctrine trouve en premier lieu sa réfutation dans l'art. 380 du Code pénal ; aux termes de cet article, « les soustractions commises par les père et mère ou autres ascendants, au préjudice de leurs enfants, peuvent donner lieu de la part de ceux-ci à une demande en réparations civiles ». Voilà certes une action, permise par la loi, de nature à déshonorer le père et la mère. Et d'ailleurs les art. 334 et 335 du même Code ne fournissent-ils pas un argument plus décisif à l'encontre de cette opinion ? Est-ce que l'enfant, victime des odieux traitements auxquels ces articles font allusion, ne pourrait pas invoquer la protection de la justice ? M. Demolombe n'hésite pas à l'affirmer et à se déclarer l'adversaire de la doctrine émise par les auteurs nommés plus haut. Tout au plus, selon lui, pourrait-on accorder que « c'est seulement dans les cas douteux que l'art. 371 pourra faire pencher la balance contre l'enfant en faveur de l'ascendant[4] ».

---

1. T. I, p. 238.
2. T. III, p. 350.
3. *Cours analyt.*, t. II, n° 113 bis.
4. *Puissance patern.*, tome VI, n° 277. — C'était une question grave que celle de savoir si, avant la loi du 17 avril 1832, l'enfant créancier de son ascendant n'aurait pas pu exercer contre lui la contrainte par corps. Un arrêt de la cour de Bastia, du 31 août 1826, avait refusé ce droit à l'enfant

Evidemment, l'art. 371 est un précepte de pure morale, reproduisant presque textuellement l'ordre du Sinaï, et dépourvu de sanction civile. Toutefois, les législateurs ont tiré de ce principe de nombreuses conséquences légales : ainsi, dans l'ordre de droit de famille, l'enfant doit à tout âge requérir soit le consentement, soit le conseil de ses ascendants suivant les cas , pour pouvoir passer outre à la célébration de son mariage auquel les ascendants peuvent former opposition (articles 148, 149, 150, 151, 152, 153, 154, 173). Ceux-ci peuvent dans certains cas demander la nullité du mariage célébré (art. 182).

La fille mineure et le fils jusqu'à l'âge de 25 ans accomplis ne peuvent être adoptés sans le consentement de leur père et mère (art. 346); de même s'il s'agit d'une tutelle officieuse (art. 361).

La fille mineure et le fils jusqu'à l'âge de 25 ans accomplis ne peuvent entrer dans une congrégation religieuse ou dans les ordres sacrés sans le consentement des père et mère (art. 7 du décret du 18 février 1809, art. 4 du décret du 28 février 1810).

Les enfants doivent des aliments à leurs père et mère ou autres ascendants qui sont dans le besoin (art. 205-210-211).

Les ascendants ont droit à une réserve dans la succession de leurs descendants, et ont une action pour

---

au nom de l'art. 371. M. Demolombe pense, avec beaucoup d'auteurs, que l'enfant pouvait user de ce moyen ; la loi de 1832, en lui en interdisant expressément l'exercice , indiquait par là même qu'auparavant il lui était accordé.

faire réduire les libéralités qui entameraient cette réserve (art. 915).

Aux termes de l'art. 1080 l'enfant qui veut attaquer
un partage d'ascendants doit faire l'avance des frais de
l'estimation, et les supporte en définitive s'il succombe,
sans qu'on puisse compenser les dépens, contrairement
au principe général qui veut qu'entre parents les dépens soient le plus souvent compensés (art. 131 Code
de Proc.).

Enfin, dans le droit pénal, les art. 312, 323 contiennent une autre application non moins saillante de
notre principe.

Dans tous les cas, l'on peut dire surtout avec l'orateur du Tribunat, que l'art. 371 est pour les magistrats
un point d'appui, une règle d'appréciation dans les
procès qui peuvent surgir entre ascendants et descendants, au cas où ces derniers outre-passeraient les
limites de leurs droits.

L'attribut de la puissance paternelle consacré par
cet article a donc pour caractères particuliers :

1° Qu'il ne finit point par la majorité ou l'émancipation de l'enfant;

2° Qu'il appartient à la mère, même pendant le mariage;

3° Qu'il est commun aux ascendants et au père et à
la mère;

4° Qu'il n'a point de sanction civile [1].

Il établit, à proprement parler, le droit en lui-même
des père et mère. Quant à l'exercice du droit, le prin-

1. Mourlon, *Rép. écrites*, t. 1, *Puiss. pat.*

cipe en est posé par les art. 372 et 373. Ces articles envisagent la puissance paternelle à un point de vue plus spécial, plus restreint, au point de vue de la raison et de l'intérêt social, celui dont le Code devait plus particulièrement s'occuper. Remarquons que déjà le mot *puissance*, mis à la tête du chapitre, s'y trouve remplacé par le mot *autorité* qui définit plus exactement la pensée des législateurs sur le pouvoir des père et mère, et que, d'après l'art. 372, cette autorité doit cesser de s'exercer à la majorité ou à l'émancipation de l'enfant. Remarquons aussi qu'en investissant du droit d'autorité le père et la mère, les rédacteurs du Code en ont accordé au père seul, durant le mariage, l'exercice effectif, sauf de rares exceptions : c'est une haute application du principe : *agir est le fait d'un seul.*

Nous allons reprendre en détail l'examen de chacune de ces règles ; ainsi que nous l'avons fait en droit romain, nous examinerons successivement :

1º Comment naît et à qui appartient la puissance paternelle;

2º Quels sont ses attributs ;

3º Quand et comment elle prend fin.

TITRE PREMIER.

COMMENT NAÎT ET A QUI APPARTIENT LA PUISSANCE PATERNELLE.

La puissance paternelle n'a dans notre droit moderne qu'une seule source, la génération. Que la génération ait lieu dans le mariage ou hors le mariage, cela n'a pas une influence essentielle ; tout au plus le pou-

voir du père subit-il, dans ce dernier cas, quelques
modifications de détail. Établissons dès à présent le
principe. Ainsi l'adoption, la légitimation, causes de
puissance paternelle en droit romain, ne sont pas
pourvues de cet effet dans notre législation. L'adoption
ne pouvant s'appliquer qu'à une personne majeure
(art. 346) ne peut créer la puissance paternelle, qui
cesse aux termes de l'art. 372, à la majorité de l'enfant.
La légitimation, en élevant la paternité naturelle au
rang de la paternité légitime, ne crée pas non plus
une puissance paternelle qui existait antérieurement
par le fait de la génération suivi de celui de la reconnaissance.

La différence qui existe dès à présent entre notre droit
et le droit romain s'explique naturellement par la di-
versité des principes dominant cette matière. La puissance paternelle était à Rome une institution de droit
civil pur. On l'acquérait par tous les modes du droit
civil, mais on ne l'acquérait que par ceux-là. La naissance d'un enfant non issu de justes noces ne conférait
pas à ses parents la *patria potestas*. En revanche., les
justes noces, l'adoption, la légitimation amenaient à
leur suite la puissance paternelle, parce qu'elles
créaient une cause civile de paternité et de filiation.

A qui appartient la puissance paternelle?

En principe, la puissance paternelle appartient au
père et à la mère ; le droit réside en chacun d'eux ; l'enfant, dit l'art. 372, reste sous *leur autorité* jusqu'à sa
majorité ou son émancipation. Cette règle très-différente encore de celle du droit romain était celle de
l'ancien droit coutumier français et est appliquée pres-

que universellement par les législations modernes. Mais l'exercice de ce droit d'autorité ne pouvait souffrir de partage : le conflit de deux pouvoirs également efficaces eût été plus nuisible que profitable à l'enfant. Aussi la loi a-t-elle accordé exclusivement, durant le mariage, au mari seul, l'exercice de la puissance paternelle (art. 373).

Le chef de l'association conjugale devait être, à juste titre, le chef de la société domestique (art. 213).

Voici le principe ; mais d'abord il est impossible que, en fait, la femme n'obtienne pas une influence plus ou moins grande, parfois très-salutaire, sur l'emploi de la puissance paternelle [1], et en second lieu quelques textes spéciaux, faisant exception à la règle posée, semblent l'associer concurremment avec le père à l'exercice de la puissance paternelle. Enfin nous verrons que du moment que le père n'est plus à même d'exercer cette magistrature domestique, la mère en devient titulaire à son tour (sauf toutefois quelques restrictions que nous aurons à étudier).

Nous disons que dans quelques cas exceptionnels la mère peut être considérée comme participant à l'exercice de la puissance paternelle. Citons à titre d'exemple :

La nécessité pour l'enfant qui veut contracter un mariage de demander tout à la fois le consentement ou le conseil de ses père et mère (art. 148).

La même nécessité se présentant d'une façon plus étroite encore dans le cas d'adoption (art. 346).

Mais nous ferons remarquer avec M. Valette que ces

---

1. Valette, *Explication sommaire du livre 1 du Code Napoléon*, p. 212.

— 185 —

droits-là ne doivent pas se confondre avec la puissance paternelle proprement dite, car ils s'exercent souvent après la majorité de l'enfant ou son émancipation, et en ce qui touche le mariage, des droits semblables appartiennent, à défaut des père et mère, aux aïeuls et aïeules de l'enfant; or, ceux-ci ne sont jamais investis de la puissance paternelle dont il est question dans notre titre pas plus sur la personne que sur les biens [1].

En somme, durant le mariage, c'est surtout officieusement, par la raison, le devoir et l'amour que la mère affirme sa participation à l'exercice de l'autorité paternelle. Nous ne sommes plus aux temps du droit romain où, placée *in manu mariti*, elle était considérée *loco sororis* à l'égard de ses enfants et *loco filiæ* à l'égard de son mari. Émancipée et ennoblie par le christianisme, sa condition dans la société moderne, sa situation au sein de la famille, lui assurait une part d'action considérable dans les actes du gouvernement domestique; et c'est après avoir d'abord posé le principe de son droit incontestable d'autorité que la loi y a apporté une restriction, laquelle cesse du reste lorsque le père, par des causes que nous aurons à énumérer plus tard, ne peut plus veiller aux destinées de la famille.

Bien des questions se présentent à l'esprit, à la suite de cet exposé de principes.

Le père pourrait-il renoncer, même dans une mesure restreinte, à la puissance paternelle? Un traité, dans lequel cette renonciation serait stipulée serait-il valable? Par exemple, la clause par laquelle le mar

1. Valette, *op. cit.*, p. 213.

remettrait à la mère tout ou partie de la puissance paternelle, insérée dans le contrat de mariage, aurait-elle un effet ?

Point de doute sur cette question ; une pareille clause serait frappée de nullité. L'art. 1388 du Code Napoléon est formel. « Les époux ne peuvent déroger ni aux droits résultant de la puissance maritale sur la personne de la femme et des enfants, ou qui appartiennent au mari comme chef, ni aux droits confiés au survivant des époux par le titre de la puissance paternelle, de la minorité …», etc.

Cependant MM. Rodière et Pont pensent, qu'au cas exceptionnel où les futurs époux ne professant pas les mêmes croyances, stipuleraient que les garçons, par exemple, seraient élevés dans la religion de leur père, les filles dans la religion de leur mère, cette stipulation pourrait obliger le mari. « Notre esprit, ajoutent-ils, se refuse à admettre, par exemple, que le mari qui abjurerait la religion qu'il professait lors du mariage, eût le pouvoir d'élever ses enfants dans la religion nouvelle qu'il aurait embrassée sans que la mère pût y mettre obstacle et rendre les tribunaux juges de la légitimité de sa résistance [1]. »

M. Demolombe enseigne avec raison que cette opinion n'est pas juridique : quelle que soit sa valeur au point de vue philosophique et religieux, légalement elle n'est pas admissible. La puissance paternelle est d'ordre public, c'est la loi qui l'a instituée, et il n'appartient pas aux époux de la modifier par leurs conventions particulières. On n'arriverait d'ailleurs à l'exécution de

1. Rodière et Pont, *Contrat de mariage*, t. 1, n° 57.

ces conventions qu'en enlevant au père la garde et la direction de l'enfant, c'est-à-dire en le privant de la puissance paternelle : or, ce résultat prouve la nullité de la stipulation [1].

Il semble que tant que dure le mariage, l'application de l'art. 373 ne souffre aucune difficulté ; cependant que décider si le mari a été privé de la puissance paternelle par application de l'art. 335 du Code pénal, ou bien s'il est interdit soit légalement, soit judiciairement, ou bien encore s'il a été placé dans une maison d'aliénés (loi du 30 juin 1838) ? Est-ce que dans ce cas la mère n'aurait pas l'exercice de la puissance paternelle avant la dissolution du mariage ?

Proudhon résout la question négativement, il trouve un argument décisif dans le rapprochement des art. 373 et 381 [2]. Malgré l'autorité qui s'attache à son opinion, nous ne la croyons pas admissible. Notre puissance paternelle totalement étrangère à la *patria potestas* du droit romain a en revanche plusieurs points de ressemblance avec le pouvoir paternel de l'ancien droit : or, dans l'ancien droit la mère exerçait la puissance paternelle, non-seulement après la mort du père, mais aussi dans le cas où par suite de son absence ou de sa démence il ne pouvait pas l'exercer [3]. En second lieu lors de la discussion du projet, M. Vesin disait : « Le « projet n'entend pas ne pas associer la mère à cette « magistrature, elle l'exerce à son tour et prend la « place du père s'il vient à manquer ». La pensée du

1. Demolombe, n° 295 *in fine*, avec de nombreuses autorités.
2. Proudhon, t. II, p. 224.
3. Pothier, *des Personnes*, part. III, tit. VI, sect. II.

législateur ressort bien nettement de ces mots ; enfin il est plus qu'évident, selon nous, que l'art. 373 a voulu statuer sur le *plerumque fit*, et non pas poser un principe absolu qui serait d'ailleurs démenti quelquefois par la loi elle-même. Est-ce que l'art. 141 ne donne pas à la mère la surveillance des enfants quand le père a disparu ?

Et à qui donc, dans les hypothèses prévues, la puissance paternelle serait-elle alors confiée, si ce n'était à la mère ? Par qui serait-elle mieux et plus convenablement exercée [1] ?

Il ne faudrait pas toutefois exagérer la portée de notre opinion et l'étendre au cas où l'impossibilité, pour le père, d'exercer son droit n'a pas été légalement constatée : ainsi, le père n'étant ni interdit ni placé dans un établissement d'aliénés, la mère, selon nous, ne serait pas recevable à alléguer l'affaiblissement ou même l'anéantissement des facultés intellectuelles de son mari. Il serait impossible, par exemple, de lui accorder, dans ce cas, le droit de faire détenir l'enfant ; mais, en revanche, elle aurait alors exclusivement toutes les prérogatives morales du pouvoir paternel, sans restriction et sans contrôle.

---

1. *Conf.*, Demolombe, n° 296.—Valette, *op. cit.*, p. 213.—Zachariæ, Aubry et Rau, t. IV, p. 603.—Marcadé, art. 373, n° 1.—Mourlon t. I, n° 1026.

TITRE II.

DES ATTRIBUTS DE LA PUISSANCE PATERNELLE.

Au début de ce travail, nous expliquions comment l'obligation morale imposée au père d'élever ses enfants, comment l'amour qu'il ressent pour eux amenaient comme conséquence immédiate et invincible la puissance paternelle. Ce pouvoir, ainsi constitué sur cette double base, doit embrasser, au point de vue social, une certaine somme de droits plus ou moins étendus qui permettent au père de remplir sa mission devant la loi morale et devant la loi civile. Ces droits ont trouvé leur mesure dans la combinaison sage de l'intérêt de l'enfant avec l'intérêt social. L'intérêt de l'enfant exigeait que celui-ci fût élevé, protégé, surveillé, corrigé dans ses écarts ; que les biens qui pouvaient lui appartenir fussent administrés, régis, améliorés autant que possible durant le temps où il était incapable d'accomplir lui-même cette tâche. L'intérêt social exigeait que les droits donnés au père, comme sanction de son devoir, fussent réduits à des proportions justes et cessassent à l'époque où leur prolongation fût devenue un obstacle à la vie civile de l'enfant.

Il y a là trois points de vue différents qui feront l'objet d'autant d'études distinctes. Dans la première, nous examinerons les attributs de l'autorité paternelle à l'égard de la personne de l'enfant ; dans une seconde les mêmes attributs relativement à ses biens, et dans la troisième, nous étudierons, ainsi que nous l'avons déjà dit, quand et suivant quelles règles ces attributs cessent d'exister.

SECTION PREMIÈRE.

AUTORITÉ PATERNELLE SUR LA PERSONNE DE L'ENFANT.

---

§ 1. — *Droit d'éducation.*

Rousseau disait : « En vérité pour faire un homme il faut être père ou plus qu'homme soi-même [1] ». Les lois positives avaient si bien compris ce principe, que dans tous les temps elles investirent le père d'une autorité, dont le caractère spécial est de dépasser en étendue tout pouvoir qui puisse jamais en d'autres cas appartenir à l'homme sur un autre homme. Quant à définir cette autorité, quant à préciser tous ces attributs, il n'y fallait pas songer : aucune ne le fit, et le Code Napoléon n'a pas essayé non plus d'accomplir cette tâche. « Le législateur, dit M. Demolombe, ne pouvait que s'en remettre, sur ces détails de la vie domestique, aux mœurs, aux usages, aux habitudes des familles, surtout à la tendresse des parents [2]. » Il fallait seulement mettre le père à même d'accomplir le devoir d'éducation, tel était le point essentiel. Le Code, à cet égard, a tracé des règles, posé des prin-

---

1. *Émile*, p. 23.
2. Demolombe, *Puiss. pat.*, n° 301.

cipes, mais plutôt dans le but de circonscrire dans une sphère raisonnable la mise en exécution des droits déjà donnés au père par la loi naturelle, que dans l'intention de lui tracer un tableau des moyens à employer. La loi permet au père d'user, pour élever ses enfants, de tous les moyens qui ne lui sont pas interdits par elle dans des textes épars à travers ses différents codes ; et en effet, lorsqu'elle entre dans le détail du droit de correction, par exemple, c'est avant tout pour limiter l'exercice de ce droit dont l'abus eût été dangereux et pour l'intérêt de l'enfant et pour l'ordre social.

Le devoir d'éducation, cause et but de la puissance paternelle, est donc aussi le centre d'où rayonnent tous les attributs de ce pouvoir. Définir ce devoir, indiquer son étendue est chose difficile ; il embrasse tant de points divers qu'on ne saurait tracer une formule qui les résumât tous. En principe cependant, il consiste dans l'obligation de développer les facultés physiques de l'enfant, former son cœur et son intelligence, lui enseigner tous les devoirs qu'il doit observer envers Dieu, envers sa famille, envers l'humanité, envers lui-même, et favoriser sa destinée en ce monde.

Le père est coupable lorsqu'il ne remplit pas ce devoir suivant les moyens que la nature a mis à sa disposition. La loi elle-même a consacré et sanctionné l'obligation des père et mère dans l'art. 203. Mais quelle est l'étendue de cette consécration ? Jusqu'à quel point, suivant quelles règles le père est-il obligé de par la loi d'élever ses enfants ? Dans quels cas et dans quelle mesure le contrôle des tribunaux, l'autorité de la justice, peuvent-ils pénétrer au sein de la famille, s'immiscer à l'exercice du pouvoir paternel? Une question bien grave se pose ici. Supposons qu'un père fasse donner à son fils une éducation peu en rapport avec sa position, que, par exemple, placé aux régions élevées de la hiérarchie sociale, il mette son enfant en apprentissage et en fasse un artisan, au lieu de le mettre à même d'acquérir une situation élevée. Les tribunaux pourront-ils, sur les réclamations de la mère, obliger le père à diriger dans un autre sens l'éducation de son fils? La question est délicate et vivement combattue. M. Demolombe pose ainsi l'espèce : Un père qui a 100,000 livres de rente nourrit et entretient physiquement son enfant, puis il le place en apprentissage : voilà comment il l'*élève*. Y a-t-il un moyen de porter remède à un tel abus? Et ce jurisconsulte pense que la mère aura le droit de saisir les tribunaux, ceux-ci d'intervenir et de forcer le père à changer le mode d'éducation qu'il prétend faire donner à l'enfant.

Plaçons-nous d'abord en dehors de l'hypothèse prévue par l'art. 385, c'est-à-dire du cas où le père a effectivement la jouissance légale.

Au premier abord et d'après les apparences, il semble étrange que le père puisse impunément méconnaître son devoir d'une façon aussi grave. Il semble encore non moins étrange que la mère, qui a droit à la puissance paternelle en principe, ne puisse exercer dans cette circonstance extraordinaire son droit d'autorité. Mais M. Demolombe nous semble avoir confondu ici le point de vue moral et le point de vue légal ; et les arguments sur lesquels il appuie sa doctrine sont trop peu concluants pour nous toucher.

Il faut absolument tout d'abord dégager la loi de la morale. Sous ce dernier rapport, il est hors de doute que devant Dieu et sa conscience le père qui ne fait pas donner à son enfant une éducation en rapport avec son état et sa fortune est extrêmement coupable. Nous l'avons dit nous-même, il doit (cela fait partie essentielle du devoir d'éducation d'après la loi morale) favoriser la destinée de l'enfant.

Mais suivant quelles règles et dans quelle mesure la loi a-t-elle imposé, au père qui n'a pas la jouissance légale des biens de son enfant, le devoir d'éducation ? Là est la question : l'art. 203 que nous oppose l'opinion adverse décide que « les époux doivent nourrir, entre- « tenir et élever leurs enfants ». C'est tout. Puis l'art. 373 accorde au *père seul* durant le mariage l'exercice de la puissance paternelle dont le droit *d'élever l'enfant suivant sa volonté* est assurément un des attributs. Il faudrait donc, pour admettre l'opinion contraire, que nous trouvassions dans le mot ÉLEVER de l'art. 203 les éléments suffisants pour amener une dérogation au principe formel et d'ordre public posé par l'art. 373. Or, ces éléments, nous ne les trouvons pas ; en disant : le père élèvera ses enfants, la loi n'a pas ajouté : « d'une « façon qui soit en rapport avec sa fortune et son état ». C'est assurément le devoir du père : la loi l'a-t-elle compris ainsi ? Nous n'en savons rien. Elle n'est pas assez explicite dans tous les cas pour nous laisser croire qu'elle permet aux tribunaux d'intervenir virtuellement, sans texte exprès, dans l'exercice de la

puissance paternelle. C'est une lacune de la loi que
nous déplorons sincèrement. Mais la gravité des conséquences de la doctrine adverse nous oblige à nous
en tenir aux termes exprès du Code et non pas à y
suppléer.

Nous tirons d'ailleurs de l'art. 1556 un argument d'a-
nalogie très-puissant, selon nous : aux termes de cet
article, la femme ne peut pas sans l'autorisation du mari donner ses biens dotaux pour l'établissement de ses
enfants. L'autorisation de justice ne peut ici venir détruire la volonté du mari. La loi suppose que s'il a de
bonnes raisons de s'opposer à l'établissement de ses enfants suivant les vues de sa femme, la justice ne saurait
en avoir de meilleures pour le forcer à y consentir. C'est
consacrer à un haut degré, ce nous semble, le respect
de la volonté, de l'autorité paternelle ; c'est démontrer
clairement que, au point de vue purement légal, par
des considérations d'ordre public, le père est maître de
la destinée de ses enfants.

Les adversaires nous objectent que d'après l'art. 203
les époux doivent pourvoir ensemble à l'éducation des
enfants et qu'il doit y avoir un moyen pour la mère de
rendre possible l'exécution de cette obligation suivant
ses volontés : mais ce moyen n'existe pas suivant nous,
à défaut de textes précis, en face du principe absolu de
l'art. 373. M. Demolombe d'ailleurs se met ici en contradiction avec lui-même, car en posant les principes
du devoir d'éducation il écrit ceci : « C'est *à celui* d'entre
« eux (le père et la mère) *qui a le gouvernement de la fa-*
« *mille et qui exerce la puissance paternelle, qu'il appartient*
« *de décider du genre d'éducation et d'instruction que l'en-*

« *fant recevra, des maîtres qui lui seront donnés, de la pro-*
« *fession pour laquelle il sera préparé, etc.* » (n° 301, *Puiss.*
pat.).

On nous dit encore que la loi s'est occupée des
frais d'éducation sous tous les régimes matrimoniaux ;
qu'elle en a fait une charge de la communauté…, etc…
Qu'est-ce que cela prouve ? que le père doit élever ses
enfants ; mais cela ne prouve pas qu'il n'est pas maître
de les élever comme il le veut. Le père croit, en mettant
son fils en apprentissage, le faire élever convenablement : c'est une éducation d'un genre quelconque qui
n'a rien de contraire à l'ordre public ni aux bonnes
mœurs. Le père a tort, sans doute ; il pourrait mieux
remplir son devoir ; il est aussi répréhensible qu'on le
voudra ; mais la loi n'a dit nulle part que les tribunaux
pussent le forcer à élever ses enfants suivant sa condition sociale. Dans un seul cas, celui où il a la jouissance légale, il doit donner une éducation à son fils en
rapport *avec la fortune* de celui-ci, dit l'art. 385 : c'est-à-
dire, si nous traduisons bien le sens de l'article, qu'il
doit dépenser pour l'éducation de l'enfant une somme
calculée d'après ses revenus. Si la loi a ajouté, dans ce
cas, les mots *suivant sa fortune*, c'est qu'il ne pouvait
être admis que le père spéculât sur les revenus de l'enfant, au point de ne pas dépenser pour son éducation
une somme proportionnée à la quotité de ses revenus ;
et nous ajouterons ceci : c'est que par cela même que la
loi a pris soin d'ajouter les mots *suivant sa fortune*, dans
le cas où le père a la jouissance légale des biens de son
fils, il devient probable qu'elle n'a pas voulu exiger
formellement, dans le cas contraire, que les parents

dépensent, pour l'éducation d'un enfant, une somme en rapport avec leur fortune personnelle. Au point de vue légal, l'obligation du père n'a pas la même étendue qu'au point de vue moral. Nous croyons qu'aux termes de l'art. 203, il doit élever ses enfants en ce sens qu'il doit les mettre à même d'avoir dans le monde une situation honnête, qui suffise à leurs besoins et sauvegarde leur dignité. En matière d'autorité paternelle, tout est d'ordre public, et nous ne pensons pas qu'à défaut de textes formels, les tribunaux puissent empiéter sur les droits du père, droits très-absolus de leur nature.

Qu'on ne se méprenne donc pas sur notre pensée. Nous considérons comme très-étendu le devoir d'éducation. Nous affirmons que le père méconnaît son obligation quand il restreint à des sommes minimes, alors qu'il pourrait faire plus, les dépenses d'éducation de ses enfants. Mais nous croyons aussi qu'à cet égard la loi a laissé la plus grande liberté au père, hors le cas où il bénéficie des revenus de l'enfant, et pourvu qu'il donne à l'enfant une éducation qui le mène à une position quelconque ; qu'elle a affirmé cette liberté dans le principe formel de l'art. 373 ; que c'est à tort que l'on veut permettre aux tribunaux de s'immiscer dans l'exercice de la puissance paternelle hors les cas dans lesquels la loi leur a expressément donné ce droit, par exemple dans ceux prévus par l'art. 335 du Code pénal ; que, si la mère a le droit de surveiller l'éducation de son fils, son droit est purement privé, intime, moral. C'est par son influence, sa part d'action dans le gouvernement domestique qu'elle peut l'exercer. Autrement, que deviendrait l'autorité du père si la mère pouvait appeler les tribunaux à statuer sur les dissensions qui s'élèvent entre le père et elle au sujet de l'éducation du fils. Il ne faut pas laisser place à l'arbitraire sur des points aussi graves. On peut déplorer le laconisme de la loi, mais on doit avant tout la respecter scrupuleusement [1].

Il faut bien l'avouer, du reste, et nous l'avons dit en commençant, la loi ne pouvait guère tracer une règle de conduite aux parents dans l'accomplissement du devoir d'éducation. S'il y a danger à ne pas l'avoir fait, il y en eût eu davantage à le faire dans l'intérêt du respect dont doit être entouré le pouvoir paternel. De plus, il eût été fort difficile et fort délicat d'indiquer dans quelles conditions devait être faite l'éducation d'un enfant eu égard à la position sociale de ses parents. Il était plus prudent, plus simple et plus logique de laisser à ce sujet une grande liberté au père investi de l'exercice du droit d'éducation [2].

L'étendue du devoir d'éducation ainsi déterminée, au double point de vue moral et juridique, continuons l'examen des questions qui s'y rattachent.

Qui doit supporter les frais d'éducation de l'enfant?

Il faut distinguer : l'enfant a des biens personnels ou il n'en a pas. Dans ce dernier cas, pas de difficulté : ce sont les parents qui paient les frais d'éducation (art. 203). Au second cas, il faut considérer si les père et mère ont

1. *Conf.*, Marcadé, art. 385.—*Contra*, Demolombe, Mariage, n° 9.
2. Nous ne reconnaîtrions pas davantage au ministère public le droit d'agir d'office. En matière civile, il est dangereux, lors même qu'il s'agit d'ordre public, d'admettre sans textes précis son intervention, au sein de la famille surtout.

ou n'ont pas l'usufruit des biens personnels de l'enfant :
ont-ils cet usufruit, ils doivent pourvoir aux dépenses
dont nous parlons (art. 385, 2°), d'une façon qui soit
en rapport avec la fortune de l'enfant. Si, au contraire,
les père et mère n'ont pas l'usufruit des biens personnels de l'enfant, c'est une question controversée que de
savoir si les parents doivent faire *de suo* les dépenses
de nourriture, d'entretien et d'éducation, ou si ces dépenses doivent être faites avec les revenus des enfants.
Nous nous prononçons dans le premier sens.

L'art. 203 impose aux époux, sans distinction aucune,
l'obligation d'élever leurs enfants, et l'art. 389 décide
que le père est comptable quant à la propriété et aux
revenus des biens dont il n'a pas la jouissance.

Si les père et mère n'ont l'usufruit que d'une partie
des biens de l'enfant, nous dirons encore, en vertu du
même principe, qu'ils n'en devront pas moins supporter
toutes les dépenses de nourriture, d'entretien, d'éducation, à tel point qu'en cas d'insuffisance des revenus
de l'enfant qui leur appartiennent, ce sera sur leurs
revenus propres qu'il leur faudra prendre le supplément
nécessaire pour parfaire les dépenses, et non pas sur
les revenus qui appartiennent à l'enfant. L'art. 385 2°
ne distingue pas et paraît bien imposer aux parents
toutes les dépenses d'entretien et d'éducation dès qu'ils
ont l'usufruit de certains biens de l'enfant. Telle était
la décision donnée autrefois par Pothier et telle est
l'opinion de la majorité des jurisconsultes modernes [1].

1. Pothier, Cout. d'Orléans, introduction au titre des fiefs, n° 347.—Bugnet,
en note, p. 136.—Proudhon, n° 181.—Dalloz, 124, au mot *Puiss. pat.*—Demolombe, n° 540.—*Contra*, Mourlon, n° 1061.

Après avoir déterminé la portée de l'art. 203, combiné avec l'art. 385, il reste à montrer comment s'effectue entre les époux le compte des dépenses occasionnées par l'éducation de l'enfant. Si, en principe, la dette est commune aux deux époux, s'ils sont débiteurs conjoints, dans la pratique il faut voir sous quel régime ils sont mariés pour décider par qui la dette doit être acquittée. Notons d'abord que c'est une dette mobilière et charge de fruits, car il n'est pas dans sa nature d'être payée sur le capital. Les époux sont-ils mariés sous le régime de la communauté, la dette incombe au mari comme chef (art. 1409); il en est de même sous le régime sans communauté et sous le régime dotal (art. 1530, 1540, 1549), car il est usufruitier des biens de sa femme. Au cas de séparation judiciaire ou contractuelle, la dette grève conjointement le mari et la femme, eu égard au revenu que touche chacun d'eux (art. 1448, 1537). Mais la différence entre ces deux séparations est qu'au premier cas la contribution des époux est proportionnelle à leurs revenus respectifs, tandis que, dans le second cas, elle peut être réglée différemment par la convention, et qu'à défaut de convention la dette est supportée par la femme seulement jusqu'à concurrence du tiers de ses revenus et par le mari pour le reste.

L'obligation imposée par l'art. 203 n'est pas uniquement subordonnée à l'exercice de la puissance paternelle. Elle résulte, tant au point de vue légal qu'au point de vue philosophique, de la qualité de père et de mère. Ainsi quoique la puissance paternelle soit exercée par le mari seul, non-seulement la mère doit contribuer à l'éducation de l'enfant, mais encore le mari empêché ou déchu devra aussi y contribuer , quand la puissance paternelle sera exercée par sa femme. Enfin les deux époux ou le survivant devront faire les frais d'éducation quand même la puissance paternelle leur serait enlevée.

Les ascendants autres que le père et la mère ne sont pas légalement obligés de contribuer, à défaut de ces derniers, aux frais d'éducation de l'enfant. L'art. 203 n'impose cette obligation qu'aux père et mère , et en parlant des enfants, la loi n'a pas voulu assurément y comprendre les petits-enfants. Les tribunaux toutefois pourraient arriver peut-être indirectement à mettre au compte des ascendants les dépenses d'entretien et d'é-ducation des petits-enfants, en comprenant ces dépenses dans la dette alimentaire prévue par les art. 205 , 207.

Le devoir d'éducation rendant nécessaire l'autorité paternelle, la loi a dû fortifier et rendre efficace le principe de cette autorité en y attachant certains droits pourvus de sanction. Elle en a seulement réglementé trois, moins afin d'établir leurs conditions d'exercice que dans le but de limiter leur étendue et de prévenir les abus qui en pourraient résulter. Pour les autres, elle s'en est rapportée à l'empire des mœurs, des habi-tudes publiques et privées.

Le premier des droits résultant de la puissance pa-ternelle concerne la garde et la résidence de l'enfant.

§ II. — *Du droit de garde.*

L'art. 374 est ainsi conçu : « L'enfant ne peut quitter « la maison paternelle sans le consentement de son

« père, si ce n'est pour enrôlement volontaire et après
« l'âge de dix-huit ans révolus ».

Il est presqu'inutile de dire que cette obligation
imposée à l'enfant le suit dans tous les lieux où le père
croit devoir le placer, et, par exemple, dans les pensions ou maisons d'apprentissage.

« Du droit qu'ont les père et mère, disait Pothier,
« de gouverner la personne et les biens de leurs enfants
« jusqu'à ce qu'ils soient en âge de se gouverner
« eux-mêmes, il résulte que les pères et mère ont
« le droit de retenir leurs enfants auprès d'eux,
« ou de les envoyer dans tel collége ou autre endroit
« qu'ils jugent à propos de choisir pour leur édu-
« cation [1] ». Ce n'est donc pas à la lettre de notre
article qu'il faut s'en tenir ; du reste l'art. 354 du Code
pénal, que l'on peut considérer comme le corollaire de
celui-ci, est bien mieux rédigé en disant.... « Les lieux
« où ils étaient mis par ceux à l'autorité ou à la direc-
« tion desquels ils étaient soumis ou confiés ».

Une seconde observation est à faire sur l'art. 374 ; il
faut ajouter aux mots « *sans la permission de son père* »,
ceux-ci « *ou de la mère* », lorsque c'est la mère qui exerce
la puissance paternelle : car ses droits sont à cet égard
les mêmes que ceux du père.

D'après le même art. 374, l'obligation pour l'enfant
de ne pas déserter la maison paternelle souffre exception
pour le cas d'enrôlement volontaire. Cette disposition a
été modifiée par la loi du 21 mars 1832 sur le recrute-
ment, dont l'art. 32 déclare que l'enfant ne pourra contracter un engagement volontaire sans le consentement

1. Pothier, *Traité des pers.*, part. 1, tit. VI, sect. II.

de son père ou de sa mère s'il a moins de vingt ans.

La loi gardant le silence sur les moyens coactifs à employer contre l'enfant rebelle qui abandonnerait la maison paternelle, il faut en conclure qu'elle s'en est référée au droit commun sur l'exécution forcée des jugements qui autorisent l'intervention de la force publique à défaut d'efficacité de tous autres moyens. Le droit de garde doit nécessairement avoir une sanction, à s'en rapporter aux termes précis et formels de l'article 374. Le père ou la mère pourra donc réclamer le concours de la force publique pour faire ramener l'enfant dans la maison paternelle ou dans toute autre résidence où il était placé[1]. Mais la question est de savoir par quel moyen les parents peuvent mettre la force publique en mouvement. Nous pensons qu'il suffit d'obtenir un ordre du président du tribunal. Cette solution, en cas d'urgence, paraît incontestable d'après les dispositions des art. 806 et suivants du Code de procédure civile. En cas de non urgence, nous la croyons également bonne en argumentant *a fortiori* de l'art. 377 du Code Napoléon. Puisque le président du tribunal a le droit d'ordonner l'incarcération de l'enfant lorsque le père la requiert, pourquoi n'aurait-il pas celui de le faire ramener *manu militari* à la maison paternelle[2]?

Le ministère public pourrait aussi venir au secours de la puissance paternelle dans le cas des articles 269 à 271 du Code pénal, 354, 341 et suivants du même Code, 615 et suivants du Code d'instruction criminelle.

1. Arrêts, Liége, 12 avril 1842; Caen, 31 déc. 1811.

2. De Belleyme, *Ordonnances sur requête*, t. I, p. 417.—Chardon, *Des trois puissances*, t. II, no 24.—Demolombe, no 308.—P. Bernard, p. 186.

De ce principe que l'enfant suit la condition de son père et de celui que jusqu'à sa majorité il reste sous sa garde, il résulte nécessairement que l'enfant a la même nationalité que son père et ne pourrait devenir citoyen d'un autre État qu'à sa majorité. La puissance paternelle absorbe l'individualité politique de l'enfant jusqu'à ce que celui-ci puisse exercer ses droits : c'est là un grand principe d'ordre public [1].

§ III. — *Du droit de correction.*

Afin d'assurer le meilleur accomplissement du devoir d'éducation, le législateur a mis au service de la puissance paternelle un moyen énergique de répression dans le droit de correction accordé aux parents par l'art. 375.

Ce droit autorise, suivant certaines distinctions, la détention de l'enfant avec le concours de la force publique. M. Albisson avait dit au Tribunat : « Toute puissance directrice ou régulatrice suppose l'emploi d'une force coercitive quelconque ».

Le droit de correction ne s'applique pas à ces peccadilles journalières d'un enfant qu'on élève, mais à ces fautes graves de nature à menacer l'honneur d'une famille et la sûreté de la société.

Il peut appartenir à la mère comme au père ; mais, selon qu'il est exercé par l'un ou par l'autre, il n'a pas la même étendue et est soumis à des règles différentes.

Étudions-le d'abord tel qu'il existe dans les mains du père. Nous exposerons ensuite les modifications qu'il subit dès qu'il passe aux mains de la mère.

1. P. Bernard, p. 188.

Pouvoir correctionnel du père. — Le père peut exercer, suivant les cas, le droit de correction de deux manières différentes :

1° Par voie d'autorité ;

2° Par voie de réquisition.

Occupons-nous d'abord de la voie d'autorité.

Art. 376 : « Si l'enfant est âgé de moins de seize ans « commencés, le père pourra le faire détenir pendant « un temps qui ne pourra excéder un mois, et à cet « effet le président du tribunal d'arrondissement devra, « sur sa demande, délivrer l'ordre d'arrestation ».

Cette condition d'âge n'est pas la seule à laquelle soit subordonné l'exercice du droit de correction par voie d'autorité ; il en faut encore trois autres dont nous parlerons plus longuement quand nous nous occuperons de l'exercice du droit de correction par voie de réquisition: il faut que l'enfant n'ait pas de biens personnels, qu'il n'ait pas d'état, que son père ne soit pas remarié.

La loi ne s'est pas montrée bien sévère ici ; l'âge de l'enfant, l'importance des méfaits assez faibles généralement, l'ont déterminée à fixer comme maximum de peine un mois d'emprisonnement. On remarquera aussi que, dans ce cas, c'est véritablement le père seul qui prononce la détention : le magistrat n'intervient, comme le dit M. Demolombe, que pour légaliser sa volonté et lui prêter le concours de la force publique. Il peut et doit même, avant de délivrer l'ordre d'arrestation, lui adresser officieusement quelques observations relatives à sa demande ; il peut l'exhorter à l'indulgence et au pardon : mais si le père insiste, le magistrat ne doit pas se refuser à ordonner la détention.

La loi a pensé avec raison qu'un père n'abuserait pas d'un droit semblable vis-à-vis d'un enfant qui n'a pas encore accompli sa quinzième année. — Mais elle n'a pas eu suivant tous les autres cas la même confiance. Art. 377: « Depuis l'âge de 16 ans commencés jusqu'à la « majorité ou l'émancipation, le père pourra seulement « requérir la détention de son enfant pendant six mois « au plus; il s'adressera au président dudit tribunal, « qui, après en avoir conféré avec le procureur impé- « rial, délivrera l'ordre d'arrestation ou le refusera et « pourra dans le premier cas abréger le temps de la « détention requis par le père. »

Il y a ici une grande différence avec le premier mode de procéder. Le père n'est plus juge souverain, il doit exposer sa demande, faire valoir ses griefs. Le prési- dent du tribunal n'intervient plus pour légaliser, il a un droit d'examen, il juge de l'opportunité de la mesure.

Les garanties dont est entouré le droit de correction par voie de réquisition s'expliquent par la prudence avec laquelle la loi devait sanctionner les demandes d'arrestation faites par les pères contre des enfants âgés de plus de 16 ans. La durée de la détention, qui est de six mois au maximum, laisse supposer qu'à cet âge les fautes sont plus graves et que les délinquants peuvent supporter avec moins de danger le dur régime de l'empri- sonnement. Le magistrat peut du reste réduire la durée de 6 mois; mais il ne peut dans aucun cas l'augmenter.

Le père n'agira que par voie de réquisition dans les quatre hypothèses suivantes :

1° Lorsque l'enfant a plus de seize ans commencés, et, en outre, quel que soit l'âge de l'enfant;

2° Lorsque le père est remarié ;

3° Lorsque l'enfant a des biens personnels ;

4° Lorsqu'il exerce un état.

Nous connaissons l'art. 377 qui règle la première hypothèse.

Reprenons les trois dernières.

1° Si le père est remarié, il sera tenu, dit l'art. 380, pour faire détenir son enfant du premier lit, lors même que cet enfant serait âgé de moins de 16 ans, de se conformer à l'art. 377. La loi s'est défiée ici de l'impartialité du père qui, soumis à l'influence d'une seconde femme, pourrait n'avoir plus la même tendresse, la même sollicitude pour les enfants du premier lit.

Si le père remarié a perdu sa nouvelle femme, recouvre-t-il le droit de faire détenir par voie d'autorité les enfants du premier lit âgés de moins de 16 ans commencés ? Une controverse s'élève à ce sujet.

Presque tous les auteurs enseignent l'affirmative [1]. Le législateur, disent-ils, vient restreindre le droit du père parce qu'il soupçonne des abus possibles. Il craint l'influence de la nouvelle femme, trop souvent hostile aux enfants du premier lit. Lorsque cette femme est décédée, la crainte de la loi n'a plus de raison d'être ; pourquoi alors ne pas rendre au père un droit que son second mariage seul lui avait enlevé? Ce système s'appuie ainsi sur l'interprétation strictement littérale des mots de l'art. 380.

---

[1]. Toullier, t. II, no 1058.— Proudhon, t. II, p. 246.— Zachariæ, Aubry et Rau, t. IV, p. 605. — Marcadé, t. II, art. 375. — Vazeille, *du Mariage*, t. II, no 425.

M. Demolombe n'accepte pas cette doctrine et tient énergiquement pour la négative [1]. Nous nous rangeons à son avis. Il suffit, croyons-nous, que le second mariage ait eu lieu, pour que la puissance paternelle ait pu recevoir une atteinte, soit de la présence de la seconde femme, soit de celle des enfants du nouveau lit. De plus, aux termes de l'art. 380, le père qui s'est remarié a perdu le droit de faire détenir son enfant du premier lit par voie d'autorité, et aucun texte ne lui restitue ce droit après la dissolution de ce nouveau mariage. Donc il en demeure toujours déchu.

La même controverse s'élève à l'égard de la mère remariée et devenue veuve pour la seconde fois; l'affirmative et la négative sont soutenues par les mêmes auteurs. Nous adopterons pour des motifs semblables la même opinion que précédemment.

Art. 382. « Lorsque l'enfant aura des biens personnels ou exercera un état, sa détention ne pourra, même au-dessous de seize ans, avoir lieu que par voie de réquisition, en la forme prescrite par l'art. 377. »

Lorsqu'il aura des biens personnels. — Il est assez difficile d'expliquer les motifs de cette dérogation. M. Cambacérès avait dit au conseil d'État : « Si l'enfant a « pour père un dissipateur, il est hors de doute que le « père cherchera à le dépouiller, qu'il se vengera du « refus de l'enfant, et que peut-être il lui fera acheter « sa liberté. » Ces paroles, répétées par M. Réal dans l'Exposé des motifs, produisirent-elles quelque impression sur le législateur? Probablement; mais quoi qu'il

---

1. Demolombe, no 324.— Demante, t. II, no 120 *bis.*

en soit, tous les auteurs font remarquer que la crainte
exprimée par les orateurs n'était guère fondée. L'enfant
âgé de moins de 16 ans, soumis à la puissance paternelle,
n'a pas l'administration de ses biens, il est frappé de
l'incapacité la plus absolue quant au droit d'en disposer.
S'il a plus de seize ans, ce droit est bien restreint
(art. 904). Le danger n'était donc pas réel. Peut-être
pouvait-on redouter que le père n'obtînt de l'enfant
certaines renonciations, certains arrangements que
celui-ci se serait cru obligé d'observer, bien qu'ils fussent nuls aux yeux de la loi ; qu'un père exerçât ainsi
vis-à vis de son fils une sorte de chantage, motif bien
peu plausible à la vérité. Nous pensons plutôt que la
loi, par cela même que l'enfant propriétaire occupe
une situation plus élevée dans la société, n'a voulu
permettre sa détention que sous des conditions plus
rigoureuses.

Lorsqu'il exerce un état. — C'est-à-dire une industrie
qui lui soit propre et lui rapporte des bénéfices personnels, soit comme maître, ouvrier ou employé. Il était
nécessaire de donner toute garantie à une position
digne d'intérêt et d'encouragement. La détention peut
faire perdre à l'enfant son état et compromettre gravement son avenir. Le motif de la loi devient plus saisis-
sable ici que dans le cas précédent.

Contrairement à l'opinion de quelques auteurs, nous
pensons que dans les trois cas que nous venons d'étudier, c'est-à-dire lorsque le père est remarié, lorsque
l'enfant a des biens personnels ou exerce un état, le
maximum de la détention par voie de réquisition n'est

que d'un mois et non pas de six mois, lorsque l'enfant a moins de seize ans commencés.

Les adversaires de cette doctrine soutiennent que les art. 380, 381 et 382 d'après lesquels l'enfant, même âgé de moins de seize ans, ne peut être détenu que par voie de réquisition, dans les hypothèses ci-dessus indiquées, se réfère entièrement à l'art. 377, qui organise ce mode de correction. Que, si pour l'enfant âgé de moins de seize ans, le maximum de durée de la détention n'est que d'un mois, c'est parce que le père seul prononce la peine sans qu'aucun pouvoir modérateur puisse la restreindre. Lorsqu'au contraire c'est le magistrat qui juge et ordonne, il n'y a plus la même raison de réduire à un mois ce maximum de peine. La garantie d'une bonne et impartiale justice se trouve dans le pouvoir omnipotent du président du tribunal.

La pensée de la loi est-elle dans cette théorie et notamment dans le second argument sur lequel elle est basée ? M. Dalloz le croit [1]. Mais MM. Marcadé, Zachariæ et Demolombe font remarquer, avec raison selon nous, que la distinction essentielle posée par les art. 376 et 377 n'est pas effacée par les art. 380, 381 et 382, lesquels n'apportent à la règle tracée aucune dérogation ni par leurs textes, ni par leurs motifs ; loin de se référer entièrement à l'art. 377 ces articles ne lui empruntent que la forme, le mode de procéder. D'ailleurs le motif des trois exceptions qu'ils consacrent n'est pas d'aggraver la position de l'enfant ; c'est dans son intérêt que ces exceptions ont été introduites. Pourquoi

---

1. Dalloz, *Rep. puiss. pat.*, n° 35.

se montrer plus sévère que le législateur ? Ajoutons que la différence du maximum de la peine suivant les articles 376 et 377 n'est pas fondée, principalement du moins, sur ce que la détention est ordonnée dans le premier cas par voie d'autorité, dans le second par voie de réquisition. Cette différence repose avant tout sur l'âge de l'enfant dont les écarts peuvent être plus ou moins graves suivant qu'il a plus ou moins de seize ans.

Le législateur a organisé, en faveur de l'enfant qui a des biens personnels ou qui exerce un état, un moyen de recours contre la détention même prononcée. « L'enfant détenu », dit l'art. 382-2° du Code Napoléon, « pourra adresser un mémoire au procureur général « près la cour impériale. Celui-ci se fera rendre compte « par le procureur impérial près le tribunal de pre« mière instance et fera son rapport au premier prési« dent de la cour qui, après en avoir donné avis au « père, et avoir recueilli tous les renseignements, « pourra révoquer ou modifier l'ordre délivré par le « président du tribunal de première instance. » On s'est demandé s'il fallait appliquer cette sorte de recours à tous les cas de détention par voie de réquisition, ou au contraire la restreindre aux cas de l'art. 382.

Un grand nombre d'auteurs veulent étendre cette voie d'appel à tous les cas où la détention a lieu par voie de réquisition [1].

MM. Duranton et Marcadé la restreignent aux hypo-

1. Toullier, t. 1, n° 1056. — Zachariæ, Aubry et Rau, t. IV, p. 606, 607. — Proudhon, t. 1, p. 251. — Demolombe, n° 331. — Bernard, p. 191.

thèses de l'art. 382. Ils argumentent dans cette opinion des travaux préparatoires et de la place qu'occupe dans le corps même de l'art. 382 le paragraphe qui donne lieu à la controverse.

Nous ne croyons pas d'abord ce dernier argument concluant, l'article 382 *in fine* dit : « L'enfant détenu pourra.. », etc. Ces termes généraux s'appliquent à tout enfant détenu par voie de réquisition ; rien du moins n'autorise à croire le contraire. Il y aurait d'ailleurs un égal intérêt à donner le droit de recours à l'enfant dont le père remarié subit l'influence hostile d'une marâtre, qu'à celui qui a des biens personnels.

Quant aux travaux préparatoires, nous pensons, avec MM. Proudhon, Toullier et Demolombe, qu'ils peuvent être invoqués avec un égal succès en faveur des deux opinions. Si M. Réal a dit : « qu'il était de toute justice, « lorsque l'enfant a des biens personnels, qu'il fût au- « torisé à se pourvoir devant le président et le com- « missaire du tribunal d'appel », M. Vésin a déclaré aussi que ce droit avait été admis afin de prévenir et « paralyser toutes les surprises, toutes les intrigues « des localités, et d'empêcher que le droit de correction « pût *jamais* devenir un moyen de despotisme [1] ».

D'ailleurs, il y a doute sur la question. Or, le droit d'appel étant de droit commun, essentiellement lié au droit de liberté individuelle, dans le doute doit être admis.

Quant au père, il n'a aucun recours contre la décision du magistrat de première instance. L'action de la puissance paternelle est épuisée dès qu'il a prononcé. Mais si une difficulté d'interprétation de la loi s'élevait, il faudrait porter le litige devant le tribunal afin qu'il pût arriver jusqu'au prétoire de la cour de cassation. Dans ce cas, on nommerait à l'enfant un tuteur *ad hoc* qui le défendrait contre son père.

Après avoir exposé les différences qui séparent les deux modes d'exercices du pouvoir correctionnel du père, nous devons indiquer les règles qui leur sont communes. Ces règles se trouvent indiquées dans les art. 378 et 372. « Il n'y aura, dit l'art. 378, dans l'un « et l'autre cas, aucune écriture ni formalité judiciaire, « si ce n'est l'ordre même d'arrestation, dans lequel « les motifs ne seront pas énoncés. Le père sera tenu « seulement de souscrire une soumission de payer tous « les frais et de fournir les aliments convenables. »

La première partie de cet article interdit toutes formalités, toutes écritures qui pourraient perpétuer une faute de jeunesse : donner, en effet, de la publicité à des erreurs, à des faiblesses de ce genre, en éterniser le souvenir, c'eût été directement marcher contre le but que l'on se proposait ; c'eût été nourrir, féconder un germe de haine dans le cœur de l'enfant ; c'eût été détruire par avance l'effet salutaire du droit de correction. L'intention de la loi est donc louable et marquée au coin de la sagesse. Mais en fait est-elle réalisée ? Les praticiens ont dit : Mais lorsque l'huissier est chargé d'exécuter l'ordre du président, ne doit-il pas dresser un procès-verbal d'arrestation ? Et le geôlier ne doit-il pas dresser un acte d'écrou et transcrire sur son registre l'ordre du président (Inst. crim. 608, 609, Proc. civ. 789, 790) ? Ce sont là des écritures, des formalités qui restent ineffaçables pendant un temps prolongé au moins ; il y a donc là une difficulté que la loi n'avait pas prévue et qui vient restreindre la portée de son texte. Suivant nous, quand l'art. 378 dit qu'il n'y aura aucune écriture ni formalité judiciaire, si ce n'est l'ordre d'arrestation, il n'entend parler que de la procédure antérieure à l'ordre, mais non des actes indispensables pour régulariser la détention. Le vœu des législateurs, excellent en principe, doit faire dans la pratique cette petite concession à la nécessité où se trouvent les agents de la force publique d'entourer leurs actes des formes légales, et cela dans un but d'ordre et de sécurité [1].

M. Demolombe voudrait toutefois voir dans les termes formels de l'art. 378 un cas d'exception aux règles posées par les art. 608 et 609 du Code d'instruction criminelle et les art. 789, 790 du Code de procédure ; la pensée de la loi se trouve détruite, selon lui, par l'application de ces articles, son texte même violé. Sans doute ; mais, d'un côté, la loi n'avait pas très-probablement prévu la difficulté ; d'un autre, l'exception ne se justifie par aucun texte, et en outre il faut toujours en revenir d'une façon ou d'une autre à la rédaction d'un procès-verbal d'arrestation qui décharge l'agent de sa responsabilité et à l'inscription du détenu sur un registre destiné à constater légalement sa présence. Or, M. Demolombe propose de supprimer dans notre cas le procès-verbal d'arrestation : cela n'est véritablement guère possible. Il demande, de plus, qu'on dresse un registre à part pour les détenus par voie de correction paternelle ; certes, le nom de l'enfant ne sera plus,

1. Valette sur Proudhon, t. II, p. 251, note a.—Dalloz, Rép., n° 40.

14

dans ce cas, accolé à celui des criminels; mais n'y aurait-il pas, par le fait, une écriture qui constaterait l'exécution de sa peine et en perpétuerait le souvenir ? C'est donc, à peu de chose près, arriver au même résultat sans autre bénéfice qu'une transgression très-probable de la loi [1].

Disons, du reste, que suivant la pensée du Code, l'enfant ne doit pas subir sa peine dans les maisons de correction ordinaire, mais bien dans des établissements spéciaux affectés à la correction paternelle [2]. Malheureusement il n'y en a pas partout, et force est bien quelquefois de l'enfermer dans la maison de correction proprement dite. Quoi qu'il en soit, la détention de l'enfant ne revêt pas le caractère d'un emprisonnement ordinaire. Le vœu de la loi n'est pas que l'enfant soit traité comme un prisonnier : il ne subit qu'une mesure de discipline paternelle, et non une peine prononcée par la justice correctionnelle.

Une autre difficulté s'élève relativement à l'interprétation de l'art. 378 2°. Le père est-il obligé de verser d'avance une somme pour les aliments, ou doit-il seulement souscrire d'avance une soumission à les payer ?

Nous lisons dans Fenet, t. x, p. 479, que le projet primitif de l'article était ainsi conçu : « Art. 2. — Après « avoir fait souscrire par le père une soumission de « payer tous les frais et de fournir les aliments conve- « nables ».

---

1. Demolombe, n° 335.—Marcadé, art. 378, n° 4.

2. « Que les enfants, disait Lebrun, ne soient pas envoyés dans les maisons de correction, ce serait les envoyer au crime. » (Fenet, t. x, p. 509.)

La rédaction nouvelle, infiniment moins claire, ne dénote pas toutefois la pensée d'une modification de la rédaction première. Quoi qu'en aient pensé quelques auteurs, Marcadé notamment [1], il est probable que les mots... « et de fournir » se rapportent au mot.. ; *soumission*, et non pas au mot... *est tenu de...* Rien n'autorise à croire que le législateur ait voulu que la soumission souscrite par le père ne s'appliquât aux frais, tandis qu'au contraire les aliments devraient être payés d'avance. La soumission comprend les uns et les autres. Il ne faut pas entourer d'entraves inutiles l'exercice du pouvoir paternel, ni compromettre les plus graves intérêts sociaux pour des motifs dérisoires.

L'art. 379 1° accorde au père un droit de grâce, qui devait être le corollaire de son droit de punir. « Le père est toujours maître d'abréger la durée de la détention par lui ordonnée ou requise. » Il faut même dire que le père peut empêcher l'arrestation elle-même, et se contenter du moyen d'intimidation produit par la menace. Le droit de pardonner tient de trop près au cœur paternel, pour que les législateurs eussent pu le méconnaître et le lui refuser. Il était même prudent, à tous les points de vue, de le consacrer dans un texte spécial : car il ne fallait pas qu'un père, dominé un instant par une aveugle colère, excité peut-être par des influences étrangères, ne fût pas à même de revenir sur une erreur, sur un excès de sévérité. D'ailleurs, permettre au père de pardonner, c'est obliger l'enfant à la reconnaissance, et la reconnaissance enseigne mieux

---

1. Sur l'art. 378, IV 3°.

que le châtiment la nécessité et l'étendue du devoir.

Mais si l'enfant, insoucieux du bienfait, retombe dans de nouveaux écarts, l'autorité paternelle ne doit pas être paralysée : l'art. 379 2° lui accorde le droit d'ordonner ou de requérir vis-à-vis de l'enfant une nouvelle détention. Il s'est encore élevé une controverse (car cette matière en est hérissée) sur l'interprétation de ce deuxième alinéa de l'art. 379. Le droit de faire détenir de nouveau l'enfant n'est-il accordé qu'au père, qui a abrégé la durée de la première détention, ou bien est-il attribué dans toutes circonstances? Quelques auteurs ont soutenu la première opinion ; mais ces théories, qui tendent à restreindre et à amoindrir sans cesse l'exercice de l'autorité paternelle, ne sauront jamais nous toucher, lorsqu'elles ne s'appuieront pas sur des textes positifs. Il y a au-dessus de la loi, et à son défaut, c'est le principe qui doit nous guider, il y a, disons-nous, pour le père des droits primordiaux supérieurs à toute chose humaine, droits que Dieu lui a départis comme moyen et secours en vue du meilleur accomplissement de ses devoirs paternels. Or, élever un enfant, sans avoir le droit de le punir à chaque faute grave, serait une tâche pénible, impossible quelquefois. Il faut qu'un père ait le droit de lutter contre une nature rebelle, de la dompter et de la soumettre autant que faire se peut. Ce droit, la loi l'a consacré, reconnu. Elle en a sagement limité l'étendue ; mais il faut s'en tenir énergiquement à une interprétation de ses textes conforme à la loi naturelle. C'est, dans cette matière, le moyen le plus sûr d'arriver à la solution exacte des difficultés qui se présentent.

Pouvoir correctionnel de la mère.—Lorsque la mère est appelée à exercer la puissance paternelle, elle acquiert parmi les droits attachés à ce pouvoir tous ceux que la loi ne lui a pas expressément refusés. L'art. 381 nous enseigne dans quelle mesure le droit de correction lui est attribué. « La mère survivante et non remariée ne « pourra faire détenir un enfant qu'avec le concours « des deux plus proches parents paternels, et par voie « de réquisition, conformément à l'art. 377. »

Remarquons d'abord que ce que la loi dit de la mère survivante doit s'appliquer à la mère qui, durant le mariage, exerce effectivement l'autorité paternelle, parce que le père se trouve dans l'impossibilité juridiquement reconnue de l'exercer lui-même [1].

Mais il nous reste à faire plusieurs observations importantes sur cet art. 381.

Le législateur n'a accordé directement le droit de correction à la mère, qu'autant qu'elle ne se serait pas remariée : il a redouté avec raison que, soumise à l'influence d'un nouvel époux, sa tendresse pour ses enfants, son impartialité ne s'altérassent. Ainsi, tandis que le père remarié ne perd pas le droit de correction, la mère qui a convolé à de secondes noces le perd tout à fait. La raison de cette différence réside dans la situation même où se trouve la femme qui a contracté un second mariage, comparée à celle où se trouve un homme dans le même cas ; l'indépendance de l'homme est bien plus grande alors que l'indépendance de la femme. Celle-ci peut

1. Chardon, *Puiss. patern.*, nos 70, 71.

subir une influence jalouse et hostile à l'enfant ; la loi lui retire le droit de le faire détenir [1].

Quant à la question de savoir si, redevenue veuve, elle recouvre le droit de correction, nous l'avons examinée en étudiant l'art. 380.

Dans quelles conditions la mère non remariée peut-elle exercer le droit de correction ? Elle ne le peut, nous dit l'art. 381, que par voie de réquisition et avec le concours des deux plus proches parents paternels. « Le législateur », lisons-nous dans l'Exposé des motifs, « a dû prévoir que la mère trop faible ou trop légè-
« rement alarmée pourrait peut-être trop facilement
« recourir à ces moyens extrêmes. D'un autre côté, il a
« dû penser qu'une veuve sans défense, dont toutes les
« actions sont exposées à la critique ou à la malignité,
« devait se ménager dans le concours des deux plus
« proches parents paternels des témoins impartiaux qui
« pussent toujours attester la nécessité de cette mesure
« de rigueur et qui fussent les garants de sa bonne
« administration ».

Le concours des deux plus proches parents paternels ne doit pas se manifester seulement par un simple avis émané d'eux, il faut leur consentement même. Leur refus simultané de consentement ou le refus de l'un d'eux devrait faire rejeter la demande de la mère. M. de Belleyme a très-bien rendu l'esprit de la loi en disant :

---

1. Toutefois, si, durant un second mariage, elle a été maintenue tutrice de ses enfants mineurs, elle pourrait, en vertu de l'art. 468, exercer son droit de correction, en se conformant aux formalités prescrites.

« La réquisition doit être collective [1] ». — « Toutefois,
« dit M. Demolombe, cette condition doit être appli-
« quée avec intelligence et de manière à ne pas en
« rendre l'accomplissement trop difficile, quelquefois
« même impossible. Si donc les deux plus proches
« parents paternels demeuraient à une distance telle
« qu'il ne fût pas raisonnablement possible d'obliger
« la mère à obtenir leur concours, je pense qu'ils
« pourraient être remplacés par des parents d'un
« degré plus éloigné, mais habitant les mêmes lieux
« que la mère. On pourrait, par analogie, s'appuyer sur
« l'art. 407. »

Mais qu'arrivera-t-il s'il n'existe point de parents
paternels ?

Trois systèmes différents divisent à cet égard les
jurisconsultes.

Le premier consiste à enlever purement et simplement à la mère le droit de faire détenir l'enfant. C'est
l'interprétation littérale du texte, trop littérale en
vérité, car elle aboutit à une conséquence désastreuse
que nous nous refusons à admettre. La loi ne voulait
pas subordonner à une condition aussi aléatoire les
droits sacrés de la mère et les intérêts non moins sacrés
de l'enfant [2].

Dans une seconde opinion qui ne nous paraît pas
meilleure, on permet à la mère de faire détenir son
enfant sans le concours de personne. Nous croyons que
c'est aller contre l'esprit de la loi, qui, par des motifs

1. De Belleyme, *Ordonnances sur référé*, t. I, p. 14, note 2. — *Conf.*, Zachariæ, Aubry et Rau, t. IV, p. 605.
2. Proudhon, t. II, p. 247.—Allemand, *du Mariage*, t. II, n° 1091.

pleins de sagesse, a entouré le pouvoir de la mère de certaines garanties [1].

Enfin le troisième système, celui qui rallie, du reste, le plus d'autorités, veut que l'on remplace dans l'espèce les deux parents paternels par deux alliés ou amis du père. L'art. 381, en posant une règle, s'en est remis, pour l'intelligente application de cette règle dans ses détails, aux analogies du droit commun : or, il est conforme au droit commun, en cette matière, que les parents soient remplacés par les alliés, et les alliés par les amis (art. 407, 409) [2].

Nous croyons aussi, contrairement à l'opinion de certains jurisconsultes, que la mère a, comme le père, le droit de grâce. C'est à tort, nous semble-t-il, que M. Proudhon cherche à justifier le silence de la loi à cet égard, en représentant cet attribut comme dangereux aux mains de la mère [3]. S'il peut arriver qu'elle ait de ces pardons irréfléchis, immédiats peut-être, qui ne feront qu'enhardir de plus en plus l'enfant en lui révélant la faiblesse de sa mère, rien n'indique que le législateur ait voulu refuser à cette mère le doux privilége de pardonner à un fils coupable : ce serait la priver de l'un des droits de la puissance paternelle qu'elle exerce dans sa plénitude, sauf les exceptions formelles de la loi [4].

Cela nous conduit, par conséquent, à rejeter l'opinion

---

1. Toullier, t. 1, p. 483.
2. Valette sur Proudhon, t. 11, p. 247.—De Belleyme, t. 1, p. 14.—Zachariæ, Aubry et Rau, t. IV, p. 605.— Demolombe, n° 353. — Dalloz, Rép., n° 45.— Demante, t. 11, n° 126.
3. Proudhon, p. 247.
4. P. Bernard, p. 193.

mixte proposée par MM. Marcadé, Taulier, Allemand et Dalloz [1]. Ces auteurs prétendent qu'il est logique de n'accorder le droit de grâce à la mère, qu'avec le concours des deux proches parents paternels, concours exigé pour la mise en détention. « Comment, disent-« ils, la mère qui a, même avec le concours exigé, un « droit plus restreint à l'égard de la détention que « celui du père, aurait-elle sans ce concours, un droit « égal au sien quant à l'élargissement? » Il y a plu-sieurs raisons excellentes, croyons-nous, à opposer à ce système. En principe, d'abord, la mère a, quant à l'exercice du pouvoir paternel, tous les droits accordés au père, à l'exception de ceux que la loi lui a expressé-ment retirés : ceci est incontestable, la puissance pater-nelle est commune au père et à la mère (art. 372). Or, la loi n'a pas voulu que la mère eût le même pouvoir correctionnel que le père, et elle a par suite modifié ce droit à l'égard de la mère (art. 381). Si donc elle eût eu l'intention d'enlever à celle-ci le droit de faire sor-tir seule l'enfant de prison, elle en eût certainement fait l'objet d'une disposition spéciale dérogeant à l'ar-ticle 379. Mais cette disposition n'existant pas, il demeure évident que l'art. 379 est applicable à la mère.

S'il était d'ailleurs très-naturel que la loi entourât de garanties le droit de punir chez la mère, ainsi que nous l'avons expliqué ci-dessus, il deviendrait singulier qu'elle eût voulu arrêter dans son cœur l'indulgence et la tendresse, en en subordonnant l'effet à des conditions

---

1. Marcadé, art. 379.— Toullier, t. I, p. 483.— Allemand, t. II, n° 1100.— Dalloz, Rép., n° 46.

quelquefois difficiles à remplir. « Je conçois très-bien ,
« dit excellemment M. Demolombe , que la loi prenne,
« contre l'excès , contre l'abus possible de la sévérité,
« des garanties qui ont pu lui paraître inutiles contre
« la clémence. »

Le droit de grâce est de l'essence de la puissance
paternelle, il en est comme le droit de correction, un
des principaux attributs, et ne peut être enlevé aux
dépositaires de cette puissance que par un ordre formel
de la loi [1].

Nous terminons ici l'étude des droits de la puissance
paternelle quant à la personne des enfants. La loi s'est
montrée très-brève sur cette importante matière. Elle
a moins voulu indiquer les conditions d'exercice de
l'autorité paternelle, que prévenir les abus qui pourraient en résulter. Elle a posé les limites extrêmes de
la sphère dans laquelle peut se mouvoir cette autorité.
C'était un acte de sagesse et de prudence. En conciliant
ainsi le principe de liberté qui caractérise au point de
vue naturel le pouvoir du père , avec le respect dû
aux intérêts sociaux , elle préservait l'ordre public de
conflits dangereux et souvent insolubles. Mais malheureusement, même ainsi circonscrit, le champ d'action
laissé au pouvoir paternel est si vaste, qu'on s'y heurte
à chaque instant contre des difficultés , des doutes, des
incertitudes ; les questions se pressent, les solutions
sont variées, les plus subtiles dialecticiens demeurent

1. Conf., Ducaurroy, Bonnier et Roustaing, t. 1, art. 379, n° 555.— Valette
sur Proudhon, t. II, p. 247, note b.—Bernard, p. 193. — Zachariæ, Aubry et
Rau, t. IV, p. 607.—Demolombe, n° 356.—Mourlon, n° 1054.

embarrassés en face de certains problèmes où l'équité et la loi se trouvent gravement engagées.

C'est ainsi que M. Demolombe se demande si l'on peut accorder aux père et mère étrangers non autorisés à établir leur domicile en France, aux termes de l'art. 13, n'y jouissant pas dès lors des droits civils, le droit d'invoquer les art. 375 et suivants, pour faire détenir leur enfant, soit par voie de réquisition, soit par voie d'autorité.

Il convient que régulièrement les lois personnelles françaises ne régissent que les Français (art. 3);

Que les art. 375 et suivants appartiennent à l'ordre des lois personnelles ;

Qu'il semble donc évident qu'ils ne puissent pas régir les rapports des père et mère étrangers envers leurs enfants.

Cependant il y va de l'intérêt et de l'honneur d'une famille ; il y va de l'intérêt d'un enfant ; il y va même de l'intérêt de la société ; de plus, le droit de correction est de l'essence du pouvoir paternel.

Il y a donc des raisons sérieuses de l'accorder aux père et mère étrangers.

M. Demolombe croit pouvoir y arriver au moyen d'un argument bien ingénieux, mais si imprévu en vérité qu'il peut intimider à juste titre les novateurs les plus osés. « Les lois de police et de sûreté, dit-il, sont ap-
« plicables à tous ceux qui habitent le territoire (art. 3),
« et nous savons que, sous cette dénomination, il faut
« comprendre, non pas seulement les lois répressives
« des crimes et des délits qualifiés, mais toutes les lois
« qui ont pour but l'ordre public du pays, le bon ordre

« des familles et de l'Etat. Or, ajoute-t-il, les art. 375
« et suivants n'ont-ils pas ce caractère ? Ne peut-il pas
« être parfois nécessaire de faire renfermer un enfant
« indisciplinable, afin de prévenir peut-être des délits
« qualifiés, afin de garantir la sûreté du père et même
« la tranquillité publique ? »

M. Demolombe le croit et est porté à penser qu'il y a
là un motif d'accorder aux père et mère étrangers
l'exercice du droit de correction. Nous hasarderons
une seule observation, c'est qu'il est bien difficile de
faire d'une disposition de droit civil pour une loi de
police ; il nous semble que les lois concernant la puissance paternelle sont totalement en dehors de cette
catégorie [1].

SECTION II.

DE LA PUISSANCE PATERNELLE A L'ÉGARD DES BIENS DE L'ENFANT.

Les droits qui dérivent de l'autorité paternelle à
l'égard des biens de l'enfant sont, dans notre législation moderne, de deux sortes : les uns se rattachent à
l'administration ; les autres, à la jouissance de ces
biens.

§ I. — De l'administration légale.

Un seul article du Code Napoléon s'occupe de l'administration légale. C'est l'article 389 ainsi conçu : « Le
père est, durant le mariage, administrateur des biens
personnels de ses enfants mineurs ».

---

1. Demolombe, n° 357.

« Il est comptable, quant à la propriété et aux revenus, des biens dont il n'a pas la jouissance ; et quant à la propriété seulement de ceux des biens dont la loi lui donne l'usufruit. »

Par une singularité difficile à expliquer, cet article se trouve, dans le Code, en tête du chapitre consacré à la tutelle. A la vérité, tous les attributs du pouvoir paternel ne pouvaient pas être exposés dans un seul et même chapitre ; mais le droit d'administration légale, corollaire des droits personnels, trouvait plus naturellement sa place au titre de la PUISSANCE PATERNELLE.

Faut-il conclure de la place qu'occupe l'art. 389 que le père, administrateur légal, doive être considéré comme un tuteur, et que, par suite, il faille appliquer à l'administration paternelle toutes les règles relatives à la tutelle ? Ainsi la loi organise certaines garanties au profit du mineur en tutelle : elle veut que les biens du tuteur soient grevés d'une hypothèque légale, art. 2121. Elle place à côté de lui un surveillant appelé subrogé-tuteur, puis un conseil de famille ; elle permet de l'exclure et de le destituer. De plus, non contente de protéger le mineur d'une manière efficace, elle a encore déterminé expressément les pouvoirs du tuteur : elle lui impose, pour certains actes, l'obligation d'avoir l'autorisation du conseil de famille ; pour d'autres, non-seulement l'autorisation du conseil, mais encore l'homologation du tribunal ; enfin certains actes lui sont absolument interdits.

Toutes ces garanties existent-elles contre le père administrateur légal ?

On l'a soutenu pendant un certain temps ; il y a,

ont dit certains auteurs, assimilation entre l'administrateur légal et le tuteur. La meilleure preuve en est la place qu'occupe l'art. 389 au titre de la tutelle. D'ailleurs la situation est de tous points la même : administrateur légal ou tuteur, le nom importe peu ; la vérité du fait, c'est que le père est chargé d'administrer les biens de son enfant mineur : or, la tutelle n'a pas d'autre mission que celle-là ; et de cette assimilation on a conclu notamment que les biens de l'administrateur légal devaient être grevés de l'hypothèque générale organisée par l'art. 2121 [1].

Ce système, malgré son ensemble, malgré sa simplicité, ne pouvait réussir.

Il repose d'abord sur un principe faux, celui de la complète assimilation de l'administration légale et de la tutelle. Il y a, en fait et en raison, une différence totale entre les enfants qui ont encore leurs père et mère et ceux qui ont perdu l'un et l'autre.

La surveillance organisée au profit du mineur, dont la loi investit le subrogé-tuteur et le conseil de famille, n'est-elle pas avantageusement remplacée durant le mariage par le contrôle actif et incessant de la mère? N'y a-t-il pas un contre-poids suffisant au pouvoir du mari dans la sollicitude et la tendresse maternelles ?

Ajoutons que les enfants n'ont pas ordinairement beaucoup de biens personnels tant qu'ils ont leurs père et mère, car le plus souvent l'origine de leur fortune remonte au prédécès de l'un ou l'autre de ceux-ci ;

1. Persil, *Rég. hypoth.*, art. 2121—Arrêts de Colmar, 22 mai 1816.—Toulouse, 22 déc. 1818.—Dalloz, Rép., *Priv. et hyp.*, n° 1035.

qu'enfin, pendant le mariage, il n'y a pas ordinairement d'intérêts opposés entre les père et mère et les enfants, de ces intérêts que la mort de l'un d'eux fait naître au contraire presque toujours.

Toutes ces observations ne se peuvent plus faire lorsqu'il s'agit de la tutelle, et notre ancienne jurisprudence l'avait si bien compris, qu'elle distinguait parfaitement la tutelle d'avec la légitime administration du père.

Argumente-t-on de la place qu'occupe notre art. 389 en tête des règles consacrées à la tutelle ? Mais les travaux préparatoires ne peuvent un seul instant permettre de douter de l'intention du législateur. M. Berlier disait dans l'Exposé des motifs : « Tout mineur n'est pas ordinairement en tutelle : celui dont les père et mère sont encore vivants trouve en eux des protecteurs naturels, et s'il a quelques biens personnels, l'administration en appartient à son père. La tutelle commence au décès du père ou de la mère : car alors, en perdant ses protecteurs naturels, le mineur réclame déjà une protection plus spéciale de la loi [1]. »

L'article fut inséré à cette place sur la proposition du Tribunat, et voici comment s'exprimait le rapporteur [2] :

« La section pense que le premier article de ce chapitre (de la Tutelle) doit exprimer en termes précis quelle est, durant le mariage, la qualité du père par rapport aux biens personnels de ses enfants mineurs, soit pour ce qui concerne la propriété de ces biens seu-

---

1. Exposé des motifs, minorité, tutelle, émancipation.
2. Locrée, Leg. civ., ch. vii, p. 215.

lement s'il a droit à la jouissance, soit pour ce qui concerne la jouissance et la propriété, si l'une et l'autre appartiennent à ses enfants. Jamais, jusqu'à ce jour, le père ne fut qualifié de tuteur de ses enfants avant la dissolution du mariage. Si, pendant que le mariage existe, la loi n'admettait aucune différence entre le père et le tuteur proprement dit, il faudrait que le père fût, par rapport aux biens personnels de ses enfants, assujetti durant le mariage à toutes les conditions et charges que la loi impose au tuteur. Il faudrait que le père fût sous la surveillance d'un subrogé-tuteur, sous la dépendance d'un conseil de famille, etc., etc., ce qui répugne à tous les principes constamment reçus.

« Il paraît évident que, jusqu'à la dissolution du mariage, le véritable titre du père, et le seul qu'il puisse avoir, dans l'hypothèse dont il est question, est celui d'administrateur. »

L'art. 389 veut donc dire simplement que, pendant le mariage, il n'y a pas de tutelle, et que la tutelle ne commence qu'à la mort des deux conjoints.

Comme conséquence de ces principes, nous repoussons donc l'opinion qui veut accorder l'hypothèque légale à l'enfant sur les biens de son père.

Nous la repoussons, aux termes des art. 2115 et 2117, qui nous disent que l'hypothèque n'a lieu que dans les cas et suivant les formes autorisées par la loi (art. 2115). L'hypothèque légale est celle qui résulte de la loi (art. 2117). Or, nulle part il n'est fait mention d'une hypothèque pareille à celle dont nous nous occupons. A *priori*, donc elle n'existe pas. De plus, l'hypothèque attachée à tutelle ne saurait être étendue arbitrairement d'un cas à un autre, parce que la garantie hypothécaire est un droit rigoureux qui intéresse l'ordre social tout entier en affectant le crédit public; l'étendre à l'administration du père serait grever les biens d'un plus grand nombre de familles, et rendre onéreuse pour le père une autorité qui ne mérite pas une semblable défiance.

Enfin l'hypothèque légale qui grève les biens du tuteur existe du jour de l'acceptation de la tutelle; y a-t-il, dans le cas d'administration légale, quelque chose d'analogue? le père fait-il acte d'acceptation? En aucune façon.

La Cour de cassation a fait, du reste, bonne justice de cette doctrine dans deux arrêts, l'un du 3 décembre 1821 (Chambre civile), l'autre du 4 juillet 1842. La majorité des auteurs s'est ralliée à sa jurisprudence [1].

Quant à la question accessoire de donner au père, administrateur légal, un subrogé-tuteur durant le mariage, elle ne peut pas être sérieusement élevée. Le contrôle nécessaire dans la tutelle ne peut à aucun titre être transporté ici [2].

Toutefois, dans le cas où le père administrateur légal aurait des intérêts opposés à ceux du mineur, nous croyons qu'on devrait charger une personne de prendre en main les intérêts de l'enfant contre le père. Ce serait un tuteur *ad hoc* dont la mission simplement tempo-

---

1. Paul Pont, *Priv. et hyp.*, t. I, n° 493.— Valette, *Traité des hypoth.*, t. I, p. 287. — De Fréminville, *De la minorité*, t. II, l. II, n° 18. — Demolombe, *Puiss. pat.*, n°s 415 et suiv. — Arrêts de Bordeaux, 10 avril 1845; Grenoble, 4 février 1850; Riom, 30 août 1852.—Dalloz, *Rép., Puiss. pat.*, n° 76.

2. Arrêt de Besançon, 23 nov. 1864.

raire cesserait lors de la solution des difficultés survenues.

L'administration légale ne comporte pas davantage
la présence d'un conseil de famille. Cependant, de
même que, dans certaines circonstances, il y aura lieu
de nommer un tuteur *ad hoc*, de même il y aura lieu,
dans certains cas, de réunir un conseil de famille pour
qu'il donne son avis sur certains actes qui intéressent
le patrimoine du mineur. Mais ce conseil ne sera pas
permanent, à la différence de celui qui est donné au
tuteur.

Nous avons dit que la possibilité d'exclure ou même
de destituer le tuteur était une garantie donnée par la
loi au mineur. Cette garantie existe-t-elle au profit de
l'enfant à l'égard de son père administrateur légal:
l'art. 444 nous dit : « Sont exclus de la tutelle et même
destituables, s'ils sont en exercice : 1° les gens d'une
inconduite notoire ; 2° ceux dont la gestion attesterait
l'incapacité ou l'infidélité.

Cette règle est généralement appliquée au père, mais
seulement par des motifs de raison et de nécessité. Il
est certain que le père ou la mère, dont la mauvaise
administration compromet les biens de l'enfant, doit
pouvoir en être écarté. La règle de l'art. 450 : *administrer en bon père de famille*, s'applique également, nous
pouvons même dire plus strictement, au père qu'au
tuteur, et l'art. 444 doit en être la sanction nécessaire
pour l'un aussi bien que pour l'autre. Toutefois, les
tribunaux devront s'entourer, dans ce cas, d'éléments
d'appréciation plus larges, plus bénévoles ; ils devront
considérer que le père, plus que le tuteur, est favora-

ble aux yeux de la loi, et se borner autant que possible, à pourvoir à l'intérêt en souffrance, afin de porter à la puissance paternelle le moins d'atteinte possible.

Nous nous plaçons ici dans l'hypothèse où le père n'est pas usufruitier légal ; s'il est usufruitier, la question devient peut-être un peu plus délicate, mais nous maintenons la même solution. Il a bien en effet, dans ce cas, des droits propres sur les biens qu'il administre, mais ce titre ne saurait, parce qu'il se trouve uni au titre d'administrateur légal, le dispenser et l'exempter des devoirs imposés à tout usufruitier. Commet-il des abus de jouissance, détériore-t-il les biens : pourquoi lui laisserait-on une gestion désastreuse pour le mineur ? Si maintenant, tout en gérant d'une manière utile au point de vue de la bonne administration, il ne remplit pas les conditions sous lesquelles le législateur lui accorde son usufruit, rien ne fait obstacle à ce que l'administration lui soit enlevée. Toutefois, ce cas échéant, comme il conserve après tout sa qualité d'usufruitier, il faut que le tiers à qui la gestion a été confiée lui remette l'excédant des revenus sur les dépenses [1].

Mais quel pouvoir aura droit et action pour faire exclure ou destituer le père administrateur ? On a soutenu que le conseil de famille devait être appelé à statuer, de même qu'il prononce sur les exclusions et destitutions des tuteurs (art. 446). Nous ne croyons pas que l'on puisse mettre ainsi l'autorité du père à la

[1]. Arrêts conformes. — Cassation, 19 avril 1843, 20 juin 1843 ; Limoges, 28 février 1846 ; Montpellier, 25 août 1864. — Arrêt contraire : Besançon, 1er août 1844.

merci d'un conseil de famille même temporaire, et
convoqué accidentellement. Suivant nous, les tribunaux seuls auraient le droit d'enlever au père l'administration légale , sur les réclamations soit de la mère,
soit des personnes de la famille du mineur. C'était le
système suivi dans l'ancienne jurisprudence [1].

Nous croyons aussi , avec MM. Demolombe, Massé et
Vergé sur Zachariæ, que les tribunaux pourraient aussi
dispenser le père de ses fonctions d'administrateur,
sur sa demande motivée par des raisons plausibles,
telles qu'une infirmité grave et dûment justifiée [2].

Nous avons démontré qu'en principe il ne fallait pas
assimiler le père à un tuteur ; qu'il y avait entre les
deux situations des différences de fait et de droit. Mais
en nous occupant ici de l'administration en elle-même,
c'est-à-dire des actes que peut ou ne peut pas faire le
père administrateur légal , nous devrons cependant,
à défaut de règles spéciales tracées par le Code,
puiser surtout au titre de la tutelle , nos éléments
d'étude et de discussion. Ce titre, en effet, a déterminé
quelle était en général, l'étendue des pouvoirs d'un
administrateur. Quelques autres règles éparses dans
le Code sur cette question nous aideront aussi à édifier notre doctrine.

Nous maintenons, dans tous les cas, notre principe
quant au caractère général du pouvoir du père administrateur. En lui appliquant quelques règles de la
tutelle , nous ne le confondons pas avec le pouvoir tuté-

1. Conf., Dalloz, Rép., Puiss. pat., nº 79. — Cassation, 16 décembre 1829.
2. Demolombe, Puiss. pat., 630. — Massé et Vergé sur Zachariæ, t. I,
p. 407, 408.

laire. Le pouvoir du père est plus étendu que le pouvoir du tuteur ; il se rapproche sous beaucoup de rapports du pouvoir du mari administrateur des biens de sa femme.

Ainsi, par exemple, nous n'astreindrons pas le père aux obligations imposées spécialement au tuteur par les art. 451, 452, 454 et 455. L'art. 451 oblige le tuteur à faire inventaire. Le père peut y procéder sans doute, mais aucune disposition ne le contraint à le faire ; il le fera, dans tous les cas, comme tout mandataire, sans avoir à ses côtés un contradicteur, tel que le tuteur en trouve dans la personne du subrogé-tuteur. Disons, toutefois, qu'il sera de l'intérêt du père de faire inventaire, car si la sanction n'est pas comme pour le tuteur une déchéance des créances qu'il aurait à faire valoir contre le mineur, celui-ci pourrait cependant, à défaut d'inventaire, prouver la consistance du mobilier de toute manière, même par commune renommée. Cette sanction naturelle du défaut d'inventaire est édictée dans plusieurs articles du contrat de mariage (articles 1415, 1442 et 1504).

Nous n'appliquerons pas non plus l'art. 452. Le père, administrateur légal, est juge du point de savoir s'il convient de vendre ou de conserver les biens meubles de l'enfant, et il est libre de choisir, en cas de vente, telle forme qui lui paraîtra préférable. Les prescriptions de la loi du 24 mars 1806 et du décret du 27 septembre 1813 seraient ici sans application [1]. Dans tous ces cas, l'affection présumée du mandataire pour le

---

[1]. *Contra*, Valette, *Explic. somm. du Code Nap.*, p. 221, 222.

mandant a paru au législateur une garantie suffisamment rassurante, en ce qui concerne les actes d'administration.

Le père n'est pas non plus sous le coup de l'art. 454,1°,
qui impose au tuteur, autre que les père et mère, la
nécessité de faire régler par le conseil de famille la
somme à laquelle pourra s'élever la dépense annuelle
du mineur. Le père peut prélever la somme qu'il voudra pour l'éducation de son enfant; ce droit, qui lui appartiendrait s'il était tuteur, doit lui revenir à plus
forte raison lorsqu'il est administrateur légal.

Enfin, poursuivant notre idée, nous n'appliquerons
pas non plus au père administrateur les art. 455 et 456,
qui mettent à la charge du tuteur, dans certains cas,
les intérêts des sommes appartenant au mineur. Ces
articles sont en dehors du droit commun (art. 1153,
1154). Ainsi le père, administrateur légal, ne saurait
être obligé de tenir compte des intérêts de toute somme
non employée; tout au plus pourrait-on le soumettre à
la responsabilité ordinaire incombant à tout administrateur qui a commis quelque faute de nature à le faire
condamner à des dommages-intérêts.

Les autres règles, qui organisent et limitent les pouvoirs du tuteur, sont-elles applicables au père, administrateur légal?

Nous pouvons dire d'abord, et tout le monde est d'accord sur ce point, que les actes que le tuteur peut faire
seul, le père, administrateur légal, a certainement le
droit de les faire aussi : tels sont, en général, les actes
d'administration.

Ainsi, il pourra valablement toucher les capitaux dus à ses enfants mineurs et en donner quittance.

Il aura aussi, certainement, le droit de louer les biens de ses enfants; mais il devra, quant aux baux, se conformer aux règles tracées par les art. 1429 et 1430, que l'art. 1718 nous dit être applicables « aux baux des biens des mineurs ».

Pourra-t-il, comme le tuteur, prendre à ferme les biens de son enfant? Nous le croyons, pourvu qu'il observe les formalités imposées au tuteur par l'article 450 3°, c'est-à-dire qu'il prenne l'autorisation du conseil de famille convoqué extraordinairement, et qu'il fasse passer le bail par un représentant donné à l'enfant pour cette circonstance, et autorisé également par le même conseil de famille [1].

Nous arrivons maintenant aux actes pour l'accomplissement desquels le tuteur a besoin soit de l'autorisation pure et simple du conseil de famille, soit de cette

[1]. Il a été jugé que le père étant, pendant le mariage, administrateur des biens personnels de ses enfants mineurs, représente ces derniers de plein droit, en cette qualité, dans les actions qu'ils ont à soutenir contre la justice, et qu'il suffit, pour faire courir les délais d'appel, de lui signifier les jugements intervenus, sans qu'il y ait lieu de les signifier en outre et spécialement à un subrogé-tuteur, et cela, quand même un subrogé-tuteur aurait été indûment nommé dans le cours de l'administration légale.— Besançon, 29 novembre 1864.—Dalloz, *Rec. pér.*, 1864, 2, 195.—*Conf.*, Valette, *Expl. somm.*, p. 220, v.

La Cour de cassation a décidé aussi que bien que le père ait, durant le mariage, le titre d'administrateur légal et non celui de tuteur, il ne peut résulter aucune nullité de ce qu'il a été qualifié de tuteur dans un acte extrajudiciaire et dans une instance qui a suivi, alors surtout que cette prétendue nullité n'a point été opposée par le tribunal. — Dalloz, *Rec. pér.*, 1852, 1, 305.—Arrêt, 18 nov. 1851.

autorisation suivie de l'homologation du tribunal, soit, en outre, dans un cas spécial, de la garantie exigée par l'art. 467.

Ces règles sont-elles applicables à l'administrateur légal? La question est débattue, et trois systèmes divisent les auteurs.

M. Zachariæ débarrasse le père, administrateur légal, de toutes les formalités imposées au tuteur. « Le droit, dit-il, en vertu duquel le père administre les biens de son enfant, n'est, en général, soumis à aucune restriction [1]. »

Dans une autre opinion, représentée par MM. Duranton, Marcadé, de Fréminville [2], on admet qu'il faut demander à la justice l'autorisation de faire les actes dont nous parlons, mais qu'il n'est pas nécessaire de convoquer un conseil de famille. « Il n'y a pas, dit-on, durant le mariage, de conseil de famille, il ne doit pas y en avoir [3]. »

Ce système paraîtrait être celui de la jurisprudence [4].

Nous ne ferons pas remarquer tout ce qu'a d'exagéré le premier système. Il est d'ailleurs personnellement en contradiction avec les termes de l'art. 389, qui donne au père le titre d'administrateur, ce qui exclut pour lui le droit de faire des actes de disposition.

1. Zachariæ, t. I, p. 202, note 7,
2. Duranton, t. III, p. 416.—Marcadé, art. 389, 1.— De Fréminville, *Minorité*, t. I, liv. II, note 13.
3. Dalloz, Rép., *Puiss. pat.*, nº 82.
4. M. Bertin (Chambre du conseil, *Mineur*, p. 483, nº 613, et p. 566, 569) rapporte que la chambre du conseil du tribunal de la Seine a autorisé directement le père à passer les actes les plus importants ; par exemple, à aliéner un immeuble, sans que le conseil de famille eût été consulté.

Le second système paraît manquer un peu de logique et tomber dans l'arbitraire. Pourquoi appliquer ainsi une partie des règles de l'administration tutélaire en négligeant les autres? Lorsqu'on exige l'autorisation du tribunal, n'est-il pas logique d'exiger aussi l'autorisation du conseil de famille? Est-ce que cette autorisation n'est pas, pour ainsi dire, la condition préalable et nécessaire de l'autorisation du tribunal, qui trouvera dans l'avis des parents des éléments précieux d'appréciation? Sans doute, il n'y a pas durant le mariage de conseil de famille permanent, surveillant incessamment la gestion de l'administrateur légal; il ne peut pas y en avoir. Mais dans certains cas, il devient nécessaire que le conseil soit convoqué pour donner son avis sur certains actes qui intéressent gravement la fortune du mineur. Nous en donnerons tout à l'heure la preuve.

Le troisième système qui applique à l'administration légale, quant aux actes dont il est question, les règles qui régissent l'administration tutélaire, semble devoir être préféré [1]. Parcourons en effet les divers cas prévus par la loi, et nous verrons qu'il faut presque toujours donner à l'égard du père la même solution que pour le tuteur.

S'agit-il de la vente des immeubles? Nous avons un texte qui ne fait aucune distinction dans sa généralité, l'art. 953 du Code de Procédure civile, placé sous un titre ainsi conçu : « De la vente des biens immeubles appartenant à des mineurs. » Que dit en effet cet article :

1. Valette, *Expl. somm.*, p. 221. — Mourlon, t. 1, n° 1074; *voir* la note.— Demolombe, n° 446.

« La vente des immeubles appartenant à des mineurs
« ne pourra être ordonnée que d'après un avis de
« parents énonçant la nature des biens et leur valeur
« approximative. » Puis l'art. 954 ordonne que cet avis
soit soumis à l'homologation du tribunal. Il s'agit ici de
biens de mineurs dans le sens le plus large, sans distinguer entre les mineurs en tutelle, et ceux qui sont sous
l'autorité de leur père, administrateur légal.

Il n'y a pas non plus de distinction établie entre ces
deux sortes de mineurs dans l'art. 2126 du Code Napoléon, d'après lequel les biens des mineurs ne peuvent
être hypothéqués que pour les causes et dans les formes établies par la loi.

Il faut en dire autant du droit d'emprunter qui est
mis par le législateur sur la même ligne que le droit
d'aliéner et d'hypothéquer (art. 457).

Lorsqu'une succession est échue à un mineur, l'article 776 veut qu'elle ne puisse être valablement acceptée que conformément aux dispositions du titre *de la
minorité de la tutelle et de l'émancipation*. N'y a-t-il donc
pas lieu d'appliquer au père, administrateur légal, l'article 461 ? Est-ce que les motifs qui ont fait entourer le
mineur en tutelle des garanties et des formes protectrices édictées par cet article perdent leur valeur lorsqu'il s'agit d'un enfant dont les biens personnels sont
administrés par son père ?

Ce que nous disons de l'acceptation d'une succession, nous le dirons aussi de la répudiation : c'est là,
en effet, un acte trop grave, pour qu'on laisse à cet
égard au père un pouvoir sans limites.

S'agit-il d'un partage dans lequel le mineur serait

intéressé : il faut sans aucun doute, se reporter encore aux règles de la tutelle. Nous en trouvons la preuve dans la généralité des termes de l'art. 838 ainsi conçu : « Si tous les cohéritiers ne sont pas présents, ou s'il y « a parmi eux des interdits ou des mineurs, même « émancipés, le partage doit être fait en justice, etc. » Le partage fait en dehors de ces formes ne serait considéré, aux termes de l'art. 466, que comme provisionnel.

Le tuteur, suivant l'art. 465, ne peut provoquer un partage sans l'autorisation du conseil de famille. Nous en dirons autant du père administrateur légal : il y a mêmes raisons de décider.

Nous n'accordons pas plus au père qu'au tuteur, le droit d'introduire une action immobilière au nom de l'enfant, sans avoir obtenu l'autorisation du conseil de famille (art. 464). L'exercice des actions immobilières n'est pas évidemment un acte d'administration. Pour s'en convaincre, il suffit de se reporter aux articles qui en traitent (464, 465, 817, 818, 1428) [1].

Dans un cas seulement, suivant nous, le père pourrait agir de sa propre autorité, là où le tuteur est astreint à obtenir l'autorisation du conseil de famille : c'est lorsqu'il s'agit d'un legs ou d'une donation faite à l'enfant. Le motif qui a inspiré les dispositions de l'article 463 repose sur une question de convenance et de moralité, dont le père et la mère seront meilleurs juges que le conseil de famille. A eux, gardiens naturels de l'honneur et de la dignité de l'enfant, nous laisserons

---

[1]. Tribunal de Vitré, 30 juin 1841.—Dalloz, Rec. pér., 1842, III, 110.

le droit d'accepter ou non le legs ou la donation faite à ce dernier.

Lorsqu'il y aura lieu pour le père de défendre, au nom du mineur à une action en partage, la nécessité d'obtenir dans ce cas l'autorisation du conseil de famille n'existera pas plus pour lui qu'elle n'existe pour le tuteur. On conçoit qu'il serait inutile de solliciter du conseil une permission qu'il ne pourrait pas refuser, *nul n'étant tenu de rester dans l'indivision* (art. 815 du Code Nap.).

Il nous reste à examiner maintenant si les actes qui sont complétement interdits au tuteur doivent l'être également au père.

Nous disons oui sans hésiter, et il n'est pas possible de donner une autre solution. Ainsi, il est bien évident que le père ne pourrait pas faire une donation des biens de son enfant, ni compromettre sur ces mêmes biens (art. 1998 du Code Napoléon, art. 1003 du Code de procédure civile).

Toutefois un auteur réserve à un cas particulier la faveur d'une exception à cette règle générale. Il s'agit des interdictions prononcées par l'art. 450 : « Le tuteur ne peut ni acheter les biens du mineur, ni les prendre à ferme, à moins que le conseil de famille n'ait autorisé le subrogé-tuteur à lui passer bail, ni accepter la cession d'aucun droit de créance contre le pupille. »

M. Aubry est d'avis que le père, administrateur légal, peut acheter les biens de son enfant, à la condition de les faire vendre par un tuteur *ad hoc*[1]. Nous opposons

---

1. *Revue de Droit français et étranger*, année 1844, p. 681.

à cette doctrine les termes formels de l'art. 1596 : « Ne peuvent se rendre adjudicataires, sous peine de nullité, ni par eux-mêmes, ni par personnes interposées : les tuteurs, des biens de ceux dont ils ont la tutelle, les mandataires, des biens qu'ils sont chargés de vendre, etc. » — « Cette règle, dit M. Demolombe, est très-sage, très-nécessaire : il ne convient pas de mettre ainsi le mandataire entre son intérêt personnel et son devoir [1] ».

Parlons maintenant du compte que le père doit rendre de son administration. Nous avons à rechercher si nous devons appliquer au père administrateur les règles contenues dans les art. 469 et suivants, relatifs aux comptes de tutelle.

En principe, il va de soi que l'administrateur légal doit, comme tout mandataire, rendre compte de sa gestion. C'est une disposition formelle de l'art. 389, et, à défaut de cet article, le principe général de l'art. 1993 eût suffi à le soumettre à cette obligation.

Mais dans quelle mesure est-il responsable? Nous croyons qu'on doit lui appliquer seulement les articles qui sont, à proprement parler, de droit commun, par exemple, les art. 471 et 473, qui règlent les conditions suivant lesquelles doit être rendu le compte de tutelle. Mais il faut s'en tenir là; quant aux art. 472, 474 et 475, ils ne peuvent, suivant nous, régir à aucun titre

1. Demolombe, n° 441.
La Cour de Bordeaux a jugé que l'art. 450, d'après lequel le tuteur ne peut accepter la cession d'aucun droit contre son pupille, ne doit pas être appliqué au père administrateur. Nous ne croyons pas que cette décision soit conforme à la pensée de la loi.

les rapports du père, administrateur légal, avec son enfant sorti de minorité.

A l'égard de l'art. 472, la Cour de cassation a, dans un arrêt récent, confirmé la doctrine que nous professons. Quelques auteurs, néanmoins, se plaçant au point de vue de l'équité, enseignent l'opinion contraire, qu'ils appuient d'arguments dont nous ne méconnaissons ni la force ni la gravité. Invoquant cette maxime : *Ubi eadem ratio, ibi idem jus esse debet,* ils en tirent la conclusion suivante : Si on a cru, disent-ils, devoir forcer le tuteur à une reddition de compte fidèle, et si, pour cela, on a déclaré nul tout traité qu'il ferait avec son pupille avant d'avoir rendu ce compte et de l'avoir fait accompagner de pièces justificatives, c'est qu'on a craint que le tuteur n'abusât de son ancien pouvoir pour forcer l'ayant compte à recevoir des comptes inexacts. La position de l'enfant est bien plus digne de protection : car, de deux choses l'une : ou son père sera honnête homme, et il ne fera alors aucune difficulté de se prêter à une reddition de ses comptes, ou il n'a pas loyalement administré, et alors l'enfant, sans protection contre son père, dans l'impossibilité morale de lui résister, doit pouvoir invoquer à son bénéfice la disposition protectrice de l'art. 472.

On peut opposer à cette théorie des objections sérieuses qui se trouvent développées dans plusieurs arrêts de Cours impériales [1]. Outre les raisons tirées de la différence des situations, de la différence de la nature des biens à administrer suivant les deux cas, compor-

---

1. Agen, 17 mars 1854.—Dalloz, *Rec. pér.*, 1855, II, 294.—Aix, 9 novembre 1864.—*Journal du Palais*, 1865, p. 478.

tant des comptes plus ou moins détaillés, plus ou moins longs à rendre, on objecte surtout que la disposition de l'art. 472, toute sage qu'elle soit vis-à-vis du tuteur, deviendrait à coup sûr exorbitante vis-à-vis du père; qu'elle est en dehors du droit commun, qu'elle prononce une nullité, et que les nullités ne peuvent pas s'étendre par analogie.

Nous n'appliquerons pas davantage au père administrateur légal les art. 474 et 475. Il est incontestable que ces articles sont des dérogations manifestes aux principes généraux, nous ne devons donc pas les étendre. Ce sont les art. 1996 et 1153, c'est-à-dire le droit commun, que nous appliquerons relativement aux intérêts des sommes dues soit par le père à l'enfant, soit par l'enfant à son père. Quant à la prescription des actions que peut avoir le mineur contre son père, nous appliquerons encore le principe de droit commun, l'article 2262 et non l'art. 475. Il est d'ailleurs assez juste que l'administrateur légal, se trouvant dispensé des charges spéciales imposées au tuteur, par exemple de l'hypothèque légale, ne soit pas muni des faveurs spéciales que la loi a cru devoir accorder au tuteur.

Une question non moins grave que les précédentes est celle de savoir si, dans une donation ou un testament contenant une libéralité au profit d'un mineur, le donateur ou testateur peut apposer cette condition, que le père n'aura pas l'administration des biens donnés ou légués. Cette question est l'objet d'une controverse très-vive.

Quelques auteurs déclarent la clause valable; le père, disent-ils, est à la vérité l'administrateur légal des

biens personnels de ses enfants mineurs. Mais de ce
que la loi a attribué ce droit, ou pour mieux dire
cette charge, au père, tirer cette conséquence que
cette charge ne peut être confiée à un autre par la
volonté d'un testateur, c'est créer une prohibition,
une sorte de nullité, qu'aucun des articles de nos Codes
n'a prévue. Chacun est maître de disposer de ses biens
à son gré, et de soumettre la validité de ses dispositions aux conditions qu'il lui plaît d'apposer, pourvu
seulement que ces conditions n'aient rien de contraire
aux lois ni aux bonnes mœurs : or, telle est certainement celle dont nous parlons [1].

Nous pensons au contraire, avec un grand nombre
d'auteurs et quelques arrêts de jurisprudence, que
cette clause est nulle et doit être réputée non écrite.

Cette opinion s'appuie sur des raisons de droit et des
raisons de morale.

Et d'abord, aux termes de l'art. 389, le père est,
durant le mariage, administrateur des biens personnels de ses enfants mineurs. Ce droit d'administration,
découlant du droit de puissance paternelle, constitue
une règle générale à laquelle on ne peut déroger que
dans les cas spécialement prévus par la loi. Or, nulle
part la loi n'a permis à un donateur ou à un testateur
de créer cette dérogation. Que si l'article 387 permet
d'enlever au père l'usufruit des biens donnés ou légués,
il ne donne pas la même latitude quant au droit d'administration. D'un autre côté l'art. 389, en établissant
le père administrateur des biens de ses enfants, le rend

---

1. Toullier, t. II, no 1068, et t. V, no 268. — Merlin, Rép., *Puiss. pat.*, section V, et Favard, Rép., *Puiss. pat.*, sect. III, § 3, no 10.

comptable des revenus de ceux dont il n'a pas la jouissance, ce qui rend vraisemblable que, dans la pensée
de la loi, l'administration à défaut de la jouissance doit
rester au père.

Enfin l'art. 1388 défend aux époux de déroger dans
leur contrat de mariage « aux droits résultant de la
puissance maritale sur la personne de la femme et des
enfants, ou qui appartiennent au mari comme chef, et
aux droits conférés au survivant des époux par le titre
de la puissance paternelle et par le titre *de la minorité,*
de la tutelle et de l'émancipation » : d'où nous concluons, par analogie, que le droit que la loi n'a pas
voulu donner aux époux doit être *a fortiori* refusé par
elle à toute personne. Il y aurait, en effet, moins de raisons de l'accorder à un étranger qu'à la mère de l'enfant, par exemple.

Ajoutons, comme moyen de droit, que l'administration des biens d'un enfant qui a ses père et mère ne doit,
ne peut appartenir qu'à ceux-ci, à la différence de l'administration tutélaire qui peut appartenir à toute autre
personne; que, lorsqu'il arrive que l'administration
légale est confiée à un autre qu'au père ou à la mère,
c'est en vertu d'une décision de l'autorité judiciaire, et
non pas en vertu d'une volonté privée.

Les raisons de moralité ne sont pas moins con-
cluantes.

Enlever au père l'administration des biens, c'est
porter atteinte à sa puissance, c'est la diminuer, l'affaiblir, l'humilier. Or, l'autorité paternelle ne doit pas
subir d'autres restrictions, d'autres atteintes que celles
que la loi autorise pour des motifs graves et en con-

16

naissance de cause. La clause d'un testament qui enlève au père l'administration des biens légués est une insulte faite à son autorité. Il ne peut dépendre du caprice, du ressentiment d'un étranger, ou même encore et seulement de son opinion personnelle, de son jugement particulier, de stigmatiser en quelque sorte un père de famille aux yeux de ses enfants, en le déclarant incapable ou prodigue. Nous découvrons dans un tel acte une empreinte d'immoralité suffisante pour le faire interdire, alors surtout qu'il n'est autorisé par aucun texte, et nous croyons qu'on ne pourrait lui donner effet sans mettre le père aux yeux de sa famille dans un état de suspicion véritablement propre à atténuer le respect, la confiance qui lui sont dus.

Ainsi, il est illégal d'enlever au père l'administration des biens donnés à ses enfants, en dehors des causes de destitution ou d'incapacité prévues par la loi à l'égard du tuteur, et que nous avons déclarées applicables au père. Il a de plein droit cette administration. C'est un principe posé par la loi, et qu'elle seule peut violer.

La puissance paternelle est d'ordre public; tous ses attributs sont d'ordre public. Les méconnaître sans y être amené par un texte formel, serait porter atteinte à l'ordre public.

Enfin la destitution du père de son droit d'administration, destitution arbitraire à tous les titres, constitue un outrage fait au prestige dont le pouvoir paternel doit être entouré dans le meilleur intérêt de la famille et de la société.

La clause dont nous nous occupons est donc contraire

au texte formel de la loi, à son esprit, à l'ordre public et aux bonnes mœurs. Elle est donc par conséquent nulle, et doit être réputée non écrite [1] (art. 900).

Examinons succinctement les objections les plus sérieuses qui nous sont faites.

On nous dit d'abord : La conséquence de ce système est d'empêcher un grand nombre de donations au profit de l'enfant. Qui donc, en effet, ira léguer à un enfant soit une usine importante, soit une grande exploitation quelconque, s'il n'y a aucun moyen pour le donateur d'empêcher que l'administration en soit confiée à des mains inhabiles et inexpérimentées ? Qui voudrait donner des capitaux à un enfant dont le père les dissiperait ou les laisserait péricliter ?

Nous ne sommes pas touchés de cette objection, qui ne repose d'ailleurs que sur une pure question de fait. Comme le père a incontestablement le droit de s'entourer, pour son administration, d'un ou de plusieurs agents capables de gérer l'exploitation, dans le cas où lui-même ne saurait le faire avec intelligence et habileté (art. 454, Arg. d'analogie), les biens légués se trouveront donc facilement à l'abri du premier danger signalé. Quant au second, nous nous contentons de rappeler que le père peut être destitué de ses fonctions d'administrateur pour les causes énumérées en l'article 444 [2].

---

1. *Conf.*, Besançon, 15 nov. 1807.— Sirey, 1807, II, 97. — Rouen, 29 mai 1846.—Sirey, II, 379.—Caen, 11 août 1825.— Toullier, I, p. 499.— Marcadé, t. II, art. 389, n° 6.— Demante, t. II, n° 133 *bis*, III.— Paul Bernard, *Hist. de l'aut. pat.*, p. 184, 186. — Dalloz, *Rép.*, *Disp. entre-vifs et test.*, n° 122. — *Puiss. pat.*, n° 86.

2. *Voir* ce que nous avons dit sur cette question à la page 230 et suiv.

On nous dit encore : Mais la clause en question eût été valable en droit romain (Nov. 117, ch. 1), et la législation romaine n'était pas une gardienne moins sévère que la nôtre des droits et des prérogatives du pouvoir paternel.

Cet argument n'est pas sérieux ; qui ne sait que notre droit sur la puissance paternelle diffère entièrement du droit romain ? qu'on a fait en sorte de ne réveiller dans notre législation aucun souvenir de cette *patria potestas* que les orateurs du gouvernement considéraient comme un droit injuste et despotique [1]? C'est donc à tort que l'on invoquerait ici l'influence du droit romain pour s'en faire un motif de décider contre nous.

En dehors des deux systèmes diamétralement opposés qui divisent la doctrine, un troisième système conciliateur des deux premiers est enseigné par M. Demolombe et MM. Massé et Vergé sur Zachariæ. Ces auteurs conviennent qu'une clause qui enleverait au père l'administration des biens donnés ou légués, porte atteinte dans une certaine mesure aux droits de la puissance paternelle ; mais ils pensent aussi que cette clause n'est pas, en principe, contraire à l'ordre public ; il se peut, à la vérité, qu'elle doive être déclarée nulle dans certains cas, mais elle pourrait aussi quelquefois rester valable. Elle sera nulle, lorsque le testateur n'aura eu, en l'écrivant, que la volonté d'humilier, de

---

1. « Il suffit, disait M. Réal, d'exposer les principes fondamentaux du droit sur cette matière, pour prouver qu'ils sont contraires à toute idée de liberté, d'industrie et de commerce, qu'ils contrarient, dénaturent et anéantissent dans son principe la puissance paternelle elle-même, qu'ils flétrissent la vie et nuisent à la prospérité générale. » (*Exposé des motifs.*)

rabaisser la puissance paternelle. Elle sera valable, au contraire, si le testateur, en confiant l'administration à un autre, a été déterminé par des motifs sérieux, raisonnables ' légitimes. C'est une question de fait dont l'appréciation doit être laissée aux tribunaux [1].

Il est presque superflu de faire remarquer à quel arbitraire ce système nous conduit. Quels seront les éléments certains d'appréciation de l'intention du testateur? Que décidera-t-on dans le doute, lorsque l'intention ne sera pas claire et manifeste? Et en vertu de quel pouvoir les tribunaux pourraient-ils enlever au père son droit d'administration, en dehors des causes déterminées par la loi?

Admettons un instant, par pure hypothèse, que l'administration ait été confiée à un tiers; que le père n'ait pas fait valoir son droit devant les tribunaux : l'émancipation de l'enfant fera-t-elle cesser cette administration, et le tiers devra-t-il alors la remettre aux mains de l'émancipé?

La Cour de Caen s'est prononcée dans un sens affirmatif; et malgré un arrêt contraire de la Cour de Dijon, nous ne croyons pas qu'il puisse en être autrement décidé [2]. L'art. 481 confie à l'enfant émancipé le droit d'administrer ses biens. Cet article est formel et n'admet pas d'exception. On objecte que le père peut faire cette émancipation *prématurément*, dans le but de faire cesser par fraude l'administration confiée à un tiers;

---

1. Demolombe, *Puiss. pat.*, n° 458. — Massé et Vergé sur Zachariæ, t. 1, p. 408.

2. Caen, 5 avril 1843.—Dalloz, *Puiss. pat.*, n° 87. — Dijon, 23 août 1855.-- Dalloz, 1856.

nous ferons observer que les mots *prématurément, fraude*, ne sont pas suffisamment justifiés. Pourvu que le père se conforme aux conditions requises par l'article 477, personne n'a le droit de lui demander compte de ses motifs ; et d'ailleurs, il est absolument maître de faire cesser quand bon lui semble, et en respectant la loi, une situation que nous considérons comme un outrage fait à son autorité paternelle, au mépris de la morale et de la loi.

Enfin nous repoussons de toute notre énergie cette opinion mixte qui veut rendre les tribunaux appréciateurs des intentions du père, et les laisser maîtres de décider si l'émancipation fera cesser ou non l'administration étrangère. Il nous a toujours répugné d'admettre l'intervention des magistrats dans l'exercice virtuelle de la puissance paternelle. De deux choses l'une : ou le père avait le droit d'émanciper son enfant, ou il ne l'avait pas. S'il avait ce droit, l'émancipation doit subsister par la seule force de la loi avec toutes ses conséquences juridiques, sans qu'on ait à peser l'intention du père aux balances de la justice. S'il ne l'avait pas, c'est qu'il ne s'était pas conformé aux conditions imposées par la loi, et alors l'émancipation étant nulle, les tribunaux n'ont pas mission d'apprécier les motifs qui avaient déterminé le père. Ils doivent simplement décider de la légalité ou de l'illégalité du fait.

Et au surplus, quoique cette considération nous paraisse inutile, est-il admissible que l'émancipation, qui fait cesser l'usufruit légal du père, ne fît pas cesser aussi l'administration d'un tiers [1] ?

Jusqu'ici, en parlant de l'administration légale, nous avons toujours supposé que ce droit était exercé par le père. Nous n'avons rien dit de la mère, et cependant elle aussi peut être appelée à administrer les biens de son enfant. L'art. 372 met l'enfant sous l'autorité de son père et de sa mère. Nous avons expliqué comment l'exercice de cette autorité avait été confié au père durant le mariage, afin d'éviter de fâcheux tiraillements et des divisions dont l'enfant eût été la première victime. Mais, du jour où le père, pour une impossibilité réelle, sérieuse et dûment constatée, ne peut plus exercer le droit d'administration, la mère sera appelée à le remplacer. Le silence de l'art. 389 à cet égard ne doit pas, néanmoins, laisser subsister de doute, car tout le monde convient qu'il a statué sur le *plerumque fit*. Mais, au surplus, l'art. 141, en décidant qu'au cas de disparition du père la mère aura la surveillance des enfants et exercera tous les droits du mari quant à leur éducation et l'administration de leurs biens, suffirait à dissiper tous les doutes possibles.

Dans le cas d'interdiction du mari, la mère n'aurait l'administration légale qu'au cas où elle serait nommée tutrice de son mari, car l'administration des biens des enfants, s'exerçant au nom de celui-ci, doit appartenir à son tuteur.

1. *Contra*, M. Demolombe, n° 458 *bis*.

§ II. — *De l'usufruit légal. — De son caractère, de son étendue, à quelles personnes il appartient.*

Nous avons eu l'occasion fréquente de remarquer combien le législateur s'était tenu à l'écart du droit romain, quant à la matière générale de la puissance paternelle. En étudiant l'usufruit légal, il semble pourtant que nous retrouvions au fond de cette institution quelque trace de l'usufruit romain du père sur le pécule adventice de son fils. Il ne faut pas croire toutefois qu'il y ait une analogie véritable entre ces deux usufruits. Nous nous sommes déjà expliqué sur cette question, dans le cours de ce travail, en traitant du pécule adventice. Si nous y revenons ici, c'est afin de bien indiquer pourquoi en cette matière, comme en toutes les autres, nous repoussons les arguments d'analogie tirés du droit romain en faveur des questions débattues, convaincu que nous sommes qu'il y a erreur et erreur grave à évoquer de quelque façon que ce soit à l'égard de l'usufruit légal l'idée romaine de l'usufruit adventice.

A la vérité, il n'y a pas, en fait, deux manières d'établir un usufruit quant au fond même du droit et à son effet légal. Un usufruit, ainsi que l'indique l'étymologie même du mot, impliquera toujours l'idée de service, de jouissance d'un bien appartenant à autrui. Quelque différence qu'il puisse donc y avoir quant aux conditions d'exercice du droit, quant à ses caractères, suivant les diverses législations, ce sera toujours un droit identique partout, quant à sa base.

Mais, de ce que l'on trouve dans deux législations

différentes un droit d'usufruit attribué à une même personne en vertu d'un même principe, s'en suit-il que l'une de ces législations se soit modelée sur l'autre, et que l'on puisse dire avec vérité, comme l'ont fait beaucoup d'auteurs, que le Code Napoléon a emprunté au droit romain l'idée de l'usufruit légal pour en déduire ensuite telles conséquences que de droit [1] ? Nous ne le croyons pas, et nous maintenons ici comme partout notre principe de séparation entre ces deux législations, principe qui s'appuie non-seulement sur les travaux préparatoires, sur les origines historiques de la puissance paternelle française, mais bien encore sur des distinctions, des différences tellement essentielles qu'elles doivent repousser, suivant nous, toute tendance à retrouver dans l'usufruit légal la trace de l'usufruit adventice romain.

Et d'abord, différence d'origine. L'usufruit adventice suppose une idée de restriction des pouvoirs du père, d'adoucissement apporté à la condition du fils. L'usufruit légal implique au contraire l'idée d'une concession, d'une faveur accordée au père en compensation des charges, des soucis de l'éducation de l'enfant et de l'administration de ses biens. En droit romain, le principe général était que tous les biens acquis par l'enfant devaient appartenir au père de famille. On excepta d'abord de cette règle les biens castrenses et quasi-castrenses, puis, peu de temps après, les biens adventices; mais à l'égard de ces derniers l'exception fut moins

_____

1. M. Demolombe reconnaît toutefois que les rédacteurs du Code Napoléon se sont beaucoup plus rapprochés du Droit coutumier que du Droit romain.

large en faveur du fils, et l'on ne restreignit pas aussi complétement le droit du père. En attribuant au fils la nue-propriété de ces biens, on en conserva l'usufruit au *paterfamilias* qui avait en même temps un droit d'administration des plus larges. En droit français, le principe est contraire. Les biens acquis par l'enfant lui appartiennent; seulement durant l'époque où il est incapable de les administrer, le père doit les gérer à sa place, et, comme compensation de cette charge, il a l'usufruit de ces biens. C'est le droit antérieur de l'enfant qui est restreint. Voici donc, déjà, une différence considérable.

Quant à l'étendue de ces droits respectifs d'usufruit, deux principes totalement opposés en déterminent les limites. Le père, en droit romain, a tous les droits qui ne lui ont pas été expressément enlevés. Dans notre droit moderne, il n'a au contraire que ceux que la loi lui a expressément concédés.

S'agit-il de l'exercice de l'usufruit, de la durée, des conditions auxquelles il est subordonné, les distinctions ne sont pas moins topiques. Nous ne pouvons les énumérer ici; mais il suffit, pour les bien connaître, de jeter les yeux sur les dispositions qui régissaient l'usufruit adventice et celles qui régissent l'usufruit légal.

Alors, où sont les éléments empruntés par les rédacteurs du Code Napoléon au droit romain, quant à l'usufruit légal? A cette seule ressemblance près qu'il s'agit dans les deux cas d'un droit d'usufruit, où sont les autres points de contact entre l'usufruit adventice et l'usufruit légal? Différence quant à la cause, différence quant à l'étendue, différence quant aux conditions d'exercice. C'est donc à tort que l'on s'efforcerait de trouver dans les art. 384 et suivants quelques vestiges des idées romaines. Proscrit de la pensée même des législateurs, le droit romain n'est resté qu'un souvenir à l'égard des biens comme à l'égard de la personne des enfants. Son autorité ne saurait être aujourd'hui invoquée à un autre titre.

Il est plus vrai de dire que les principes de l'ancien droit coutumier sont réflétés dans une certaine mesure par les art. 384 et suivants. Sans doute, la législation coutumière n'admettait pas unanimement que le père pût jouir des biens personnels de l'enfant durant le mariage [1]. Quant aux droits de *bail* et de *garde noble*, ils supposaient le mariage dissous, et ce n'est pas là, comme nous le verrons, une condition de l'usufruit légal. Mais on ne peut nier que le législateur de 1804 ne se soit inspiré d'un grand nombre des règles *de la garde et du bail* lorsqu'il organisa l'usufruit légal. D'ailleurs, soit à l'égard des personnes, soit à l'égard des biens, notre droit a généralement emprunté au droit coutumier ces principes très-larges, très-libéraux qui régissaient anciennement le pouvoir du père et la condition de l'enfant.

Les rédacteurs du Code Napoléon ont attaché le droit de jouissance légale à la puissance paternelle, en ont fait un des attributs de ce pouvoir dans le double but :

D'indemniser, récompenser le père et après fin, la mère, des soins que leur cause l'éducation de leur enfant et l'administration de ces biens ;

1. Toutefois un certain nombre de coutumes avait reconnu et admis la *légitime administration*.

Prévenir, le plus possible, la nécessité de comptes anciens et compliqués des revenus entre le père ou la mère et l'enfant [1].

Enfin, comme l'ajoute très-bien M. Demolombe, « il « était utile et équitable d'associer le père ou la mère « au bien-être de l'enfant qu'ils élèvent, et de resserrer « ainsi de plus en plus les liens d'affection et de pro- « tection qui les unissent [2] ».

L'art. 384 pose ainsi le principe de l'usufruit légal : « Le père, durant le mariage, et après la dissolution du « mariage, le survivant des père et mère auront la jouis- « sance des biens de leurs enfants jusqu'à l'âge de dix- « huit ans accomplis, ou jusqu'à leur émancipation qui « pourrait avoir lieu avant l'âge de dix-huit ans. »

Ainsi, après l'avoir accordé au père durant le ma- riage, la loi attribue aussi à la mère l'usufruit légal, si elle survit à son épouse. « En prononçant dans cet « article, disait M. Réal au Corps législatif, que la « mère jouit dans cette circonstance des droits qu'il « accorde au père, le législateur établit un droit égal, « une égale indemnité, là où la nature avait établi une « égalité de peines de soins et d'affection. Il répare, « par cette équitable disposition, l'injustice de plu- « sieurs siècles ; il fait, pour ainsi dire, entrer pour la « première fois la mère dans la famille, et la rétablit « dans les droits imprescriptibles qu'elle tenait de la « nature : droits sacrés, trop méconnus par les légis- « lations anciennes, reconnus, accueillis par quelques- « unes de nos Coutumes, et notamment par celle de

1. Demolombe, n° 479.—Marcadé, art. 384.
2. Demolombe, loc. cit.

« Paris, mais qui, effacés dans nos Codes, auraient dû
« se retrouver en caractères ineffacables dans le cœur
« de tous les enfants bien nés [1]. »

Après la dissolution du mariage, la mère survivante
a l'usufruit légal, quand bien même elle ne serait pas
tutrice de ses enfants : car ce droit attaché exclusivement à la puissance paternelle est indépendant de la
tutelle.

A la différence de ce qui avait lieu dans certaines Coutumes pour la garde noble, l'usufruit légal n'est jamais
accordé aux ascendants autres que le père et la mère,
encore moins aux collatéraux.

...... *Jusqu'à l'âge de dix-huit ans accomplis, ou jus-*
qu'à leur émancipation..... Il semble que l'usufruit légal
attaché à la puissance paternelle aurait dû se continuer
jusqu'à l'extinction de cette puissance, c'est-à-dire
jusqu'à l'émancipation ou la majorité; M. Marcadé
pense que le législateur a craint que la cupidité des
parents ne devînt quelquefois un obstacle au mariage
ou à l'établissement de leurs enfants, et que pour éviter
ce triste résultat, il n'a pas permis que l'usufruit légal
pût jamais continuer après l'âge de dix-huit ans [2].

La mère aurait-elle droit à l'usufruit légal dans les
cas où, par exception, elle est appelée à exercer durant
le mariage la puissance paternelle ?

Distinguons bien deux hypothèses différentes : ou
bien le père n'a plus l'exercice de la puissance paternelle, soit parce qu'il est dans l'impossibilité physique

---

1. *Exposé des motifs*, séance du 23 ventôse an XI.
2. Marcadé, art. 384, I.

d'en remplir les conditions, soit parce qu'il est absent ou interdit ;

Ou bien il en est déchu par application du l'art. 335 du Code pénal.

Dans la première hypothèse, nous pensons que l'usufruit légal ne cesse pas d'appartenir au père. En vain nous objecte-t-on qu'il faut être logique et interpréter l'art. 384 comme nous avons interprété les art. 373 et 389, c'est-à-dire décider que cet article a statué comme les autres sur le *plerumque fit*, et qu'en accordant au père seul l'usufruit légal durant le mariage, il a sous-entendu le cas très-rare où la mère exercerait à sa place la puissance paternelle. D'ailleurs, dit-on, l'usufruit légal est la récompense, la compensation des peines et des soins qu'imposent au père et à la mère l'éducation de l'enfant et l'administration de ses biens ; et lorsque la mère prend ces soins et ces peines, elle doit avoir l'usufruit. *Qui sentit incommodum, commodum sentire debet*[1].

M. Marcadé, auquel appartient cette argumentation, nous semble s'être trop peu préoccupé du rôle que joue la mère dans l'hypothèse prévue : lorsque le père se trouve, durant le mariage, empêché d'exercer la puissance paternelle, c'est toujours en lui néanmoins que réside cette puissance. A la vérité, un obstacle accidentel s'opposant à ce qu'il l'exerce lui-même, il est logique et convenable de confier cet exercice à la mère ; mais la mère, en ce cas, n'obtient qu'une fonction provisoire, intérimaire en quelque sorte, à la place du père et au

---

1. Marcadé, art. 384, n.—Massé et Vergé sur Zacharias, t. I, p. 370.

nom de ce dernier. Elle ne fait qu'exercer les droits de son mari. L'art. 141, au titre de l'absence, paraît bien appliquer cette idée, lorsqu'il donne à la femme la surveillance, l'éducation des enfants et l'administration de leurs biens, sans lui accorder la jouissance légale.

Cette jouissance continue, en effet, d'appartenir au père ; la mère, n'agissant ici que comme déléguée ou mandataire de son mari, lui doit compte des sommes qu'elle a perçues, sans aucune indemnité pour elle, le mandat étant naturellement gratuit (art. 1986). Sans doute, l'usufruit légal est, en règle générale, la compensation des charges d'une administration ; mais ce principe souffre des exceptions dans plusieurs cas. Une première exception résulte de la cessation de la jouissance légale, lorsque l'enfant a atteint l'âge de 18 ans ; une seconde, de l'art. 141 ; une troisième, de l'art. 387 ; notre espèce en prévoit une quatrième : il faudrait au moins une disposition pénale pour priver le père de l'usufruit légal [1].

Aussi reconnaissons-nous, comme tous les auteurs, qu'il ne doit plus bénéficier de ce droit lorsqu'il est déchu de la puissance paternelle par l'application de l'article 335 du Code pénal. Mais, tandis que certains jurisconsultes déclarent dans ce cas l'usufruit légal absolument éteint et le refusent par conséquent à la mère, nous partageons l'avis de ceux qui pensent qu'elle est investie de cet attribut de l'autorité paternelle concurremment avec tous les autres. La mère, en effet, n'agit

---

[1]. Demolombe, no 483.— Valette, *Expl. somm. du Code Nap.*, p. 218.— Mourlon, t. 1, no 1057.—Zachariæ, Aubry et Rau, t. IV, p. 609.

plus alors en qualité de mandataire et pour le compte de son mari resté nanti de son droit. Elle agit comme mère, avec tous les devoirs, et partant avec tous les émoluments que ce titre comporte.

Mais, objecte-t-on, le législateur du Code pénal, en édictant l'article 335, n'a sans doute pas voulu que sa sanction fût illusoire : or, elle le serait si la jouissance légale dont le père est privé passait à la mère. Sous quelque régime que soient mariés les époux, en fait, les revenus sont toujours dépensés en commun ; quelle efficacité aurait donc, avec votre doctrine, la déchéance dont la loi frappe le père ?

Nous croyons que lorsque la loi a édicté la pénalité prononcée par l'art. 335, elle s'est beaucoup moins occupée des effets matériels de cette pénalité que de ses effets moraux. « La déchéance prononcée contre le « père, dit M. Mourlon, est plutôt morale que pécu- « niaire. La loi le dépouille, à raison de son indignité, « des attributs qui l'honorent, qui l'ennoblissent en « quelque sorte ; quant aux conséquences pécuniaires « de cette dégradation morale, la loi ne s'en met pas « en peine : elles sont ce qu'elles peuvent être, tantôt « fort graves et tantôt sans importance [1]. »

Au surplus, la doctrine contraire conduirait à un résultat par trop bizarre. Supposons que le père d'un enfant de douze ans soit judiciairement privé de ses droits de puissance paternelle (art. 335 du Code pénal). Il n'y aura plus, selon l'avis de nos adversaires, d'usu- fruit légal. Les revenus des biens vont désormais ap-

---

[1]. Mourlon, t. 1, n° 1057.

partenir à l'enfant propriétaire. Deux ou trois ans après sa condamnation prononcée, le père vient à mourir ; l'usufruit légal va donc renaître pour la mère ! Mais alors, sur quoi baser, comment expliquer cette cessation momentanée d'un usufruit dont les causes ont toujours duré sans discontinuation aucune ? Comment la condamnation qui enlève au père tous les droits de puissance paternelle, lesquels, de commun accord, passent à la mère, aurait-elle cet effet de retenir l'usufruit légal au profit de l'enfant ? Comment ensuite la mort du père, qui ne déplace plus la cause, puisqu'elle laisse aux mains de la mère la puissance paternelle, déplacerait-elle l'effet en faisant revenir de l'enfant à la mère la jouissance des biens ? Il y a là des incohérences qui heurtent l'esprit et condamnent par là même l'opinion que nous combattons [1].

Il n'y aura, durant le mariage, extinction absolue de l'usufruit que dans le cas où les deux époux auront été déchus du droit de puissance paternelle.

L'usufruit légal, dépendance et accessoire de la loi sur la puissance paternelle, est un droit de statut personnel qui ne peut par conséquent être réclamé par des père et mère étrangers sur les immeubles de leurs enfants, situés en France. En admettant même que les étrangers pussent invoquer à leur bénéfice le secours des art. 375 et suivants [2], il n'y aurait plus ici mêmes

---

1. *Conf.*, Marcadé, art. 384, II.—*Contra*, Demolombe, nº 484.—Valette sur Proudhon, t. II, p. 262. — Zachariæ, Aubry et Rau, t. IV, p. 609. — Dalloz, Rép., Puiss. pat., nº 94.
2. *Voir* à la page 223.

17

motifs d'étendre l'art. 384 au delà de sa sphère naturelle d'application.

Nous reconnaissons bien, à la vérité, que si l'on considérait individuellement, abstractivement, l'usufruit légal, comme attribution de biens faite par la loi elle-même, il pourrait certainement présenter un caractère *de réalité* : et c'est pour l'avoir envisagé à ce point de vue faux, selon nous, que beaucoup d'auteurs l'ont accordé aux père et mère étrangers. Les lois réelles régissent en effet tous les immeubles, même ceux possédés par les étrangers. Mais l'usufruit légal ne peut pas constituer une disposition distincte, ni principale, ni essentielle. Il n'est jamais qu'une dépendance, un accessoire de la loi personnelle, et ne doit dès lors appartenir qu'à ceux auxquels cette loi est applicable.

C'était du reste, à en croire le *Nouveau Denizart*, l'opinion adoptée dans l'ancienne jurisprudence pour la garde noble, et c'est, de nos jours, la doctrine constante de la Cour de cassation [1].

Les père ou mère n'ont pas besoin d'accepter soit judiciairement soit extrajudiciairement l'usufruit légal. Il leur est déféré par la loi de plein droit. C'était le droit commun des Coutumes à l'égard de la garde noble. Dans quelques provinces, cependant, on exigeait l'acceptation des gardiens; mais on n'était guère

1. Nous lisons dans le *Nouveau Denizart*, t. IX, v° *Garde noble*, § 2, n° 1 : « Ce pouvoir (le pouvoir que conférait cette garde sur les biens) étant une « suite d'un droit personnel, serait par là même un droit personnel. »—Cassation, arrêts, 13 mars 1816.— Sirey, 1816, 1, 425.— 11 mars 1819.— Sirey 1819, 1, 446. — Nombreux arrêts de Cours impériales.

d'accord ni sur la forme de cette acceptation, ni sur le délai dans lequel elle devait être faite [1].

Peut-on au moment de la jouissance légale y renoncer? Aucun texte ne s'y oppose; si cette renonciation est faite avant toute immixtion dans les biens grevés de l'usufruit légal, ses effets sont absolus; mais si elle n'a lieu que postérieurement, elle ne produit d'effet que pour l'avenir.

La loi ne s'est pas occupée de la forme de la renonciation. M. Demolombe considère qu'il est important de prouver qu'on l'a faite, et à quel moment on l'a faite. Il conseille alors, en cas de dissolution du mariage, de la notifier par huissier au tuteur si l'usufruitier n'est pas tuteur lui-même, ou s'il l'est, au subrogé-tuteur [2].

Certains auteurs ont voulu étendre la possibilité de renoncer à l'usufruit légal, jusqu'à déclarer valable une clause de contrat de mariage stipulant cette renonciation [3]. Bien que cette opinion ait pour elle l'autorité considérable de MM. Zachariæ, Aubry et Rau, nous ne saurions l'admettre, en face des termes formels de l'article 1388 du Code Napoléon. Les raisons sur lesquelles elle est appuyée, ne nous semblent pas d'ailleurs suffisamment pertinentes. S'il est vrai que dans une renonciation anticipée à un droit auquel on peut renoncer lorsqu'il est acquis, il n'y ait pas en principe une atteinte portée à l'ordre public, il ne nous semble pas juste de dire qu'aucun texte de loi ne prohibe cette anticipa-

1. *Nouveau Denizart*, t. IX, v° *Garde noble*, sect. II, § 2.
2. Demolombe, n° 489.
3. Zachariæ, Aubry et Rau, t. III, p. 401, note 3.

tion, car cet acte viendrait heurter les dispositions de
l'art. 1388. Cet article défend en effet aux époux, de
« déroger aux droits qui appartiennent au *mari comme
chef*, ou aux droits conférés au survivant des époux,
par le titre de la *puissance paternelle* ». Le législateur a
vu là un danger; les termes sont formels, et d'ailleurs,
s'il restait quelque doute dans l'esprit, ce doute devrait
s'effacer devant les paroles que prononçait M. Treilhard
dans la discussion de l'art. 1388 : « Cet article, disait-il,
« ne parle de la puissance paternelle que pour défen-
« dre les stipulations qui priveraient le père de son
« pouvoir sur la personne de ses enfants, et de l'usu-
« fruit de leurs biens. »

Pothier enseignait qu'il était permis de renoncer à
la garde noble par contrat de mariage, appliquant à
cette matière la règle concernant les successions futu-
res[1]. Mais il ajoutait aussi que les contrats de mariages étaient susceptibles de toute convention. De nos
jours, en présence des art. 1130 et 1388, la doctrine
de Pothier pourrait, à bon droit, être retournée contre
ceux qui l'invoquent[2].

L'usufruit légal, soumis sur quelques points aux
règles générales de l'usufruit ordinaire, est néanmoins
un usufruit d'une nature particulière; son caractère
ressort de divers textes épars çà et là dans le Code,
mais qui, rassemblés et combinés, lui composent une
réglementation spéciale.

Ainsi, supposons qu'un usufruit ordinaire comprenne

1. Pothier, *Garde noble et bourgeoise*, n° 45.
2. *Conf.*, Rodière et Pont, *Contrat de mariage*, t. 1, n° 68.—Marcadé, t. V,
art. 1389, vi.—Demolombe, n° 491.

des choses qui, sans se consommer de suite, se dété-
riorent peu à peu par l'usage, comme des meubles meu-
blant, du linge, etc. « L'usufruitier, dit l'art. 589, a
« le droit de s'en servir pour l'usage auquel elles sont
« destinées, et n'est obligé de les rendre, à la fin de
« l'usufruit, que dans l'état où elles se trouvent, non
« détériorées par son dol ou par sa faute. »

Dirons-nous la même chose de l'usufruitier légal?
Voici comment s'exprime, en ce qui le concerne, l'article 453 : « Les père et mère, tant qu'ils ont la jouis-
« sance propre et légale des biens du mineur, sont dis-
« pensés de vendre les meubles, s'ils préfèrent les gar-
« der pour les remettre en nature. Dans ce cas, ils en
« feront faire, à leurs frais, une estimation à juste
« valeur par un expert qui sera nommé par le subrogé-
« tuteur, et prêtera serment devant le juge de paix ; ils
« rendront la valeur estimative de ceux des meubles
« qu'ils ne pourraient représenter en nature. » Les
père et mère ont donc le choix, ou de faire vendre les
meubles, placer le prix, et jouir du revenu, ou de les
garder pour les remettre en nature, en les faisant esti-
mer par un expert. Ce droit d'option, bien formulé par
l'art. 453, donne cependant lieu à une difficulté.

En admettant que l'usufruitier légal opte pour la
co servation des meubles, dirons-nous qu'il ne doit les
rendre, à la fin de l'usufruit, que dans l'état où ils se
trouveront, ainsi que peut le faire un usufruitier ordinaire, ou bien la détérioration doit-elle retomber sur
lui ?

Et si ces meubles se trouvent dans un tel état de vétusté et de délabrement qu'ils soient hors de service,

même sans sa faute, ne doit-il pas rendre le montant de l'estimation qui en a été faite ?

MM. Valette et Demante enseignent que les père et mère ne peuvent être tenus plus rigoureusement que tout autre usufruitier en ce qui concerne l'obligation de restituer les meubles dont ils conservent la jouissance (art. 589). L'art. 453, disent-ils, n'a pas pu leur faire une situation autre : car tout le monde convient qu'ils ne sont pas tenus de la simple dépréciation des objets qui se rapporte aux variations du goût ou de la mode, ni même des dégradations produites par le temps ou par le service des objets, en supposant du reste qu'ils soient demeurés *en nature*, comme le dit le texte de l'article, c'est-à-dire pouvant encore servir à l'usage auquel ils sont destinés. « Or, ajoute M. « Valette, ce premier point étant admis, on ne com- « prend pas que les père et mère soient responsables « d'une perte arrivée par cas fortuit ou force majeure, « comme serait une inondation ou un incendie. Car « comment souffriraient-ils d'une perte totale, lors- « qu'ils ne souffrent pas des dégradations partielles « qui n'ont pas mis les objets hors d'usage ? Et si les « meubles avaient déjà perdu la moitié de leur valeur « lorsqu'ils sont venus à périr, ne serait-il pas absurde « que l'usufruitier légal dût rembourser toute l'esti- « timation faite à l'origine ? L'inondation ou l'incendie « aurait donc été un coup de fortune pour le mineur ou « pour ses héritiers ? Enfin si on écarte ce résultat « comme inadmissible, on ne conçoit pas davantage « que l'usufruitier légal soit tenu de la destruction « arrivée par le service ou l'emploi des meubles, ou

« même par le seul laps de temps (ce qui a lieu pour
« les animaux), si la jouissance ne présente d'ailleurs
« aucun caractère abusif. N'est-il pas étrange de dire
« que l'usufruitier légal puisse détériorer par sa jouis-
« sance les meubles dont il jouit, jusqu'au dernier
« moment où leur *nature* subsiste encore, sans être
« aucunement tenu de ces détériorations, et que ce
« dernier pas franchi (quoique toujours au moyen d'un
« emploi légitime), et la chose perdant sa nature, il
« soit astreint à payer toute l'estimation faite à l'ori-
« gine? Tel ne peut être le sens de la loi, et il est à
« croire qu'elle a eu seulement en vue le cas où les
« père et mère, *ne représentant pas les objets en nature*,
« n'expliquent pas comment ils ont disparu, où, en
« d'autres termes, ne justifient pas de la perte arrivée
« par cas fortuit ou force majeure, ou par l'effet néces-
« saire et régulier de la jouissance [1] ».

Nous avons cru nécessaire de reproduire en entier le
développement de cette doctrine que nous nous propo-
sons de combattre, tant à cause de l'autorité de ceux
qui la professent, que de la gravité même de la question
à laquelle elle se rattache. Nous la rejetons, comme
contraire au texte de la loi, contraire à la pensée du
législateur, contraire enfin aux véritables intérêts de
l'enfant.

Et d'abord, au texte de la loi.

L'art. 453, s'appliquant à l'usufruit légal, est rédigé
tout autrement que les articles applicables à l'usufruit

---

1. Valette, *Explication sommaire du Code Napoléon*, p. 245, 247.—Demante,
t. I, no 211 *bis*, III.

ordinaire et cela, non pas par inadvertance des rédacteurs. Ainsi, tandis qu'aux termes de l'art. 453, l'usufruitier légal qui a opté pour la conservation des meubles doit les *rendre en nature*, d'après l'article 589, l'usufruitier ordinaire doit rendre les meubles dans l'état où ils se trouvent lors de l'époque de la restitution : cette dernière formule, répétée toutes les fois qu'il est question d'un usufruitier ordinaire ou assimilé à l'usufruitier ordinaire (art. 950, 1566), n'est pas reproduite par l'art. 453, qui ordonne de remettre les meubles en nature, ou bien, dans le cas où cela ne serait plus possible, leur valeur estimative. Cette différence de rédaction est trop marquée pour n'être pas intentionnelle, et il est impossible que l'art. 453, rédigé d'une façon si spéciale et si distincte, n'ait pas un sens très-distinct et très-spécial.

Ainsi, les père et mère doivent remettre les meubles en nature, c'est-à-dire propres encore à l'usage auquel ils sont destinés d'après *leur nature*, d'après leur *forme caractéristique*. L'art. 453 n'a pas ajouté qu'il suffisait de les rendre dans l'état *où ils se trouveraient*.

Par conséquent, c'est pour eux que les meubles se dégradent, tombent en pièces ou en morceaux, même par l'effet de l'usage ou de la vétusté. C'est pour eux, même, qu'ils périssent par cas fortuit ; l'article dit : « remettre en nature » ou bien « fournir leur valeur estimative » : c'est formel.

Examinons maintenant si cette doctrine n'est pas conforme à la pensée du législateur.

La jouissance des père et mère ne devait pas être une cause de destruction, d'amoindrissement du capital de l'enfant. D'un autre côté, il fallait respecter les franchises de l'autorité paternelle. Le législateur a donc dit aux père et mère : Régulièrement, ces meubles devraient être vendus. Ce serait dans le meilleur intérêt de l'enfant qui ne courrait alors aucun risque, les objets sujets à dépréciation étant convertis en un capital productif et permanent. Toutefois , nous vous permettons de les garder, mais à la condition que le capital de l'enfant ne sera pas compromis. Vous avez donc le choix, ou de vendre les meubles pour en restituer plus tard le prix , ou de les garder pour les remettre en nature. Prenant le parti que vous préférez, vous ne devez pas vous plaindre des conséquences de votre option. L'enfant doit avant tout garder son bien sain et sauf, et vous ne pouvez être maître de détruire ou de conserver ce bien , à votre gré, suivant le choix que vous faites de l'un ou de l'autre des moyens de jouissance que la loi vous propose.

Voilà quelle fut certainement la pensée du législateur, pensée conforme au bon sens et à l'équité. « Il ne faut pas, dit très-bien M. Demolombe , organiser la puissance paternelle de telle sorte que ce soit un malheur pour l'enfant de voir ses biens entre les mains de son père ou de sa mère ».

Ainsi l'intérêt de l'enfant, très-bien sauvegardé dans notre opinion, serait très-compromis en suivant la doctrine adverse. Nous prétendons que la loi a voulu, avant tout, lui garantir la conservation du fonds qui lui appartient, et nous affirmons cela avec d'autant plus de facilité que nous avons un texte très-clair et très-précis. L'opinion contraire, voulant étendre le sens de ce texte, aboutit, au moyen d'arguments dont nous ne méconnaissons pas toutefois la valeur, à une conséquence tout opposée, mais qui ne nous paraît pas reproduire facilement la pensée de la loi [1].

Ce serait à tort que l'on nous reprocherait la rigueur de cette doctrine. Cette rigueur, en fait, n'existe pas. Les père et mère auront le droit de veiller à ce que l'estimation soit faite d'après des bases équitables, et nous leur reconnaîtrions, dans tous les cas, le droit de la contester, s'ils la trouvaient excessive.

L'usufruit légal peut-il être cédé, hypothéqué, exproprié par voie de saisie immobilière, comme l'usufruit ordinaire, aux termes des art. 595, 2118, 2204 ?

Pas plus sur ce point que sur le précédent, l'assimilation entre les deux usufruits ne nous semble possible, et c'est par la négative que nous résoudrons la question. L'usufruit légal ne doit pas, en effet, se considérer en dehors de la puissance paternelle dont il est un des attributs. Pourrait-on céder ses droits de puissance paternelle ? incontestablement non. Comment, dès lors, un droit qui découle de ce pouvoir pourrait-il faire l'objet d'une cession, d'une hypothèque, d'une saisie ?

Admettre la possibilité d'une pareille cession, c'est déclarer que le cessionnaire va pouvoir s'opposer aux actes d'administration du père, et rendre cette administration impossible. De plus, nous croyons que la validité de pareilles opérations est inadmissible en face

1. Proudhon, *De l'usufruit*, t. v, nº 2639. — Bugnet sur Pothier, t. vi, p. 518.—Dalloz, Rép., *Puiss. pat.*, nº 99.—Demolombe, nº 524.

de la difficulté matérielle de les exécuter. Le cessionnaire de l'usufruit doit, en effet, avec le droit, prendre
les charges : cela est très-facile lorsqu'il s'agit d'un
usufruit ordinaire ; mais cela deviendra très-difficile
quand il s'agira de la jouissance légale, en raison de la
nature et du caractère des charges qui incombent au
titulaire. D'ailleurs, l'ingérence d'un tiers dans les
affaires de la famille devient répugnante à l'esprit,
lorsqu'elle peut aller jusqu'à discuter les droits et les
décisions du père [1].

D'autres différences séparent encore l'usufruit légal
de l'usufruit ordinaire : ainsi, aux termes de l'art. 601,
les père et mère ayant la jouissance légale ne sont pas
tenus de donner caution.

Il n'est pas dû, comme en matière d'usufruit ordinaire,
de droit de mutation à l'ouverture de la jouissance
légale [2].

Nous allons trouver bientôt les points de ressemblance qui rapprochent ces deux usufruits. Mais,
nonobstant ces liens de consanguinité, nous sommes
bien fondés à dire que l'usufruit légal, recevant de son
origine, de sa cause, une nature spéciale, un caractère
particulier, ne peut pas être en général assimilé à l'u-
sufruit ordinaire. La loi a dû l'établir de telle façon
qu'il fût pour l'enfant une source, sinon d'enrichisse-
ment, au moins de non appauvrissement, sans être
néanmoins pour le père une charge ou un onéreux em-

1. Conf., Valette sur Proudhon, t. II, p. 267.—Demolombe, n° 527.—Dalloz,
Rép., Puiss. pat., n° 101.

2. Loi des 29 septembre-6 octobre 1791. — Championnière et Rigaud, Des
droits d'enregistrement, n° 2482.

barras. Il fallait avant tout maintenir dans leur plus grande étendue les droits de l'un, sans porter atteinte aux franchises de l'autre. Prescrire à cet égard des règles sur toutes les questions possibles eût été pour le législateur une tâche délicate et laborieuse. Il aima mieux s'en rapporter au dévouement éclairé du père et à la confiance du fils. Il serait donc dangereux de vouloir forcer le sens des textes, ou élargir leur sphère d'application. On s'exposerait à dénaturer ou à méconnaître la pensée de la loi.

Nous allons rechercher maintenant sur quels biens porte l'usufruit légal, puis nous examinerons ensuite quelles sont ses charges et ses causes d'extinction.

A. SUR QUELS BIENS PORTE L'USUFRUIT LÉGAL.

L'usufruit légal s'étend, en général, sur tous les biens qui appartiennent à l'enfant, sauf sur ceux que la loi affranchit de ce droit de jouissance. C'est donc, à vrai dire, un usufruit universel.

L'usufruitier perçoit tous les fruits soit naturels, soit industriels, soit civils. Il n'a à restituer, lors de la cessation de la jouissance, que le fonds, le titre lui-même.

Quatre sortes de biens ont été soustraites par la loi à l'usufruit légal. Nous allons successivement étudier ces quatre exceptions à la règle générale.

PREMIÈRE EXCEPTION. — *Des biens que les enfants ont pu acquérir par un travail ou une industrie séparés.*

L'art. 387 nous dit : « La jouissance légale ne s'étendra pas aux biens que les enfants pourront acquérir par un travail et une industrie séparés... »

L'enfant, exerçant une profession distincte de la profession qu'exerce son père, acquerra pour lui les bénéfices qu'il en retire, bien qu'il réside au domicile commun de la famille. Cette résidence commune est d'ailleurs forcée, puisqu'aux termes de l'art. 374, l'enfant ne peut avoir d'autre domicile que celui de son père. On peut comparer sa situation à celle de la femme mariée, qui, tout en demeurant avec son mari, ainsi que l'y oblige l'art. 214, fait néanmoins un commerce séparé.

Cette disposition de la loi est un encouragement salutaire donné aux habitudes d'ordre, de travail, de bonne conduite. Peut-être pourrait-on lui reprocher de créer une inégalité fâcheuse entre plusieurs frères occupés, les uns à leur industrie particulière, les autres à la profession de leur père. Le législateur a laissé à la sagesse paternelle le soin de faire disparaître cet inconvénient en égalisant, par de prudentes mesures, les différentes situations.

La source des biens qui échappent à la jouissance légale doit être une industrie ou un travail. Nous en concluons que les gains d'un jeu ou d'un pari, dus au hasard et non au travail, seraient soumis à l'usufruit légal. Il faudrait décider de même, relativement au trésor trouvé par un tiers sur le fonds de l'enfant, ou par l'enfant sur le fonds d'autrui ou même sur son propre fonds. Il y a, en effet, dans tous ces cas, pour nous servir d'une vieille expression, *donum Dei*.

Bien des auteurs pensent, contrairement à ce qu'enseignaient Pothier et Dumoulin, qu'il faudrait même appliquer cette dernière règle dans l'hypothèse où le trésor aurait été trouvé sur un fonds de l'enfant non soumis à l'usufruit légal. Le trésor, disent-ils, n'est pas un accessoire du fonds qui le recèle. Il ne fait pas partie de l'immeuble comme, par exemple, les minéraux et les futaies. C'est quelque chose de distinct, ayant son existence propre, et conservant, malgré tout, son caractère de meuble [1].

Lorsque, par application de l'art. 387, l'enfant conserve les bénéfices qu'il a retirés de l'exercice d'une profession séparée, il n'en a pas pour cela la libre disposition. Le père est toujours administrateur légal, c'est lui qui doit gérer toute la fortune de l'enfant. Seulement, il est comptable même des revenus des biens dont il n'a pas la jouissance.

2ᶜ EXCEPTION. — *Biens donnés ou légués à l'enfant sous la condition expresse que les père et mère n'en jouiront pas.*

Afin de laisser aux bienfaiteurs de l'enfant une liberté plus entière, le législateur a permis que des biens fussent donnés ou légués à cet enfant, sous la condition expresse que les père et mère n'en auraient pas l'usufruit. Comme c'était déroger aux droits qui résultent de la puissance paternelle, il fallait un texte spécial pour prononcer cette dérogation. La loi s'est inspirée de cette pensée que bien des personnes disposées à

---

1. Duranton, t. v, nᵒ 373.—Chardon, *Puiss. pat.*, nᵒ 123.—Zachariæ, Massé et Vergé, t. ı, p. 370.—Aubry et Rau, t. ıv, p. 609.— *Contra*, Dumoulin, *Des matières féodales*, tit. ı, § 1.— Glose ı, vᵒ *Seigneur féodal*, nᵒ 60. — Pothier, *Garde noble et bourgeoise*, nᵒ 68.

favoriser un enfant, mais, en même temps, peu sou-
cieuses de voir les parents profiter de la libéralité,
hésiteraient à laisser à cet enfant tout ou partie de leurs
biens, s'il n'était pas possible d'en ôter la jouissance au
père ou à la mère. Afin d'encourager les dons faits aux
enfants, elle permit de les subordonner à cette condition exceptionnelle.

La condition doit être expresse, dit l'art. 387; mais,
il n'en résulte pas que le testateur doive employer des
termes sacramentels. Tout ce que veut la loi, c'est que
la prohibition soit claire et manifeste. Ce sera donc
souvent une question de fait laissée à l'appréciation du
juge. Toutefois, s'il y a doute, ce doute devra profiter
au père, puisque l'usufruit est la règle générale.

Un arrêt de la Cour de Paris, du 24 mars 1842, a
décidé que, lorsqu'un aïeul, en léguant à son petit-fils
une somme d'argent, a ordonné que le placement et
l'emploi en seraient faits jusqu'à la majorité du légataire, par une personne qu'il désigne, ce legs pouvait
être considéré comme fait sous la condition expresse
que le père n'en aurait pas la jouissance dans le sens de
l'art. 387 [1]. Il est bien évident que lorsque l'acte de
donation ou le testament contient des dispositions
inconciliables avec l'exercice de la jouissance légale,
que si, par exemple, le disposant a indiqué l'emploi à
faire des revenus, ou s'il a institué le père légataire
en le chargeant fiduciairement de rendre les biens à
son fils avant que celui-ci ait atteint l'âge de dix-huit
ans, il est évident, disons-nous, qu'il y a dans ces hy-

1. Dalloz, Rép., *Puiss. pat.*, n° 106.

pothèses, impossibilité d'attribuer au père l'usufruit légal.

Si un testateur a déterminé la part du père et celle du fils dans une libéralité, s'il leur a donné, par exemple, à chacun la moitié, nous ne déciderons pas, comme on le faisait autrefois, dans les pays de droit écrit, que cette disposition est inconciliable avec les droits de jouissance légale. La Novelle 118 et la loi 6 du Code *de bonis quæ liberis*, invoquées par les auteurs anciens, ne sont plus applicables. D'ailleurs l'art. 749 et l'art. 751 qui ont pour objet de régler la même matière ne reproduisent ni ne consacrent la même opinion. Et au surplus, l'art. 730 édictant, à titre de peine, la privation de l'usufruit légal dans un certain cas, pourrait nous fournir un argument *à contrario*. Le droit d'usufruit légal n'a jamais, du reste, dans notre législation qu'une cause génératrice, le droit de puissance paternelle. Là où ce droit existe, il entraîne à sa suite dans le silence de la loi tous les attributs qui lui sont attachés.

Supposons, maintenant, que le don ou le legs soit d'une rente viagère ou d'un usufruit; il semble au premier abord qu'il n'y ait plus là de base pour asseoir l'usufruit paternel. Enlever à l'enfant la jouissance de la rente viagère, c'est, pourrait-on dire, ne rien lui laisser du tout.

Ce raisonnement reposerait sur une confusion. Il faut, dans un usufruit ou dans une rente viagère, distinguer le droit d'usufruit et de rente en lui-même des revenus que ce droit produit. Cette distinction entre le droit et ses fruits est faite par deux fois dans le Code, aux art. 588 et 1568. « L'usufruit d'une rente viagère, dit

« l'art. 588, donne à l'usufruitier le droit de percevoir
« les arrérages, sans être tenu à aucune restitution »,
et suivant l'art. 1568, « si un usufruit a été constitué
« en dot, le mari ou ses héritiers ne sont obligés, à la
« dissolution du mariage, que de restituer ce droit
« d'usufruit et non les fruits échus durant le mariage ».

Ainsi le fils conservant le droit nu de rente viagère
ou d'usufruit, le père ou la mère peuvent exercer la
jouissance légale. Les arrérages d'une rente viagère ne
sont en effet que les fruits de la rente elle-même [1].

Il ne faudrait pas appliquer au droit de bail à ferme
ce que nous venons de dire de la rente viagère et de
l'usufruit. Ce sont, en effet, les produits du fonds af-
fermé qui constituent la substance et le capital du droit
du fermier, à la différence de l'usufruit et de la rente
viagère, qui sont des droits dont l'existence est indé-
pendante des fruits qu'ils procurent à celui qui en jouit.
L'usufruitier légal ne peut donc pas percevoir les fruits
provenant du bail à ferme sans contrevenir à l'art. 578
qui veut qu'il conserve la substance de la chose [2].

Une grave et difficile question est celle de savoir si la
condition de l'art. 387 peut être imposée avec effet aux
biens que l'enfant devait recueillir à titre d'héritier
réservataire. Un père meurt instituant son fils légataire
universel, sous la condition que la mère survivante
n'aura pas la jouissance des biens. Cette condition certainement valable pour une moitié du patrimoine du
père, laquelle était disponible entre ses mains, l'est-

---

1. Dalloz, Rép., *Puiss. pat.*, n° 109.
2. Chardon, *Puiss. pat.*, n°s 178 et 179. — Massé et Vergé sur Zachariæ,
p. 370, note 8.—Demolombe, n° 512.

18

elle également pour la seconde moitié formant pour l'enfant une succession rigoureusement réservée et que le père ne pouvait attribuer à aucun autre ?

La question avait divisé autrefois les auteurs ; la majorité, toutefois, s'était prononcée pour la négative.

De nos jours, la même controverse s'est élevée ; disons néanmoins, de suite, que presque tous les jurisconsultes se sont ralliés au système de la négative ; mais il n'y a pas entre eux accord complet quant aux motifs de décider. Nous verrons comment ils sont arrivés aux mêmes conclusions par des considérations différentes ; et pour mieux approfondir la question, nous croyons qu'il est important de connaître tout d'abord le système adverse, qui s'appuie d'ailleurs sur des arguments d'une nature particulièrement ingénieuse.

On ne pourrait, disent les partisans de l'affirmative, se refuser à exécuter, quant aux biens réservés, la condition dont il s'agit, qu'en faisant déclarer nul, par rapport à ces biens, le testament qui la contient, pour les considérer comme arrivés à l'enfant par succession *ab intestat*. Or, ce n'est pas la mère qui peut jamais avoir contre le testament ce droit d'annulation, de réduction. La raison, et avec elle le texte formel de l'article 921, disent que le droit de réduction n'appartient qu'aux héritiers réservataires eux-mêmes ou à leurs ayants-cause, héritiers, légataires ou créanciers. Mais bien plus, l'action en réduction ne peut pas même exister dans l'hypothèse. En effet, le but essentiel de la réduction, c'est de faire entrer dans le patrimoine de l'héritier réservataire des biens, des droits, des

avantages dont le priverait la disposition à réduire :
or, ici, le testament attaqué n'a pas d'autre tort que
de placer dans ce patrimoine un usufruit qui sans lui
n'y entrerait pas; la condition qu'on veut faire disparaître
comme violant le droit de réserve donne au contraire à
l'enfant ou à ses créanciers un avantage dont ils ne
jouiraient pas sans elle. Donc, en définitive, il n'est
pas possible de parler de réduction. Attaquer un testament comme réductible, c'est-à-dire comme laissant
trop peu à l'héritier, en se fondant précisément sur ce
qu'il lui donne trop, ce serait absurde[1].

Voici ce qu'ont répondu quelques auteurs à cette doctrine.

La condition en question imposée à la réserve, au
lieu d'être tenue simplement pour *non écrite*, doit donner lieu à une action en réduction. La réserve doit, en
effet, arriver franche et libre aux mains du réservataire. C'est la loi qui la lui transmet, et le testateur ne
peut la grever d'aucune charge ni d'aucune condition.
Or, la condition par laquelle il prive le père de l'usufruit légal, altérant suivant nous pour l'enfant la pleine
et libre propriété de la réserve, il y a donc lieu à l'action en réduction.

Objectera-t-on qu'il n'y a pas d'atteinte portée à la
réserve, que le droit du réservataire n'en est que plus
complet? Mais alors nous répondrons : Si, il y a une
atteinte portée à la réserve. L'enfant peut avoir un inté-

1. Duvergier sur Toullier, t. II, n° 1067, note *a*. — Demante, t. II, n° 133
bis, II.—Valette sur Proudhon, t. II, p. 264.— M. Valette s'est rallié à la doctrine opposée dans son ouvrage intitulé : *Explication sommaire du Code Napoléon*, p. 216.

rêt à ce que la réserve soit grevée de l'usufruit paternel, soit dans les mêmes conditions que ses autres
biens. Or, la condition de non-jouissance du père est
une atteinte portée au droit de l'enfant réservataire, et
si cette atteinte existe, le droit de demander par voie
d'action en réduction telle que cette hypothèse la comporte, que cette condition soit réputée non écrite,
appartient non-seulement à l'enfant, mais bien à tous
ceux qui ont des droits légitimes à exercer sur les biens
compris dans la réserve. Le père et la mère doivent
certainement être rangés dans cette classe; ils sont
ayants-cause de leurs enfants au point de vue de la
jouissance que la loi leur attribue sur les biens de ces
derniers. Le même moment qui voit naître la propriété des enfants voit naître l'usufruit paternel, et le
père doit avoir, pour le maintien d'un droit que la loi
lui confère, la même action qui appartient aux enfants
eux-mêmes.

Au surplus, les biens faisant partie d'une réserve
peuvent-ils être considérés à juste titre comme biens
donnés ou légués? N'est-ce pas la loi elle-même qui
attribue la réserve? Cette catégorie de biens ne ren-
trerait donc pas dans la sphère d'application de l'article 387 [1].

MM. Massé et Vergé (sur Zachariæ) font observer
qu'il n'est pas très-exact de dire que le père ou la mère
ayant-cause de l'enfant ait une action en réduction
pour faire réputer non écrite la clause qui dispense la

---

1. Duranton, t. III. p. 376.— Marcadé, t. II, art. 387, II.— Zachariæ, Aubry
et Rau, t. IV, p. 609, 610.— Demolombe, nº 513.— Valette, *Expl. somm. du
Code Nap.*, p. 216.—Cass., arrêt de 1823.

réserve de l'usufruit légal. Contre qui, en effet, exercer cet action ? Le demandeur ne trouvera pas ici d'adversaire puisqu'il ne s'agira pas de faire réduire un legs ou un avantage fait à un tiers, mais bien de faire disparaître une clause d'un legs avantageux ou non fait à l'enfant lui-même. La mère demandant son usufruit ne pourrait avoir d'autre adversaire que l'enfant, et comment admettre ce résultat, puisque ce sont les droits de l'enfant lui-même qu'elle vient exercer ? Ce n'est donc pas dans un prétendu droit de réduction que peut se trouver le principe du droit de la mère de faire déclarer non écrite la condition qui le prive de son usufruit sur la réserve légale de l'enfant dans la succession paternelle.

Nous admettrons, avec ces auteurs, que la condition doit être purement et simplement réputée non écrite. Sans doute le legs de la réserve légale n'est pas nul de plein droit, et sous ce rapport le réservataire à qui cette réserve est léguée peut être considéré comme un légataire. Mais il est certain que celui auquel on a légué une chose à laquelle il avait droit, et à qui par conséquent ce legs ne donne rien, recueille la chose bien moins comme légataire qu'en vertu de son droit antérieur. Donc, celui qui est privé de son usufruit légal sur la réserve, au moyen d'une condition apposée au legs de cette réserve, est fondé à dire qu'en réalité, cette réserve n'est pas une chose léguée, et que par suite on doit réputer *non écrite* une condition à laquelle la transmission de cette chose n'était pas susceptible d'être subordonnée [1].

1. Massé et Vergé sur Zachariæ, p. 371, note 9.

Cette doctrine s'applique également au cas où la réserve aurait été transmise à l'enfant par un acte entre vifs, par exemple, par un acte de partage anticipé.

3ᵉ EXCEPTION. — *Biens d'une succession dévolue à l'enfant à la place de son père ou de sa mère exclue comme indigne.*

On connaît les causes d'indignité successorale établies par la loi. Elles sont énumérées dans l'art. 727. Mais afin de donner une efficacité complète à la peine prononcée, le législateur devait veiller à ce que le père déclaré indigne ne pût profiter indirectement de la succession qui lui était enlevée. L'art. 730 dispose à cet effet, que : « les enfants de l'indigne venant à la suc-
« cession de leur chef, et sans le secours de la repré-
« sentation, ne sont pas exclus pour la faute de leur
« père ; mais celui-ci ne peut, en aucun cas, réclamer
« sur les biens de cette succession l'usufruit que la loi
« accorde aux père et mère sur les biens de leurs en-
« fants ».

Quoique l'art. 730 ne parle que du père, tout le monde convient qu'il s'applique également à la mère, au cas où elle aurait été déclarée indigne. Cela semble d'ailleurs résulter implicitement de la fin de l'article qui a statué dans son dispositif sur le *plerumque fit.*

Les effets de la peine édictée par l'art. 730 doivent atteindre non-seulement l'époux déclaré indigne, lorsque seul il est héritier, mais aussi l'autre époux condamné comme complice du même fait. On peut sans doute objecter qu'il s'agit là d'une disposition pénale, et qu'elle ne saurait être étendue au delà de ses termes. Mais la pensée du législateur apparaît assez clairement pour qu'on puisse affirmer qu'il a voulu priver de tous droits sur les biens héréditaires celui des époux indistinctement qui aurait commis quelque acte de nature à faire déclarer l'indignité.

Lorsque le père seul, exclu comme indigne, est privé de la jouissance légale, il n'est pas douteux non plus que la mère n'obtienne l'usufruit légal qu'après la dissolution du mariage. Nous ne nous écartons pas ici d'une opinion soutenue quelques pages plus haut, pour un cas qui semble au premier aspect analogue à celui-ci. L'espèce est très-différente. Ici, le père conserve ses droits de puissance paternelle. Il n'est privé, à titre de peine, que de l'usufruit légal des biens provenant de la succession dont il a été écarté comme indigne, et peut avoir l'usufruit des autres biens de l'enfant. La mère viendrait donc en vain réclamer durant le mariage cet usufruit auquel elle n'a aucun droit, puisqu'elle n'est pas investie de l'exercice de l'autorité paternelle. Les revenus des biens de l'enfant resteront propres à ce dernier, jusqu'au jour de la dissolution du mariage, si cette dissolution se produit avant les événements qui mettent fin à l'usufruit légal.

Cette opinion concorde au contraire parfaitement avec notre doctrine générale. Toutes les fois que le droit d'autorité paternelle continue de résider en la personne du père, celui-ci fût-il même dans l'impossibilité accidentelle de l'exercer, l'usufruit légal ne saurait appartenir à la mère. Elle n'en peut jouir qu'à partir du

moment où elle exerce virtuellement et dans sa plénitude la puissance paternelle, c'est-à-dire lorsque le
père a été déchu de ce droit, ou après la dissolution du
mariage [1].

On ne saurait étendre au delà du cas spécial d'indignité la disposition de l'art. 730. Ainsi , lorsque les enfants hériteront par suite de la renonciation de leur
père , celui-ci pourra, malgré sa renonciation à la succession, exercer son droit de jouissance légale sur les
biens héréditaires , puisqu'il tient ce droit de son autorité paternelle.

4ᵉ EXCEPTION. — *Biens compris dans un majorat.*

Suivant un avis du conseil d'État du 30 janvier 1811 ,
il devait être, pendant la minorité des titulaires,
pourvu à l'administration et à l'emploi des majorats de
la manière prescrite par le Code à l'égard des biens dé-
signés dans l'art. 387 : c'est-à-dire que l'usufruit paternel ne pouvait s'exercer sur ces biens.

L'institution des majorats a été abolie par la loi du
11 mai 1849. Aux termes de cette loi, la transmission
des majorats existants ne peut plus avoir lieu qu'au
profit des appelés du deuxième degré nés ou conçus
avant sa promulgation.

B. DES CHARGES DE L'USUFRUIT LÉGAL.

La loi n'attribue aux père et mère la jouissance légale
que sous le bénéfice de certaines charges qu'ils sont
tenus de remplir. Ces charges comprennent les obligations générales de tout usufruitier , obligations qui

1. Voir à la page 527 et suiv.

dérivent de la nature même du droit d'usufruit, et certaines autres obligations spéciales qui tiennent au caractère même de l'usufruit légal.

L'art. 385 énumère ces charges dans l'ordre suivant :

1º Celles auxquelles sont tenus tous les usufruitiers ;

2º La nourriture, l'entretien et l'éducation des enfants selon leur fortune ;

3º Le payement des arrérages ou intérêts des capitaux ;

4º Les frais funéraires et ceux de dernière maladie.

Reprenons successivement chacune de ces dispositions :

1º Les charges auxquelles sont tenus tous les usufruitiers.

La jouissance légale ne doit pas être, nous l'avons dit plus haut, assimilée en général à l'usufruit ordinaire. Elle a ses règles propres, son caractère particulier. Mais, de même que l'usufruit proprement dit, elle attribue au père (ou à la mère) l'universalité des fruits. C'est là une ressemblance importante, capitale, qui justifie la disposition de notre art. 385-1º.

Ce n'est pas ici le lieu de rappeler en détail quelles sont les charges de l'usufruit ordinaire. Bornons-nous à dire que, au moment où commence l'usufruit légal, le père devra, comme l'usufruitier ordinaire, dresser l'inventaire des meubles et l'état des immeubles soumis à l'usufruit (art. 601). Toutefois, il n'est pas tenu de fournir la caution exigée par le même article pour l'usufruitier ordinaire. Cette dispense est fondée sur la qualité de l'usufruitier légal. La loi a pensé que la sagesse et l'affection paternelles étaient pour l'enfant la meilleure des garanties et la caution la mieux assurée.

L'usufruitier légal devra jouir en bon père de famille et conserver la substance de la chose, obligation qui entraîne celle d'acquitter toutes les impenses qui se prennent sur le revenu : contributions, arrérages de rentes, intérêts des capitaux, pensions alimentaires ou viagères, réparations d'entretien, frais des procès qui concernent la jouissance, remplacement, jusqu'à concurrence du croît, des animaux dont la perte a diminué le troupeau dont ils faisaient partie (art. 605 à 616).

2° *La nourriture, l'entretien et l'éducation des enfants selon leur fortune.*

Cette disposition de l'art. 385 n'est pas une répétition de l'art. 203. Les obligations imposées par ces deux articles sont très-différentes. Suivant le premier, les père et mère contractent ensemble par le seul fait de leur mariage l'obligation de nourrir, entretenir et élever leurs enfants. Nous avons combattu l'opinion qui veut que cet article porte avec lui sa sanction civile, et qui accorde aux tribunaux le droit d'imposer au père, sur les réclamations de la mère, par exemple, l'obligation de changer le mode d'éducation de l'enfant, sous prétexte que celle qu'il reçoit n'est pas en rapport avec la position et la fortune de ses parents [1]. L'art. 385 nous semble avoir levé tous les doutes en disposant que l'enfant, dont les biens seront soumis à l'usufruit légal du père, devra recevoir une éducation en rapport avec sa fortune. Il ne fallait pas, en effet, permettre au père, jouissant des revenus de son enfant, de réaliser des économies aux dépens des besoins physiques et

---

1. Voir ce que nous avons dit à la p. 191 et suiv.

moraux de cet enfant. Il y eût eu là quelque chose d'immoral et d'odieux. Ainsi, tandis que les père et mère, si riches qu'ils fussent, satisferaient à l'obligation de l'art. 203 en ne donnant à l'enfant que peu d'instruction, pour l'occuper, jeune encore, à des travaux manuels, le parent, usufruitier de la fortune considérable d'un fils, devra l'élever autrement que les enfants du peuple, et dépenser pour son éducation, pour sa position future dans le monde, une somme qui soit en harmonie avec cette fortune [1].

L'obligation imposée par l'art. 203, laquelle s'exécute sur les biens des parents, cesse par cela seul que l'enfant a des biens personnels suffisants pour faire face à ses besoins. L'obligation de notre article, s'exécutant au contraire sur les biens de l'enfant, ne cesserait pas pour le père et la mère, par cela seul que l'enfant aurait d'autres biens non soumis à l'usufruit légal.

L'art. 385, en effet, ne distingue pas, et l'on peut ajouter que l'usufruit légal étant toujours un usufruit universel, quoique certains biens particuliers n'y soient pas soumis, ce titre d'usufruit universel suffit pour que les mêmes charges le grèvent, quelque restreint qu'il soit [2].

Aux termes de l'art. 385, les dépenses nécessaires à l'enfant se faisant avec des sommes qui sont celles de l'enfant lui-même, l'obligation de l'art. 203, d'après laquelle les père et mère devaient subvenir aux besoins

---

1. Marcadé, art. 385.
2. Pothier, *Coutume d'Orléans*, introduction au titre des fiefs, n° 347 (édition Bugnet, t. 1, p. 136). — *Voir* la note. — Arrêt de la Cour de Lyon, 16 février 1835.

de l'enfant sur leurs propres biens, s'évanouit et ne peut plus s'appliquer : d'où la conséquence que celui des deux auteurs qui ne profite pas de l'usufruit légal n'est plus tenu de contribuer à ces dépenses. Ainsi, lorsqu'un père usufruitier légal, percevra sur les biens de l'enfant des revenus plus que suffisants pour fournir aux frais de son entretien et de son éducation, la mère mariée sous le régime de la séparation de biens pourra économiser la fraction de son revenu qu'elle devait antérieurement fournir pour cet objet.

Les créanciers des père et mère pourraient poursuivre ceux-ci, et les mettre hors d'état de satisfaire à l'obligation de l'art. 203. Au contraire, les créanciers de l'usufruitier légal ne peuvent poursuivre leur payement sur les revenus des biens de l'enfant, perçus par l'usufruitier, que déduction faite de ce qui est nécessaire à l'éducation du mineur. Les charges imposées par l'art. 385 affectent spécialement l'usufruit lui-même ; elle sont sous ce rapport, comme le dit Proudhon, *des charges réelles.* Elles amoindrissent l'usufruit entre les mains du père ; et ses créanciers, qui sont ses ayants-cause, sont obligés de les respecter[1].

3° *Le payement des arrérages ou intérêts des capitaux.*

Aucun doute ne s'élève quant aux arrérages et intérêts qui courent à partir de l'ouverture de l'usufruit. Mais *quid* à l'égard des arrérages et intérêts déjà dus au moment où la jouissance a commencé ? Est-ce l'enfant qui doit les supporter ? Est-ce l'usufruit légal ?

Un premier système les met à la charge de l'enfant.

1. Proudhon, *Usufruit*, t. 1, nᵒˢ 185, 188.— Marcadé sur l'art. 385, 1, II.— Massé et Vergé sur Zachariæ, t. 1, p. 372.—Demolombe, nᵒ 542.

Les intérêts et arrérages passifs, dit-on, sont corrélatifs aux intérêts et arrérages actifs. Or, avant l'ouverture de sa jouissance sur les biens de l'enfant, le père n'avait évidemment aucun droit aux fruits. Donc, il ne doit pas non plus supporter les charges de cette jouissance qui appartiennent au passé. L'effet ne peut précéder la cause [1].

Cette doctrine paraît logique, mais nous ne la croyons pas admissible pour plusieurs motifs. L'art. 385 3°, ainsi entendu, n'aurait plus de sens, puisque l'obligation de supporter tous les revenus passifs qui échoient pendant le cours de l'usufruit est déjà écrite dans le 1° de l'article. Si le législateur n'avait voulu imposer à l'usufruitier légal que la charge de ces intérêts, il eût été inutile d'ajouter une disposition expresse et spéciale, le 3° de l'art. 385. S'il l'a ajoutée, c'est qu'il a entendu ajouter une charge nouvelle qui se trouvait en dehors des obligations ordinaires d'un usufruitier.

D'ailleurs, l'usufruit dont il s'agit étant une libéralité, un avantage accordé gratuitement aux parents, on peut bien le grever de quelques charges profitables à l'enfant.

On pourrait ajouter aussi que le législateur, n'ayant pas voulu que la jouissance du père sur les biens de l'enfant détruisît ou diminuât jamais le patrimoine de celui-ci, a dû entendre que les intérêts et arrérages même du passé seraient payés sur les revenus à venir. Le père est au surplus libre de refuser l'usufruit légal,

---

1. Duranton, t. III, n° 401.—Chardon, *Puiss. pat.*, n° 150.

lorsque cette charge doit devenir trop onéreuse pour lui [1].

4° *Des frais funéraires et de ceux de dernière maladie.*

Une controverse, tranchée du reste aujourd'hui par la jurisprudence et l'unanimité des jurisconsultes, s'élevait jadis sur l'interprétation de cette disposition. M. Delvincourt avait écrit qu'il s'agissait des frais funéraires et de dernière maladie de l'enfant lui-même. Cette opinion trouva peu de partisans. On répondit, avec raison, qu'il serait étrange de voir le législateur imposer spécialement à l'usufruitier légal les frais *de la dernière maladie* de l'enfant. Est-ce que les frais de toutes les maladies de l'enfant ne sont pas à sa charge? A défaut de ce texte spécial, on serait déjà bien fondé à le soutenir sur le simple vu du 2° de l'art. 385; et même, d'après l'art. 203, les frais de médecin, pharmacien, et en général toutes les dépenses qu'une maladie occasionne, pourraient à bon droit être compris dans les frais d'entretien. L'entretien d'un malade, c'est l'assiduité à lui fournir toutes choses pouvant amener sa guérison. A tous les titres possibles, l'usufruitier légal doit donc subvenir aux frais de maladie de l'enfant. Quant aux frais funéraires, l'anomalie serait plus étrange encore s'ils devaient s'appliquer au décès de

1. Valette, *Explic. somm. du Code Napoléon*, p. 217. — Marcadé, art. 385, III.—Demolombe, n° 544.— Dalloz, *Puiss. pat.*, 128.— Peut-être pourrait-on voir aussi dans cette disposition de l'art. 385 le souvenir d'un texte de l'ancien droit coutumier, qui ordonnait au gardien noble de payer les dettes mobilières des successions qui échéaient au mineur, et notamment les arrérages passifs déjà échus. (Cout. de Paris, art. 267.) — Ce serait alors un argument nouveau en notre faveur.

l'enfant ; comment mettre à la charge de l'usufruitier une dette qui prend naissance après l'extinction de l'usufruit ? L'enfant mort, l'usufruit est éteint ; et les dépenses de ses funérailles sont assurément une dette de sa succession.

Il est donc évident que ce qui est à la charge de la jouissance légale, c'est le payement des frais funéraires et de dernière maladie de la personne à laquelle l'enfant a succédé. Dans notre ancien droit, d'ailleurs, certaines Coutumes imposaient expressément la dette au gardien noble, et le parlement de Paris avait décidé ainsi dans le silence de la Coutume de Paris [1].

Nous devons faire observer toutefois que, si le défunt est l'un des époux et que ceux-ci fussent mariés en communauté, les frais de la dernière maladie seraient à la charge de la communauté. L'usufruitier légal ne serait tenu, par conséquent, que des frais funéraires.

C. DES MODES D'EXTINCTION DE L'USUFRUIT LÉGAL.

L'usufruit légal a de nombreuses causes d'extinction. Nous allons les parcourir successivement :

1° *L'émancipation expresse ou tacite de l'enfant.*

Aux termes de l'article 477, le mineur peut être émancipé par son père ou, à défaut de père, par sa mère, lorsqu'il a atteint l'âge de 15 ans révolus.

1. Arrêts conf., Caen, 20 déc. 1839 ; Douai, 22 juillet 1855.— Dalloz, Rép. Puiss. pat., n° 129.—Tous les auteurs cités plus haut.

D'après l'art. 476, l'émancipation résulte également du mariage.

Bien que, dans l'un et l'autre cas, l'émancipation mette fin à l'usufruit légal, nous pensons que dans le premier cas elle ne constitue pas une renonciation absolue à cet usufruit, et qu'il peut renaître lorsque, en vertu de l'art. 485, elle est révoquée. Les parents reprennent alors la puissance paternelle avec ses attributs, au nombre desquels se trouve l'usufruit légal. D'ailleurs, les charges venant à renaître, la compensation de ces charges doit renaître également.

Notons toutefois que les fruits et les revenus perçus par l'enfant depuis son émancipation lui resteront acquis.

Les créanciers du père ou de la mère ne seraient pas fondés à faire révoquer l'émancipation, sous le prétexte qu'elle contiendrait une renonciation frauduleuse à l'usufruit légal. Bien que l'opinion contraire soit enseignée par Merlin, nous pensons qu'il est plus juste de décider que le père, émancipant son fils, use d'un droit tout personnel qu'il doit pouvoir exercer en toute liberté. L'émancipation tient d'ailleurs à un ordre de choses purement moral dans lequel l'intérêt pécuniaire des créanciers ne saurait être écouté[1].

2° *Lorsque l'enfant a atteint l'âge de dix-huit ans accomplis.*

Nous avons indiqué déjà le motif pour lequel la loi a posé cette limite à la jouissance légale. Elle n'a pas

---

1. Marcadé, art. 387. — Dalloz, Rép., *Minorité*, 855, pense que c'est là une question de fait qui doit être laissée à l'appréciation des tribunaux.

voulu que le père ou la mère pût s'opposer par un sentiment d'intérêt personnel à l'émancipation ou au mariage de l'enfant.

3° *Le second mariage de la mère* (art. 386).

Le père en se remariant n'encourt point la même déchéance. Quelle est la raison de cette différence ? On a dit : « Il serait inconvenant que la mère pût porter dans une autre famille les revenus des enfants du premier lit, et enrichir ainsi à leur préjudice son époux [1]. » On pourrait en dire autant du père. La vérité est que, si la veuve en se remariant eût conservé son droit de jouissance, ce n'est pas elle qui l'eût exercé : car, dans la plupart des cas, le mari perçoit lui-même les revenus que sa femme a droit de percevoir. Ainsi nanti des fruits, celui-ci les eût dépensés bien plus suivant son propre intérêt et suivant celui de ses propres enfants, que pour l'éducation et l'entretien d'enfants qui lui sont étrangers. La mère eût été le plus souvent impuissante à arrêter ce détournement.

Le second mariage de la mère fait cesser son usufruit légal d'une manière absolue et pour toujours. Il ne renaît pas à son profit, quand même elle redeviendrait veuve avant que ses enfants eussent accompli leur dix-huitième année. Cette solution a été contestée, mais l'art. 386 semble formel : « La jouissance cessera, etc. »

Il en est de même lorsque la mère a contracté un mariage putatif qui ensuite a été annulé.

Mais supposons que son second mariage ne soit ni

---

1. M. Réal, *Exposé des motifs*, séance du 23 ventôse an XI.

valable ni même putatif : faut-il décider que ce mariage
nul lui fait perdre le droit de jouissance qu'elle a sur
les biens des enfants de son premier lit ? « Oui assuré-
« ment, dit M. Mourlon : car on conçoit que si la
« femme qui s'est remariée honnêtement est déchue de
« son droit, à plus forte raison doit-il en être de
« même de celle dont le second mariage constitue un
« délit. »

En vain objecterait-on que le mariage nul ne peut
produire aucun effet ; le fait même de sa célébration
produit des conséquences particulières au nombre des-
quelles se trouve l'extinction de l'usufruit légal. Que
dit la loi ? « La jouissance cesse dans le cas d'un second
mariage. » Elle n'a pas exigé que ce second mariage
fût valable. C'est ce fait seul du second mariage que la
loi a voulu punir : or, elle le punit lorsqu'il est conforme au droit. Comment l'innocenterait-elle lorsqu'il
est illégal [1] ?

La veuve qui vit dans un état d'impudicité notoire
ou de débauche publique doit-elle être privée de l'usufruit légal des biens de ses enfants légitimes ? La jurisprudence est divisée sur cette question. On a dit pour
l'affirmative : si la mère qui se remarie perd l'usufruit
légal, à plus forte raison doit-il en être de même de
celle qui donne à ses enfants l'exemple de la débauche
et qui sans doute, dans de telles habitudes, détourne
leurs revenus de leur destination, non moins que ne
le pourrait faire un nouveau mari. Donc, c'est *à fortiori*
que l'art. 386 doit être applicable [2]. Dans l'ancien droit,

1. Mourlon, t. 1, n° 1066.—Marcadé, art. 387 —Demolombe, n° 563.
2. Arrêt de Limoges, 23 juillet 1824.—Dalloz, *Puiss. pat.*, 440.

d'ailleurs, la garde noble finissait pour cause de débauche publique de la part de la gardienne [1].

Nous ne pensons pas que cette opinion soit très-juri-
dique. La privation de l'usufruit légal est une peine, et
l'on ne peut pas étendre une peine par analogie. On ne
peut pas, alors qu'aucun texte ne l'ordonne, enlever
à la veuve ce qui est dans son patrimoine. Lorsque le
législateur a voulu prononcer une déchéance de cette
nature, il l'a fait expressément : l'art. 335 du Code
pénal nous en fournit la preuve. Donc, dans le silence
de la loi, on ne saurait appliquer une pareille mesure [2].

4° *Défaut d'inventaire.*

L'art. 1442 a établi cette cause d'extinction d'usufruit
légal. Voici comment il s'exprime : « Le défaut d'in-
« ventaire après la mort naturelle ou civile de l'un des
« époux ne donne pas lieu à la continuation de la com-
« munauté, sauf les poursuites des parties intéressées,
« relativement à la consistance des biens et effets
« communs dont la preuve pourra être faite tant par
« titres que par la commune renommée. — S'il y a des
« enfants mineurs le défaut d'inventaire *fait perdre en*
« *outre à l'époux survivant la jouissance de leurs revenus*,
« et le subrogé-tuteur qui ne l'a point obligé à faire
« inventaire est solidairement tenu avec lui de toutes
« les condamnations qui peuvent être prononcées au
« profit des mineurs. »

L'époux survivant doit faire procéder à un inventaire

---

1. Pothier, *Cout. d'Orléans*, introd. au tit. des fiefs, n° 346.
2. Arrêt conforme, Aix, 1813. — Dalloz, *Puiss. pat.*, n° 141. — *Contra*, Limoges, 16 juillet 1807, 2 avril 1810 et 22 juillet 1824 ; Lyon, 22 décembre
1829.

régulier et fidèle. Des omissions même minimes, faites
sciemment et de mauvaise foi , entraîneraient pour lui
une déchéance absolue.

Mais dans quel délai cet inventaire doit-il être fait ?

Trois opinions se sont produites, et la différence qui
les sépare ne repose que sur des points peu essentiels.

Proudhon pense que si l'inventaire est fait dans le
délai de trois mois, ou dans celui accordé par le juge,
l'époux survivant a droit à la jouissance légale à partir
de la mort du prédécédé. S'il n'est fait qu'après les trois
mois ou après le délai concédé par le juge , mais qu'il
soit encore possible de constater d'une manière exacte
la consistance de la communauté, la jouissance légale
pourra encore être exercée, mais seulement à partir de la
confection de l'inventaire. Si, enfin, l'inventaire fait tardi-
vement ne permet pas de constater d'une manière exacte
la consistance de la communauté, la jouissance légale
est complétement perdue pour l'époux survivant dans
le passé et dans l'avenir [1].

Dans une seconde opinion, on accorde le même délai
de trois mois et de la possibilité d'une prolongation
concédée par le juge, mais sans aller au delà. Ce terme
dépassé, la jouissance légale est complétement perdue.
M. Marcadé auquel appartient ce système l'appuie sur
la nécessité de donner une sanction énergique au défaut
d'inventaire dans l'intérêt des enfants, et sur la tradition de l'ancien droit coutumier [2].

La jurisprudence semble avoir consacré la troisième
opinion, qui consiste à donner en principe le délai de

1. Proudhon, De l'usufruit, t. 1, nos 170 et suivants.
2. Marcadé, sur l'art. 1442.

trois mois pour la confection de l'inventaire, et, sans rendre ce délai fatal, permettre au juge de maintenir l'époux dans son usufruit légal ou l'en priver, suivant les circonstances. A notre estime, cet avis est préférable ; la déchéance de l'usufruit est une peine. L'article 1442, en prononçant cette peine, n'a point déterminé le délai dans lequel doit être fait l'inventaire, à défaut duquel l'époux est privé de son usufruit. On adopte le délai de trois mois, conformément au droit commun ; mais en faire une règle fatale et rigoureuse, serait se montrer plus sévère que la loi [1].

5° *Mort du survivant des père et mère.*

6° *Mort de l'enfant.*

Cette cause d'extinction d'usufruit légale n'a pas besoin de commentaire. Toutefois, nous voulons faire remarquer ici la différence essentielle qui sépare encore le droit français d'avec le droit romain. A Rome, l'usufruit du pécule adventice demeurait au père tant qu'il vivait, malgré même le prédécès de son fils; dans notre ancien droit, au contraire, la mort du mineur mettait fin à la garde noble. Cette dernière règle a passé dans notre législation moderne, en ce qui touche l'usufruit légal.

La Cour de cassation a jugé, par application de ce principe, que le père qui a perdu par la mort de son enfant l'usufruit légal que la loi lui accordait sur les biens de ce dernier, et qui cependant a continué d'en jouir, ne peut être réputé possesseur de bonne foi, et par suite affranchi de l'obligation de restitution des fruits [2].

1. Arrêt de Caen du 18 août 1842. — Dalloz, Rép., *Contrat de mariage*, n° 1609.

2. Rej., 18 nov. 1806.—Dalloz, Rép., *Puiss. pat.*, n° 148.

7° *Renonciation de l'usufruitier légal.*

La renonciation à l'usufruit légal peut être faite à toute époque de sa durée. Cette règle, existant pour l'usufruit ordinaire, devenue par là même de droit commun, s'applique à notre matière, en l'absence de textes spéciaux et contraires. Rien n'empêche également que la renonciation faite par le père ou la mère s'applique aux biens d'un des enfants seulement, tandis que l'usufruit continue à s'exercer sur les biens des autres enfants.

La renonciation n'a, suivant notre avis, d'effet que pour l'avenir. Ainsi, l'usufruitier renonçant ne pourrait pas rentrer dans les impenses qu'il a faites durant l'époque de sa jouissance [1].

Cette renonciation pourrait-elle être attaquée par les créanciers comme faite en fraude de leurs droits? L'art. 622 leur donne l'action paulienne contre l'usufruitier ordinaire qui a renoncé frauduleusement. En matière d'usufruit légal, si nous supposons le cas où l'usufruitier renonce à son droit directement, et sans que l'extinction de l'usufruit soit le résultat de l'émancipation, nous croyons qu'on peut invoquer cet art. 622, qui n'est lui-même qu'une application du principe général posé par l'art. 1167. Les créanciers personnels du père pourront donc, dans cette hypothèse, exercer l'action paulienne et faire annuler la renonciation qu'il aura faite, s'ils se trouvent dans les conditions exigées pour l'exercice de cette action.

1. *Conf.*, Demolombe, n°s 590, 591. — Dalloz, 150. — Arrêt de la Cour de Lyon du 16 février 1835.

8° *L'abus de jouissance de la part de l'usufruitier légal.*

L'art. 618 permet aux tribunaux de prononcer sur la demande du nu-propriétaire l'extinction de l'usufruit ordinaire, lorsque l'usufruitier ne jouit pas, ainsi qu'il le doit, en bon père de famille : c'est-à-dire lorsqu'il commet des dégradations, ou que par sa négligence il laisse périr les biens. Devons-nous appliquer ces principes à l'usufruit légal?

Dans notre ancien droit, cette cause d'extinction était appliquée en matière de garde noble. De nos jours, il y aurait mêmes raisons de l'établir. L'usufruit légal, généralement très-lucratif pour le père, permet d'exiger de la part de celui-ci un soin spécial, une diligence particulière dans l'exercice de ce droit. De plus, nous avons dit quelle sollicitude la loi semblait apporter à la conservation du patrimoine du mineur. A notre sentiment, ces deux raisons engagent suffisamment à soumettre l'usufruitier légal à une déchéance qui punit chez lui une faute bien plus grave que chez l'usufruitier ordinaire. Les tribunaux, d'ailleurs, sages appréciateurs des circonstances, tiendront compte des droits, libertés, motifs divers, sous l'égide desquels les père et mère se placeront pour se défendre; ils pourraient même n'ordonner que les mesures édictées par le dernier paragraphe de l'art. 618, au lieu de prononcer la déchéance absolue : toute liberté leur est laissée à cet égard.

9° *La condamnation des père et mère.*

Les art. 334 et 335 du Code pénal prononcent cette déchéance de l'usufruit légal. Voici leurs textes :

Art. 334. « Quiconque aura attenté aux mœurs en

« excitant, favorisant ou facilitant habituellement la
« débauche ou la corruption de la jeunesse de l'un ou
« de l'autre sexe au-dessous de l'âge de vingt et un
« ans, sera puni d'un emprisonnement de six mois à
« deux ans, et d'une amende de cinquante à cinq cents
« francs. — Si la prostitution ou la corruption a été
« excitée, favorisée ou facilitée par *leurs pères, mères,*
« tuteurs ou autres personnes chargées de leur surveil-
« lance, la peine sera de deux à cinq ans d'emprison-
« nement, et de trois cents à mille francs d'amende. »

Art. 335. « Les coupables du délit mentionné au pré-
« cédent article seront interdits de toute tutelle ou
« curatelle, et de toute participation aux conseils
« de famille : savoir les individus auxquels s'applique
« le premier paragraphe de cet article, pendant dix ans
« au moins et vingt ans au plus. — *Si le délit a été*
« *commis par le père ou la mère, le coupable sera de plus*
« *privé des droits ou avantages à lui accordés sur la per-*
« *sonne et les biens de l'enfant par le Code civil, livre I,*
« *titre IX, de la puissance paternelle.* Dans tous les cas,
« les coupables pourront de plus être mis, par l'arrêt
« ou le jugement, sous la surveillance de la haute po-
« lice, en observant, pour la durée de la surveillance,
« ce qui vient d'être établi pour la durée de l'interdic-
« tion mentionnée au précédent article. »

Nous rappelons que si le père a été condamné durant
le mariage, l'usufruit légal passe alors à la mère.

Autrefois, le divorce mettait fin à la jouissance légale
de l'époux contre lequel il était prononcé. Il a été aboli
par la loi du 8 mai 1816. Mais faut-il accorder à la séparation de corps l'effet que l'art. 386 attribuait au di-

vorce ? Les auteurs sont unanimes à repousser cette
extension. Le divorce dissolvait le mariage, et comme
peine spéciale et accessoire du divorce, la jouissance
légale prenait fin. Il n'en est pas de même de la séparation de corps, qui, laissant d'ailleurs subsister le
mariage, ne saurait dans le silence de la loi entraîner
cette grave pénalité.

TITRE III.

COMMENT FINIT LA PUISSANCE PATERNELLE.

Nous avons examiné, à mesure qu'elles se présen-
taient, à peu près toutes les causes de modification de
la puissance paternelle. Il nous reste à traiter de ses
causes d'extinction. Notre tâche sera courte, car la plupart des explications qu'il y aurait lieu de donner ici ont
déjà trouvé leur place à l'occasion de l'usufruitier légal.

Il faut distinguer, parmi les causes d'extinction de la
puissance paternelle, les causes ordinaires et normales, et les causes accidentelles ou exceptionnelles.
A peine avons-nous besoin de citer, avant toutes autres, la mort, « cette fin éternelle de tout ce qui est ».
La mort de l'enfant fait cesser la puissance du père :
cessante causâ cessat effectus. La mort du père fait au
contraire passer la puissance paternelle aux mains de
la mère. Le décès de la mère ne crée aucune modification de la puissance paternelle qui continue à résider
en la personne du père déjà investi de ce droit.

L'art. 372 indique les deux causes normales et ordinaires d'extinction de la puissance paternelle : *la majo-*

rité et l'émancipation de l'enfant. — Nous avons dit comment la raison et l'utilité sociale exigeaient qu'un terme fût apposé à l'autorité civile des père sur leurs enfants. L'émancipation qui peut avoir lieu dès l'âge de 15 ans (art. 477), la majorité fixée à 21 ans sont ce terme nécessaire et raisonnable. Mais si légalement cette autorité cesse lorsque l'enfant est émancipé ou majeur, rappelons que la puissance morale, le droit au respect, à l'honneur, à l'amour, ne doit cesser qu'avec la vie de ceux auxquels cette prérogative est due. Encore, est-ce à peine si la mort de ses auteurs délie l'enfant de ces devoirs sacrés. Du fond de la tombe la mémoire de ceux qui ne sont plus réclame encore ce culte de piété et de vénération qu'on doit à des souvenirs chéris et ineffaçables.

En dehors de la majorité et de l'émancipation de l'enfant, il y a des causes exceptionnelles d'extinction de la puissance du père.

Nous connaissons déjà la déchéance édictée par l'art. 335 du Code Pénal ; le juge n'a pas besoin de la prononcer expressément. Elle résulte de l'application de l'article 334. Mais existe-t-elle à l'égard de tous les enfants du père coupable, ou seulement à l'égard de celui ou de ceux qui étaient spécialement l'objet du délit ? MM. Duranton et Toullier estiment que, pour des raisons de moralité, la privation des droits de puissance paternelle doit concerner tous les enfants. C'est peut-être aller un peu loin. Le texte de l'art. 335 ne paraît pas consacrer cette doctrine, et d'ailleurs on doit redouter d'étendre une pénalité qui fait au cœur, même le plus indigne, une blessure inguérissable.

En revanche, il faut dire que la déchéance est absolue, et s'applique à tous les attributs de la puissance paternelle.

La dégradation civique n'entraîne pas la privation des droits dérivant de cette puissance ; il n'en est point question dans l'art 34 qui énumère limitativement les incapacités résultant de la dégradation civique.

Au contraire, l'interdiction légale sans anéantir dans la personne des père et mère le droit de puissance paternelle, en suspend l'exercice. Nous avons indiqué plus haut quelles conséquences cette modification de la puissance paternelle pouvait produire, soit au point de vue du droit d'éducation ou d'administration, soit au point de vue du droit d'usufruit légal. L'interdiction judiciaire produit les mêmes effets. Il y a là un *a fortiori*, car la suspension de l'exercice du droit résulte d'une incapacité naturelle.

Nous nous sommes déclaré ennemi de l'intervention des tribunaux en matière de puissance paternelle, lorsqu'un texte spécial ne les autorise pas à élever ainsi leur autorité en face de celle du père. Mais toutefois, il nous faut reconnaître que presque tous les auteurs accordent aux magistrats un certain pouvoir réglementaire, qui peut aller jusqu'au contrôle des actes du père de famille. Sans être aussi excessif, nous admettrions que, dans certains cas où la personne des enfants, leur bonne éducation physique ou morale devraient être compromises par les excès, les brutalités, les mauvais exemples du père, les tribunaux pourraient, dans un but d'ordre et de morale publique, soustraire les enfants à une autorité, qui deviendrait pour eux une école de haine ou de dépravation.

Ils auraient, croyons-nous, le droit d'ordonner certaines mesures protectrices dans l'intérêt des enfants.

Mais en dehors de ces cas spéciaux leur intervention
ne saurait être permise. Nous avons dit plus haut pourquoi, et nous ne pourrions trop le répéter. La puissance
paternelle est d'ordre public ; ses droit sont, par
leur nature, antérieurs et supérieurs à tous autres.
A défaut de textes formels, et lorsque l'intérêt physique des enfants ou le respect des bonnes mœurs n'y
sont pas intéressés, l'immixtion des tribunaux judiciaires au sein du foyer domestique ne peut être que
la plus grave et la plus dangereuse des usurpations.
Elevée à la hauteur d'un principe, elle deviendrait un
ferment de trouble, de méfiance et de haine, dont les
individus, la famille et la société tout entière auraient
également à souffrir.

APPENDICE.

—

DE LA PUISSANCE PATERNELLE A L'ÉGARD DES ENFANTS
NATURELS LÉGALEMENT RECONNUS.

Les enfants naturels occupent dans notre législation
une place bien secondaire. Leur triste condition sociale
n'a pas même reçu cette compensation d'une protection
attentive, permanente et efficace de la loi. Sans doute,
plus tolérante, nous dirions presque plus humaine
que l'ancien droit, elle leur a fait une situation juridique quelconque. Elle leur a consacré quelques textes
spéciaux, mais comme à regret et d'une façon incom-
plète. Le champ reste ouvert à mille controverses, là
où tout devait être scrupuleusement précisé. Faut-il,
dans les cas douteux, s'en tenir à la lettre même des
textes qui les concernent, rester sourd à leurs réclamations quand la loi est muette, ou bien étendre jusqu'à
eux les dispositions établies pour les enfants légitimes ?

A Dieu ne plaise que nous ayons la pensée d'une assimilation quelconque. Il y a entre les uns et les autres
la distance du bien au mal, du devoir à la faute. Les lois
de la morale, celles de toute société jalouse de sa
dignité, doivent défendre à l'enfant naturel d'aspirer aux
prérogatives de l'enfant légitime ; et nous avons nous-
même hautement protesté contre les odieuses tendances
du droit révolutionnaire de 1792, qui, en s'efforçant
d'effacer entre ces deux classes d'individus les distinctions primordiales qui les doivent séparer, rabaissa un

instant la France au niveau d'une nation insoucieuse de son honneur.

Mais toutefois, les plus simples sentiments d'humanité s'opposent à ce qu'une naissance coupable suffise à exhéréder de tous droits et de toute espérance un être que la faute de ses auteurs punit assez. Il fallait d'ailleurs encourager les reconnaissances d'enfants naturels, et, pour cela, donner aux enfants reconnus des droits et des avantages. Mieux vaut encore pour un individu une filiation irrégulière mais déterminée, que cette condition misérable à laquelle le voue une paternité incertaine, l'absence totale de famille, maux cruels que ne pallient pas même dans une mesure restreinte les chances des événements et la protection du hasard.

Au titre de la puissance paternelle le Code ne pouvait oublier complétement les enfants naturels. Le fait de la génération créait déjà un rapport antérieur de paternité et de filiation qui, manifesté et constaté par une reconnaissance valable, devait, dans l'intérêt des enfants et dans celui même de l'ordre social, être réglementé. Mais la loi, en attachant à la reconnaissance le droit de puissance paternelle, a fait de ce droit l'exclusif apanage de celui des auteurs de l'enfant qui l'a expressément reconnu. Si les deux parents ont rempli ce devoir, nous verrons comment se règle entre eux l'exercice du pouvoir paternel.

L'art. 383 déclare applicables aux enfants naturels quatre des articles de notre titre, les art. 376, 377, 378, 379. Il en résulte donc, tout d'abord, que les père et mère naturels peuvent faire détenir leur enfant

soit par voie d'autorité, soit par voie de réquisition,
suivant les cas, sans qu'il soit besoin d'aucune formalité autre que l'ordre d'arrestation, la soumission de
payer les frais, et la consignation des aliments ; qu'ils
peuvent, de plus, abréger la détention, comme aussi
requérir une détention nouvelle en face d'écarts
nouveaux.

Mais, avant d'entrer dans le détail de ce texte, il nous
semble utile de rechercher si les rapports de l'enfant
naturel avec ses auteurs se réduisent aux quelques
règles que nous venons d'indiquer. L'art. 371, par
exemple, n'est-il pas applicable à cette classe d'enfants ? Tous les auteurs sont d'accord pour déclarer
que l'enfant naturel, de même que l'enfant légitime,
doit, à tout âge, honneur et respect à ses parents. C'est
là un devoir moral et salutaire que la nature impose
en dehors même de la loi.

C'est ainsi encore que, par suite de ce devoir de déférence d'une part, de protection de l'autre, qui incombe
aux enfants comme aux parents eux-mêmes, l'enfant
naturel est obligé, suivant les distinctions qui nous
sont connues, de demander pour son mariage, tantôt le
consentement, tantôt le conseil de ses père et mère.
De même il ne pourrait pas se donner en adoption sans
requérir leur consentement, ou, tout au moins, sans
demander leur conseil.

Les père et mère naturels sont obligés de nourrir,
entretenir et élever leurs enfants, de même que les père
et mère légitimes. C'est là une obligation morale que la
loi ne peut méconnaître et qu'elle doit consacrer. Ils
ont d'ailleurs, avons-nous dit, le droit de correction :

or , dans quel but le leur eût-on donné, s'il ne devait être le complément et le moyen du devoir d'éducation ?

Ce droit de correction suppose encore évidemment le droit de garde pour les parents naturels (art. 374). Il en est la conséquence et la sanction. Mais à qui , du père ou de la mère, sera confié ce droit? Point de difficulté si l'enfant n'a été reconnu que par son père ou sa mère seulement ; ou si le père et la mère l'ayant également reconnu , l'un des deux est décédé, ou se trouve par une cause quelconque dans l'impossibilité d'exercer la puissance paternelle. L'éducation et la garde de l'enfant appartiennent alors régulièrement à celui de ses auteurs qui seul l'a reconnu ; si tous deux l'ont reconnu , à celui qui a survécu ou qui est capable de diriger son éducation.

Mais la question devient plus difficile lorsque le père et la mère, ayant reconnu l'enfant, existent encore tous les deux sans être frappés d'incapacité.

Deux opinions se sont produites. L'une veut que le père et la mère aient ensemble et concurremment la garde et l'éducation de l'enfant. La seconde enseigne que ces droits doivent appartenir de préférence au père naturel. Le premier système s'appuie sur ce qu'aucun texte n'attribue au père plutôt qu'à la mère la garde et l'éducation de l'enfant , que l'art. 373 n'est applicable qu'aux enfants légitimes, durant le mariage. On invoque encore cette autre raison que le père, n'ayant obtenu durant le mariage l'exercice exclusif de la puissance paternelle que comme conséquence de la puissance maritale, là où cette puissance maritale n'existe pas, l'autorité paternelle ne doit pas lui être exclusivement remise [1].

M. Valette (sur Proudhon) adopte l'opinion contraire. Il fait remarquer que d'abord si le père et la mère naturels vivent ensemble maritalement, il faut nécessairement accorder au père les droits d'éducation, de correction et par conséquent de garde. En fait, c'est toujours lui qui les exercera. Ajoutons, avec MM. Demolombe et Marcadé, que, même dans l'hypothèse contraire, la pensée de la loi n'a pas pu être de donner à l'enfant deux chefs revêtus chacun en particulier d'un pouvoir égal et parallèle, et dont l'un pourrait défendre ce que commanderait l'autre. Quoiqu'il n'y ait pas entre les deux parents naturels, comme entre deux époux, cette société légale qui donne au mari supériorité sur la femme, comme il existe cependant un enfant, objet commun de leur autorité, il faut bien que l'un soit préféré à l'autre pour l'exercice de cette autorité.

D'ailleurs, en pareille matière, les tribunaux auront un pouvoir bien plus étendu que lorsqu'il s'agira d'enfants légitimes; et le principe que nous posons pourra être souvent modifié par l'intervention de la justice, suivant le meilleur intérêt de l'enfant [2].

A l'égard du droit de correction, nous avons un texte spécial, l'art. 383; malheureusement la rédaction en est tellement défectueuse, qu'elle a donné lieu aux plus graves controverses. La première question qui s'élève

1. Delvincourt, t. 1, p. 93.—Duranton, t. III, n° 360.—Vazeile, *Du mariage*, t. II, n° 474.

2. Demolombe, n° 629.—Marcadé sur l'art. 383.— La jurisprudence a consacré cette doctrine dans de nombreux arrêts.

est celle de savoir par qui le droit de correction sera
exercé. Nous avons déjà indiqué notre solution à l'égard
du droit de garde, et nous la maintenons ici. Le droit
de correction est l'un des moyens qui permettent d'arriver au meilleur accomplissement du devoir d'éducation. C'est l'un des attributs de l'autorité paternelle. Il
est logique et raisonnable de le confier au père chef
naturel de la société domestique, que cette société soit
légalement constituée ou non.

Quant aux conditions d'exercice du droit de correction, il semble très-difficile de les préciser en s'en tenant
littéralement au texte de l'art. 383. Un certain nombre
de règles relatives à ce droit sont édictées par les articles 380, 381 et 382. Or, ces articles ne sont pas rap-
pelés dans l'art. 383. Sont-ils applicables aux père et
mère de l'enfant naturel?

Dans un premier système, on déclare ces articles
absolument inapplicables. C'est, dit-on, ajouter à la
loi. Les père et mère naturels ont d'ailleurs besoin
d'une autorité plus grande sur leurs enfants que les
père et mère légitimes, ayant moins d'ascendant moral.
Il ne faut donc pas leur appliquer des dispositions qui
restreindraient cette autorité [1].

Il nous paraît plus logique de suivre la seconde opinion, qui déclare les trois articles ci-dessus mentionnés
applicables aux père et mère naturels. Tout le monde
convient, en effet, que l'art. 383 ne peut être limitatif,
et qu'il faut ajouter aux articles qu'il rappelle les articles 371, 372 et 374. Pourquoi alors cette lacune étant

---

1. Proudhon, t. 1, p. 248, 249. — Zachariæ, Aubry et Rau, t. IV, p. 711.—
Allemand, *Du mariage*, t. II, n° 1089.

reconnue, ne pas l'étendre aux art. 380, 381 et 382 ?
N'y a-t-il pas de graves raisons d'entourer l'enfant naturel de garanties dont il a peut-être plus besoin que
l'enfant légitime ? Loin de vouloir augmenter la puissance des père et mère naturels, n'y a-t-il pas lieu
plutôt de la diminuer, lorsqu'elle ne subit pas le contrôle
et l'influence d'une famille prête à en arrêter les écarts ?
On sait, d'ailleurs, que le projet du Code contenait à
l'égard des enfants naturels la disposition suivante :
« Les articles du présent titre seront communs aux
père et mère naturels légalement reconnus ». Si ce
texte fut modifié, c'est parce qu'il attribuait implicitement aux parents naturels le droit de jouissance légale,
ce qui parut peu rationnel et même dangereux. A sa
place, l'on inséra l'art. 383, qui devait reproduire la
pensée du projet primitif, exception faite de l'usufruit
légal. Il faut donc, en principe, laissant de côté la lettre
de l'art. 383, appliquer aux père et mère naturels les
règles qui régissent le droit de correction des père et
mère légitimes. Ainsi, outre les règles contenues aux
art. 376, 377, 378 et 379, nous dirons :
Que les père et mère naturels ne peuvent exercer
leur droit de correction que par voie de réquisition,
quoique leur enfant ait moins de seize ans commencés,
s'il a d'ailleurs des biens personnels ou un état ;
Que la mère ne peut jamais l'exercer que par voie de
réquisition, avec le concours de deux des amis du père,
si ce dernier a reconnu son enfant ; seule, si le père est
inconnu, personne n'ayant alors qualité pour l'assister ;
Que le père qui épouse une femme autre que la mère
de son enfant n'a jamais que la voie de réquisition ;

Que la femme qui épouse un homme autre que le père de son enfant est privée du droit de correction [1].

Les père et mère naturels n'ont pas l'administration légale des biens de leurs enfants. Les termes très-précis de l'art. 389 leur interdisent formellement toute prétention à ce droit. Mais les enfants ne se verront pas pour cela privés de protection, ils auront un tuteur ; ajoutons qu'ils trouveront dans cette tutelle des garanties très-suffisantes résultant, soit de la présence d'un subrogé-tuteur, soit de l'hypothèque légale qu'ils auront sur les biens de leur tuteur. Quant à la question de savoir à qui cette tutelle sera déférée, beaucoup d'auteurs la résolvent en disant que rien ne s'oppose à ce qu'on l'accorde à celui des deux époux qui aura reconnu l'enfant, et au père de préférence lorsque tous les deux auront fait cette reconnaissance.

Le droit de jouissance légale n'est pas attribué non plus aux père et mère naturels ; la loi du moins est muette à cet égard, et l'art. 384 semble leur refuser toute participation à cette faveur. De plus les travaux préparatoires, la modification du projet primitif de l'art. 383, confirment cette opinion qui n'a du reste jamais rencontré dans la doctrine qu'un seul contradicteur [2]. On a pensé avec raison qu'accorder ce privilége aux parents naturels, serait encourager en quelque sorte le concubinat, et que, d'autre part, cette récompense pécuniaire pourrait engager des hommes cupides à faire des reconnaissances frauduleuses. La loi a été sage et morale.

1. Valette sur Proudhon, t. II, p. 250. — Marcadé, t. II, art. 383. — Demolombe, nos 535 et suivants. — Mourlon, no 1069.

2. Salviat, De l'usufruit, t. II, p. 110.

CONCLUSION.

Notre tâche est achevée. Nous avons étudié la puissance paternelle dans son origine, sa nature, sa réglementation par les lois positives. Nous savons ce qu'elle fut chez les peuples anciens, à Rome, en Gaule, en Germanie, en France aux diverses époques qui divisent notre histoire avant 1789. Mutilée, méconnue, on pourrait dire, outragée durant la Révolution, nous la voyons recouvrer sous le Code Napoléon ses droits légitimes et ses sages limites.

On a accusé notre législation moderne de l'avoir énervée, affaiblie, d'en avoir diminué le prestige et amoindri la grandeur. Ces reproches sont injustes dès qu'ils sont adressés à la loi. S'il est vrai que de nos jours l'autorité paternelle ne soit plus environnée de ce respect, de cette déférence des siècles passés, si, comme on le dit, l'esprit de famille tend insensiblement à disparaître, il faudrait sans doute en accuser les mœurs plutôt que le droit. Aux vieilles traditions d'autorité domestique, ont succédé de vagues instincts de liberté et d'indépendance qui en émancipant les volontés leur dérobent les utiles leçons de l'expérience et de la sagesse. Peut-être des doctrines dangereuses ont-elles altéré ce pur sentiment qui rattache l'homme aux siens. Soyons justes et clairvoyants. Disons que la loi a fait la puissance paternelle aussi forte qu'elle la pouvait faire en face des murmures du passé et des sourdes rumeurs de l'avenir ; et si d'autres causes ont pu affaiblir l'éclat de cette auréole de dignité et de respect qui fait sa force , sa gloire et sa sanctification , n'en rendons pas responsable le législateur qui grava l'art. 371 au frontispice de son œuvre immortelle.

POSITIONS.

—

DROIT ROMAIN.

I. Malgré la constitution de Constantin abolissant en principe le droit de vie et de mort, le père conservait dans un cas particulier le droit de tuer sa fille (*Collatio legum romanarum ac mosaicarum. Paulus, libro singulari et titulo de adulteriis*). (*V.* p. 44 de la thèse.)

II. L'*abdicatio* était un moyen de correction donné au père vis-à-vis de l'enfant (C. loi 9, *de patria potestate.* Valère Maxime : lib. v, tit. vIII, § 3) (*V.* p. 48.)

III. Le père peut revendiquer son fils *adjecta causa*, ce qui signifie qu'il doit exprimer dans l'*intentio* le rapport de puissance paternelle (loi 1, § 2, *de rei vindicatione*, p. 56).

IV. Il n'y a pas de contradiction entre les textes suivants d'Ulpien et de Papinien qui se placent dans des hypothèses différentes (Ulpien, D. loi 8, *de castrensi peculio*; Papinien, lois 13 et 16, *cod. tit.*) (p. 78.)

V. Papinien ne se contredit pas dans la loi 14, § 1, au Digeste, *de castrensi peculio*, la fin de ce dernier texte n'étant pas de lui et ayant été ajoutée après coup (p. 99).

VI. Dans le système des Instituts le pécule castrense du fils de famille, à défaut de descendants et de frères ou sœurs, passe au père *jure communi*, c'est-à-dire *jure peculii* (p. 102).

VII. Le fils de famille possesseur d'un pécule adventice *extraordinaire* pouvait en disposer par donation à cause de mort (p. 118).

DROIT FRANÇAIS.

—

CODE NAPOLÉON.

I. En dehors de l'hypothèse prévue par l'art. 385, les tribunaux ne pourraient pas, sur les réclamations de la mère, par exemple, obliger le père à changer le mode d'éducation qu'il fait donner à son fils, si cette éducation, non contraire aux bonnes mœurs, assure à l'enfant un état quelconque et des ressources pour l'avenir (p. 191 et suiv.).

II. Si le père remarié a perdu sa nouvelle femme, il ne recouvre pas le droit de faire détenir par voie d'autorité les enfants du premier lit âgés de moins de seize ans (p. 206).

III. Le droit de recours de l'enfant s'applique à tous les cas de détention par voie de réquisition, et non pas seulement au cas de l'art. 382 1° (p. 210).

IV. La mère a, comme le père, le droit de faire grâce à l'enfant détenu (p. 220).

V. Les biens du père, administrateur légal, ne sont pas grevés d'une hypothèque légale. Il n'y a auprès de lui ni subrogé tuteur, ni conseil de famille permanent. Dans certains cas, cependant, un conseil de famille peut être appelé à donner son avis (p. 225 et suiv.).

VI. La clause, insérée dans une donation ou un testament, que le père n'aura pas l'administration des biens donnés ou légués à son enfant, est nulle et doit être réputée non écrite (p. 243 et suiv.).

VII. Lorsque, durant le mariage, le père est déchu des droits résultant de la puissance paternelle, l'usufruit légal passe à la mère (p. 259 et suiv.).

VIII. Dans notre législation actuelle, on ne peut, par contrat de mariage, renoncer à l'usufruit légal (p. 263).

IX. Les père et mère étrangers ne peuvent exercer l'usufruit légal sur les biens de leurs enfants situés en France (p. 261).

X. La condition que le père n'aura pas l'usufruit légal des biens légués à l'enfant, ne peut pas être imposée avec effet, quant aux biens que cet enfant devait recueillir à titre d'héritier réservataire (p. 277).

XI. Lorsque l'émancipation du mineur est révoquée, l'usufruitier légal recouvre son droit de jouissance (p. 292).

CODE DE PROCÉDURE CIVILE.

I. L'action publicienne n'existe pas dans notre droit Français. L'organisation des actions possessoires la rend inutile dans certains cas, impossible dans d'autres.

II. La péremption établie par l'art. 397 du Code de Procédure civile est applicable aux instances en justice de paix, hors le cas prévu par l'art. 15.

CODE DE COMMERCE.

I. La violation d'un usage commercial par un arrêt ou un jugement en dernier ressort, qui en aurait reconnu l'existence, peut autoriser le recours en Cassation.

II. Le droit civil est applicable comme *droit loi* dans tous les cas non résolus explicitement ou implicitement par le droit ou les usages commerciaux.

DROIT CRIMINEL.

I. Le père ou la mère privée de la puissance paternelle par application de l'art. 335 du Code Pénal, ne perd cette puissance qu'à l'égard de l'enfant victime du délit.

II. Il n'y a abus de confiance punissable, aux termes de l'art. 408 du Code Pénal, que lorsqu'il y a eu de la part du mandataire, dépositaire, etc.., intention frauduleuse de s'approprier la somme ou la chose à lui confiée, qu'il a détournée ou dissipée, et qu'il ne peut rendre à sa première demande au propriétaire ou possesseur.

DROIT ADMINISTRATIF.

I. L'affectation d'un édifice à un service public ne suffit pas pour lui conférer les caractères de la domanialité publique en l'absence d'un texte de loi spécial.

II. Les art. 815 et suivants du Code Napoléon ne régissent pas le partage des biens indivis entre communes ou sections de commune.

Vu par le Président de l'Acte,

RAGON.

Vu par le Doyen de la Faculté,

O. BOURBEAU ✻.

Vu par le Recteur de l'Académie,

Permis d'imprimer :

A. MAGIN (O. ✻).

« Les visa exigés par les règlements sont une garantie des principes et des
« opinions relatives à la religion, à l'ordre public et aux bonnes mœurs
« (Statut du 9 avril 1825, art. 41), mais non des opinions purement juridi-
« ques, dont la responsabilité est laissée aux candidats. »
« Le candidat répondra en outre aux questions qui lui seront faites sur les
« autres matières de l'enseignement. »

TABLE DES MATIÈRES.

— 323 —

POITIERS. — TYPOGRAPHIE DE HENRI OUDIN.

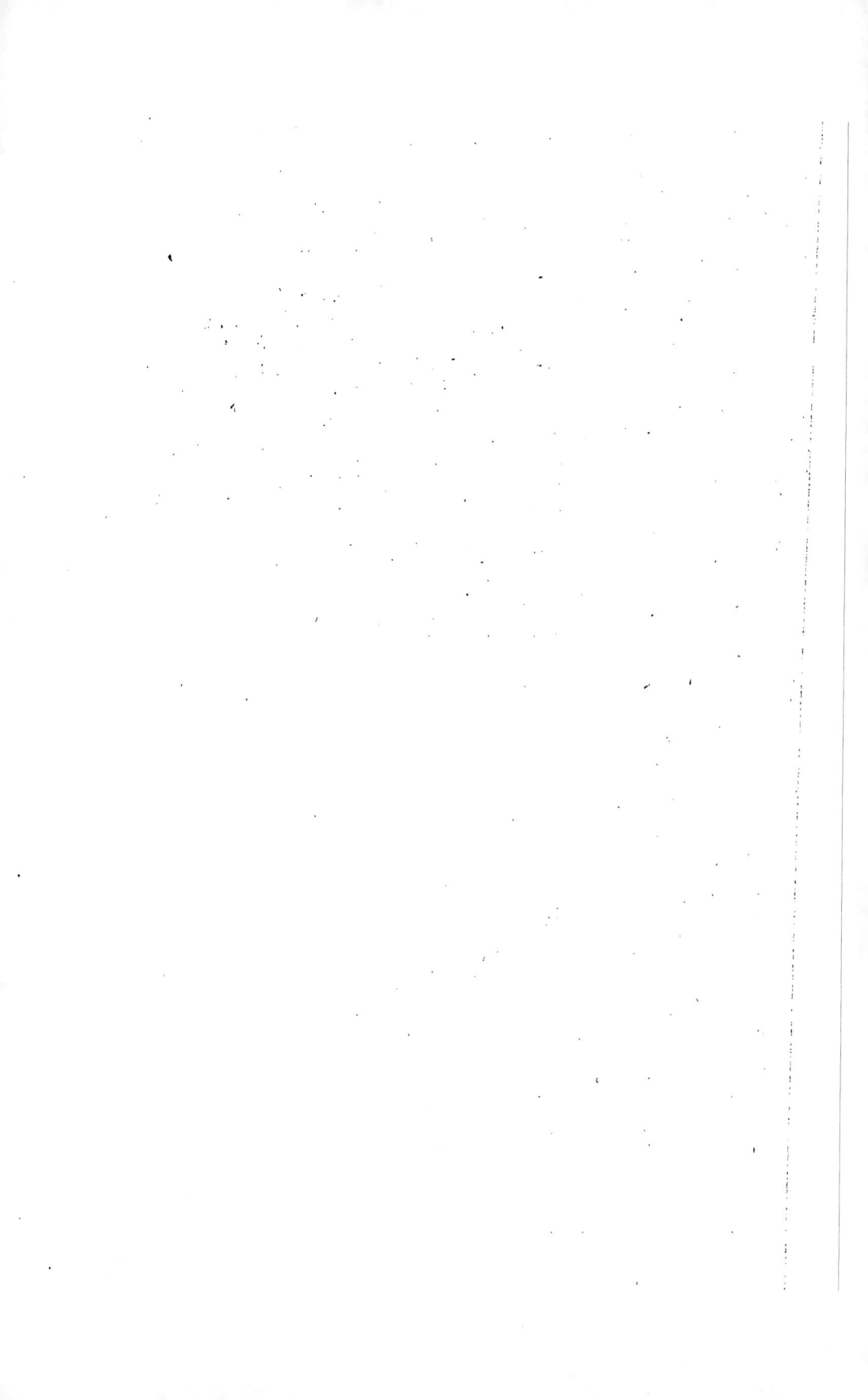